# 勇于创新

国家能源集团管理干部学院编写组 ◎ 编著

机械工业出版社
CHINA MACHINE PRESS

2016年10月，在全国国有企业党的建设工作会议上，习近平总书记对国有企业领导人员提出了"对党忠诚、勇于创新、治企有方、兴企有为、清正廉洁"的"二十字"要求。勇于创新是国有企业领导人员践行"二十字"要求的发力点，亦是建设创新型企业所需人才的根本要求。本教材主要包括以下四个方面的内容：什么是勇于创新，为什么要勇于创新，如何提升国有企业领导干部的创新力，如何践行勇于创新。本教材力求将理论与实践相融合，既有系统的政策指引、理论支撑，也有实践经验与方法的提炼总结，同时辅以案例引发思考和展开探讨。

本教材遵循普适性原则，既面向全体国有企业领导干部，又聚焦能源产业，兼具行业特色。希望更多的国有企业领导干部能够通过学习本教材，把"勇于创新"的要求具体化到理想信念和科学管理中去。

## 图书在版编目（CIP）数据

勇于创新／国家能源集团管理干部学院编写组编著.
—北京：机械工业出版社，2020.10
国家能源集团干部教育培训系列教材
ISBN 978-7-111-66838-1

Ⅰ.①勇… Ⅱ.①国… Ⅲ.①能源工业-工业企业-企业管理-干部培训-教材 Ⅳ.①F426.2

中国版本图书馆 CIP 数据核字（2020）第 208797 号

机械工业出版社（北京市百万庄大街22号 邮政编码100037）
策划编辑：朱鹤楼　　责任编辑：朱鹤楼　蔡欣欣
责任校对：李　伟　　责任印制：郜　敏
北京圣夫亚美印刷有限公司印刷
2021年1月第1版·第1次印刷
145mm×210mm·9印张·215千字
标准书号：ISBN 978-7-111-66838-1
定价：59.00元

电话服务　　　　　　　　网络服务
客服电话：010-88361066　　机 工 官 网：www.cmpbook.com
　　　　　010-88379833　　机 工 官 博：weibo.com/cmp1952
　　　　　010-68326294　　金 书 网：www.golden-book.com
封底无防伪标均为盗版　　　机工教育服务网：www.cmpedu.com

# 丛书序

党的十九大报告提出要着力建设高素质专业化干部队伍。《2018—2022年全国干部教育培训规划》中提出,干部教育培训是干部队伍建设的先导性、基础性、战略性工程,在进行伟大斗争、建设伟大工程、推进伟大事业、实现伟大梦想中具有不可替代的重要地位和作用。国有企业作为中国特色社会主义的重要政治基础和物质基础,更要高度重视干部教育培训工作,把加强干部队伍建设和人才培养作为新时代企业发展的重要任务和中心工作。

2017年11月28日,经党中央、国务院批准,中国国电集团公司和神华集团有限责任公司两家世界500强企业合并重组为国家能源投资集团有限责任公司(以下简称国家能源集团)。2018年5月,原国电培训中心与原神华管理学院重组成立国家能源集团管理干部学院(以下简称学院),自此,国家能源集团人才培养工作拉开序幕。作为集团党员领导干部教育培训的主阵地、主渠道,学院以"为企业发展助力,为人才成长赋能"为使命,在集团党组的领导下,围绕如何建设一支高素质、专业化干部队伍,着力探索培训与工作相融合的有效方式,以培训为载体,服务引领型领导人才、创新型青年人才、复合型党群人才、开拓型国际化人才等五类核心人才,促进人才队伍建设、推动集团工作开展。

2016年10月,习近平总书记在全国国有企业党的建设工作会议上提出了国有企业好干部的"二十字"要求,即"对党忠诚、勇于创新、治企有方、兴企有为、清正廉洁"。这是对国有企业领导人员履职尽责提出的明确要求,为新时期有效开展干部教育培训提供了根本遵循。国有企业干部教育培训需要理论与实践的深度融合,总书记提出的"好干部"标准与企业经营、管理实践的紧密结合是干部教育培训的有力抓手,是人才培养落实落地的重要途径。为此,学院经过多方论证,邀请相关领域的专家成立编写组,以"二十字"要求为主线,依托培训平台,开展学员研讨、重点访谈,历时两年,编写了《对党忠诚》《勇于创新》《治企有方》《兴企有为》《清正廉洁》五本教材,希望为读者呈现出丰满的、有温度的国有企业"好干部"形象,希望这些教材成为各层级干部可学习、能学会的教育读本。

国家能源集团立足国资委提出的"三个领军""三个领先""三个典范"的基本要求,确立了以建设具有全球竞争力的世界一流能源集团为目标,致力于打造创新型、引领型、价值型企业,推进清洁化、一体化、精细化、智慧化、国际化发展,实现安全一流、质量一流、效益一流、技术一流、人才一流、品牌一流和党建一流的"一个目标、三型五化、七个一流"的总体发展战略。本系列教材的编写正是以干部队伍建设和人才培养为引擎,为建设具有全球竞争力的世界一流能源集团赋能、助力。其中,以对党忠诚衡量干部的政治担当,以勇于创新推动创新型企业建设,以治企有方推动价值型企业建设,以兴企有为推动引领型企业建设,以清正廉洁筑牢拒腐防变底线。

干部队伍建设关系到国有企业的兴衰,关系到国民经济的稳定与发展，打造对党忠诚、勇于创新、治企有方、兴企有为、清正廉洁的高素质专业化干部队伍，是国有企业做强做优、保证党对经济领域坚强领导的重要基础，希望本系列教材的编写能够为国有企业干部教育培训提供有用的素材。

囿于理论水平及专业素养，编写组对政策理论的理解深度和把握程度尚有欠缺，对专业问题的剖析还有待深入，措辞表达仍需打磨，不足之处，敬请广大读者批评指正！

国家能源集团管理干部学院编写组
2020年9月

# 推荐序

在世界新一轮科技革命和产业变革同我国转变发展方式的历史性交汇期，科技创新角逐空前激烈。党的十九大指出中国特色社会主义进入新时代，对科技创新做出了全面系统部署，明确提出要"培育具有全球竞争力的世界一流企业"。实施创新驱动发展战略，推动全面创新，是我国适应全球范围内新一轮科技革命和产业变革新趋势的必然选择。

国有企业是我国实施创新驱动发展战略的生力军，在一些关键领域已取得一批重大科技成果。然而，目前国有企业的经营管理仍面临严峻的内外部挑战。内部方面，企业经营管理整体效能仍亟待提高，激励创新、包容失败的企业文化尚未有效建立，企业子公司和分支部门中仍然存在信息孤岛，企业经营管理对创新能力和经济绩效的提升价值亟须进一步释放。外部方面，我国企业和产业的核心技术对外依赖仍然十分严重，提升我国企业在全球价值链中的地位仍任重道远。进入对外开放新阶段以后，我国企业不但面临日益严峻的国际竞争压力，也需要与"一带一路"倡议等国家战略相结合，深度融入和优化全球创新发展体系。

在创新道路上，国有企业需要破解企业决策速度和创新速度与实际能力的矛盾，提高知识空前广泛分布下国内与国外创新资源的整合能力，开展技术与非技术因素不协同带来的协同全面创新。一些企业的许多技术创新项目没有取得成功的一个重要原因，就是其技术创新缺乏与组织、市场、文化、制度等非技术因素方面的创新相协同、相匹配，其根本原因是缺乏在先进的创新管理理念下进行科学有效的创新管理，导致技术创新缺乏系统性和全面性。因此，企业需要进行全面创新管理，即基于全面的系统观，以培养企业的整体核心能力、市场竞争力为导向，以价值创造或增加为最终目标，以各种创新要素，如技术、组织、市场、战略、管理、文化、制度等的有机组合与协同为手段，通过有效的创新管理机制、方法和工具的运用，实现"三全一协同"，即全要素创新、全时空创新、全员创新和全面协同。"全面创新管理"的实质就是在充分发挥全体员工创新活力的基础上进行全方位的创新，运用挖掘和整合全球可以利用的一切创新资源，形成整合力，不断提高企业的核心能力，为顾客创造最大价值。同时，为企业的所有利益相关者谋取利益。

习近平总书记曾指出，创新是国家和企业发展的必由之路。他还说，我国能否在未来发展中后来居上、弯道超车，主要就看我们能否在创新驱动发展上迈出实实在在的步伐。创新是国有企业创建具有全球竞争力的世界一流企业的必然路径，是发挥"六个力量"的根本诉求，对于关系国民经济命脉和国家能源安全的国有能源企业更是如此。而国有企业要在创新驱动发展上迈出实实在在的步伐，则需要掌握专有技术、有权威、有学识、勤学习、有领导能力的领导者在创新中发挥主导作用，成为实施"全面创新管理"的关键力量。

在 2020 年 10 月举办的中央党校中青年干部培训班上，习近平总书记讲话强调："提高解决实际问题能力是应对当前复杂形势、完成艰巨任务的迫切需要，也是年轻干部成长的必然要求。"国有企业领导人员肩负着实干兴邦、实干兴企的崇高使命和历史重任，要始终坚持实字当头、干字为先，做新时代敢干事、善干事、干成事的实干家。

《勇于创新》这本教材，表达条理清晰、逻辑性强，内容要点全面、有层次，宏观政策、学术理论、创新实践、管理工具被有机融合，辅以案例引发思考和讨论，遵循"是什么—为什么—如何做"的框架，不仅深刻解读了"勇于创新"，从国家、产业、企业、个人四个层面阐述了为何要创新，更以"提高解决实际问题能力"为主旨，阐述国有企业领导人员如何有效提高个人创新力和切实开展创新管理，从"知"与"行"两个方面让国有企业领导人员对"勇于创新"知其然且知其所以然，进而"善于创新"，通过实施全面创新管理，带领国有企业稳步迈向目标——成为具有全球竞争力的世界一流企业。

"知之真切笃实处即是行，行之明觉精察处即是知"。国有企业领导人员应在知行合一中主动担当作为、勇于创新、善于创新，按创新规律办事，如此才能事半功倍。希望该教材在国有企业领导干部队伍建设方面发挥更大的支撑作用。

许庆瑞

# 前言

## 一、编写缘起

在党的十九大报告中，习近平总书记从建设社会主义现代化强国的目标出发，提出"深化国有企业改革，发展混合所有制经济，培育具有全球竞争力的世界一流企业"。具有全球竞争力的世界一流企业，是在全球范围内的竞争中主导资源配置、拥有自主创新能力、引领行业技术和商业模式发展、实现价值创造和社会责任效益的优秀企业、标杆企业，甚至是领袖级企业。为此，国务院国有资产监督管理委员会（以下简称为"国资委"）提出了"三个领军""三个领先""三个典范"（以下简称"三个三"）的基本要求。

成为世界一流企业，是很多企业的追求。作为党的十九大后首个重组整合的中央企业和国资委确定的中央企业创建世界一流示范企业，国家能源集团深入贯彻党中央关于培育具有全球竞争力的世界一流企业的战略部署，根据国资委《关于印发中央企业创建世界一流示范企业名单的通知》（国资发改革〔2018〕130号）和《关于国家能源集团创建世界一流示范企业实施方案有关意见的复函》（国资厅改革〔2019〕272号），立足于国资委提出的"三个三"的基本要求，确立了"一个目标、三型五化、七个一流"的发展战略。具体而言，一个目标，是指建设具有全球竞争力的世界一流能源集团；三型五化，是指打造创新型、引领型、价值型企业，推进清洁化、一体化、精细化、智慧化、国际化发展;七个一流,是指实现安全一流、质量一流、效益一流、技术一流、人才一流、品牌一流和党建一流。其中,一个目标是战略统领,三型企业是战略取向,五化发展是实施路径,七个一流是重点要求。

国家能源集团确立的"一个目标、三型五化、七个一流"发展战略,是改革发展新阶段的战略抉择,明确了新时代的治企哲学、治企理念、治企目标和要求,是习近平总书记"培育具有全球竞争力的世界一流企业"和十九届四中全会"增强国有经济竞争力、创新力、控制力、影响力、抗风险能力"重要部署在国家能源集团的具体实践,高度契合了国资委"三个三"的核心内涵,体现了国家能源集团践行新发展理念,建设现代化经济体系,服务"四个革命、一个合作"能源安全新战略,保障国家能源安全的责任使命,展示了集团公司追求世界一流、实现高质量发展的信心和决心。

创建世界一流示范企业,开启了建设具有全球竞争力的世界一流能源集团的新征程,承载着国家能源集团 34 万干部员工的光荣与梦想、责任与担当。其中,打造"三型"(创新型、引领型、价值型)企业,是国家能源集团在创建世界一流示范企业过程中的主要目标。打造三型企业,需要相应的人才支撑,需要高素质、专业化的国有企业领导人员队伍。对于什么样的高素质人才能符合国有企业发展的要求,习近平总书记在 2016 年 10 月召开的全国国有企业党的建设工作会议上给出了明确指示,即"对党忠诚、勇于创新、治企有方、兴企有为、清正廉洁"(以下简称"二十字"要求)。这是新时期好干部标准在国有企业的具体化,是优秀国有企业领导人员的本源特征。国有企业领导人员队伍建设,关系到国有企业的兴衰,关系到国民经济的稳定与发展。按照这一要求建设领导人员队伍,是国有企业做强做优做大、保证党对经济领域坚强领导的重要基础。其中,勇于创新是国有企业领导干部践行"二十字"要求的发力点,亦是对建设创新型企业所需人才的根本要求。

国有企业领导干部的个人创新力和创新管理能力,对于推动创新型企业建设具有至关重要的作用。领导者个人创新能力是企业实施创新管理的组织保障,有效的创新管理是打造创新型企业的重要途径。

(一) 创新力

创新是挑战常规、突破现状的行为。如果说个人的发明创造可以依赖于逆向思维、敏锐的洞察力和聪明才智等,那么打造创新型企业和推动企业持续创新则是一个相当复杂的任务,其本质是一种组织变革和转型,涉及企业战略、组织架构、文化机制、资源投入等企业层面要素的系统转变,这不是企业中下层或个体创新者可以做到的,企业高级管理层必须直接参与和领导。无论是自上而下的创新战略落地,还是自下而上的创新活力激发,都需要强有力的领导力和满足创新需要的环境氛围与平台,这背后无疑需要一批懂创新、会创新的领导者来创造和支撑。

(二) 创新管理能力

国有企业领导者不仅自身需要创新力,还需要具有卓越的创新管理能力。创新需要适度的管理,创新管理非常具有挑战性。创新是一个从创意到商业化的复杂而漫长的链条,不仅环节多,而且形式多样、千差万别,加上创新需要面对各种不确定性及其带来的高风险,因此如何有效管理创新和提升创新效益是创新管理者面临的巨大挑战。具体来说,创新不仅仅限于那种偶然的灵光一现,虽然自下而上的自由创意活动不需太多的控制和监管,但是其背后仍需各种创新资源、平台和环境的支持,需要一定的创新目标和业务约束,后续的创新产品开发、测试以及商业化更需要多方协作与沟通，需要各种技术资源和知识的导入，以及基于各种指标的技术和商业评估，等等。对于企业来说，创新已远非简单一个或几个项目，它更应以一种多部门协作的、系统化的方式持续推进。在建设创新型企业的过程中，国有企业领导者需要通过科学的创新管理来不断优化和提升企业的创新能力。

综上，培养国有企业领导人员的创新力和创新管理能力，是国家能源集团建设创新型企业的迫切需要，是集团实施"一个目标、三型五化、七个一流"发展战略过程中干部队伍建设的重要内容，对于集团创建世界一流企业具有重要意义。鉴于此，国家能源集团管理干部学院编写了《勇于创新》教材，基于"是什么—为什么—如何做"的逻辑，全面解读"勇于创新"，旨在使国有企业领导人员在正确而深刻地认识勇于创新的基础上，全面提高个人创新力和创新管理能力，进而高效地践行勇于创新，从干部队伍建设和培训层面，有力推动集团公司发展战略的落实和世界一流示范企业的创建。

## 二、结构内容

全书分为 4 章，具体说明如下。

### （一）什么是勇于创新

践行勇于创新，首先要正确认识勇于创新——这是勇于创新的前提和基础。第 1 章系统诠释了什么是勇于创新。具体而言，从创新的内涵切入，总结归纳出勇于创新的内涵；从创新意识，创新自信，敢闯敢试、敢为人先三个方面，细述勇于创新的基本要求；从学习、思维、行动三个角度讲述履行勇于创新使命的切入点。

第一，要全面理解勇于创新的内涵。勇于创新是国有企业领导干部在创新全过程中展现出来的一种思想意识、精神状态和行为表现,即树立创新价值观(包括创新精神和创新意识),心怀创新自信,自觉克服思维定式的消极影响,运用创新思维,综合利用已有的知识、信息、技能和方法,主动研究新情况、解决新问题,审时度势推动创新,在求异求新中发现改变现状的契机和机遇,自觉地把国家政策和上级指示与企业具体实际相结合,在"结合"中创新。与时俱进是勇于创新的思想基础,锐意进取是勇于创新的内在精神,勇于实践是勇于创新的外在行为。

第二,明确勇于创新的基本要求。2018年5月11日,中共中央办公厅、国务院印发《中央企业领导人员管理规定》(以下简称为《规定》),将"二十字"要求写入总则第一条,并在选拔任用的基本条件中将"二十字"要求逐一对应细化。关于勇于创新,《规定》要求国有企业领导人员必须具有强烈的创新意识和创新自信,敢闯敢试、敢为人先。创新意识是创新的前提和关键,只有在创新意识的引导下,才可能产生创新动机、启动创新思维,从而获得创新成果。创新自信是落实创新驱动发展战略的前提,是企业对自己的创新理念、路径、技术的充分肯定,是对国有企业领导人员践行勇于创新的要求。敢闯,是要求国有企业领导人员要善于发现问题,敢于在理念思路、体制机制、方式方法方面打破常规、不断超越,正确认识自己,把握发展规律;敢试,是要求国有企业领导干部在困难面前要有大无畏的精神,敢于做第一个"吃螃蟹"的人;敢为人先,是要求国有企业领导干部敢做"领头雁"和"排头兵",创造性地开展工作。

第三,履行勇于创新的使命。践行勇于创新,首在学习。学习是一个主动获取和运用新知识的过程,学习的过程从本质上看是创新的过程,创新与学习是一个相互交融、不可分割的整体。创新的源泉在于学习,学习的成效体现于创新,创新是学习型领导的本质特征。国有企业领导干部不仅应自觉学习、善于学习,而且应学以致用。不难发现，那些勇于创新、乐于从事具有开创性工作的领导干部，一般情况下也是学习力强的领导干部。践行勇于创新，重在思维。要创新，必须借助创新思维。领导活动其实就是一种创新思维活动。创新思维的质量和水平从根本上决定领导战略的质量和水平，进而从根本上决定领导活动的结果与成效。践行勇于创新，贵在调研与实践。领导人员走出办公室进行调查研究，是发现创新目标和完善创新思路的有效途径。同时，实践是检验真理的唯一标准，创新意识和创新思维归根结底要落实到行动上，经不起实践检验的创新要及时废除，每次实践都是创新思想和创新思维的具体体现，企业领导干部的创新力也是在无数次的实践中得以逐步提高的。

（二）为何要勇于创新

践行勇于创新，其次要深刻认识为何要勇于创新——这是勇于创新的价值和意义。第 2 章从多个层面（国家、产业、企业和个人）解读为何要勇于创新。具体而言，从创新是引领发展的第一动力、创新是改革开放的生命两个方面，阐述了创新对于国家可持续发展的意义；从能源生产和消费革命的角度，阐述了创新对于能源产业发展和转型的紧迫性和重要性，包括我国能源发展所处的国际环境，尤其是国际能源供需格局新变化、新一轮国际能源革命、国际能源合作趋势，以及我国能源安全新战略的内涵、科技创新在能源产业变革中的极端重要性；从国有企业发挥"六个力量"的角度，阐述了勇于创新对于新时代国有企业履行历史使命——成为具有全球竞争力的世界一流企业的必要性，分析了勇于创新对于当前国有企业（尤其是能源企业）迎接管理挑战的紧迫性，分析了国有企业如何通过创新发展发挥"六个力量"；从个人角度，分析了勇于创新对于个人干事创业的重要性，并概括了国有企业领导干部的创新使命与职责。

从国家层面看，勇于创新是我们党立足全局、面向未来的重大战略需求。党的十八大以来，习近平总书记把创新摆在国家发展全局的核心位置，高度重视科技创新，围绕实施创新驱动发展战略、加快推进以科技创新为核心的全面创新，发表了一系列重要讲话，提出了一系列新思想、新论断、新要求。习近平总书记的科技创新思想具有鲜明特色，主要表现在：把创新摆在五大发展理念（创新、协调、绿色、开放、共享）之首，强调创新是引领发展的第一动力；强调创新对于推进改革开放的极端重要性，即创新是改革开放的生命；强调科技创新在国家发展全局中的战略核心地位，即科技创新是提高社会生产力和综合国力的战略支撑。创新是时代的脉搏，是民族进步的灵魂，更是国家兴旺发达的不竭动力。当前，我国进入升级发展的关键阶段，要在世界科技革命中抢占制高点、破解资源环境等约束、实现新旧动能转换，就要用好创新这把"金钥匙"。

从能源产业层面看，勇于创新是推动能源生产和消费革命的必然要求。能源生产和消费革命，为我国推进能源系统转型、构建清洁低碳和安全高效的能源体系指明了方向，在党中央工作中占据着重要地位。新一轮科技革命和产业变革推动世界经济格局和产业结构不断进行深度调整，创新驱动能源生产和消费革命已成不可逆转之势。在新形势下，我们需要把着力点放在发展上，依靠科技创新、体制创新、商业模式创新来提高能源生产和使用的效率，建立和巩固我国在新能源技术和产业领域的国际竞争新优势，调整和优化能源结构，推动中国能源走清洁、低碳、安全、高效的可持续发展之路。

从企业层面看，勇于创新是国有企业发挥"六个力量"的根本诉求。中央对国有企业"六个力量"的基本定位，要求国有企业必须顺应时代发展潮流、深化改革，努力成为世界一流企业。

而企业领导人员把创新摆在推动企业高质量发展的核心位置,深入实施创新驱动发展战略,着力强化产品创新、技术创新、商业模式创新,不断培育新动能、发展新经济、壮大新产业,推动企业赢得创新发展的新优势,则是创建世界一流企业的必然路径。

从个人层面看,勇于创新是国有企业干部干事创业的基本要求。首先,勇于创新是时代发展对领导干部的客观要求。从国家角度讲,国有企业领导人员是建设创新型国家的核心力量。作为党在经济领域执政骨干的国有企业领导人员,是中国特色社会主义事业的组织者、领导者和推动者,其创新能力直接关系到党和国家事业的发展。从企业的角度讲,实施创新驱动发展战略,要强调企业作为创新主体,强调市场引导创新。而我国企业——包括国有企业和大中型民营企业,都面临从规模经济、要素驱动和投资驱动向创新驱动的转型。创新的时代需要创新型企业,而创新型企业需要创新型领导者。要在复杂变化的环境下带领能源国企做大做优做强,需要国有企业领导人员具备创新精神、创新思维、创新意识,并掌握创新方法论,充分发挥创新能力,以无畏的胆识、强烈的开拓精神和果敢刚毅的品格做出科学的决策。

(三) 如何提升国有企业领导干部的创新力

明确了什么是勇于创新、为何要勇于创新,那么国有企业领导干部面临的个人层面问题就是,如何提高自身的创新力以践行勇于创新。要回答这个问题,需要明确国有企业领导者的素质构成,以及创新领导者的素质、能力体系和思维。第 3 章概括了国有企业领导人员如何提升个人的创新力。具体而言,阐述了国有企业领导者的素质构成,包括领导者素质的内涵、国有企业领导者的素质构成以及能源国企领导者提升素质的途径;界定了创新领导者,并概括了创新领导者的素质、能力体系和思维。

领导者素质是鉴别领导人才的重要依据,是影响领导效能的关键因素，也是领导人才培养、领导者队伍建设的具体对象和主要内容。国有企业是推进国家现代化、保障人民共同利益的重要力量，是我们党和国家事业发展的重要物质基础和政治基础。大力提高国有企业领导干部素质、提升国有企业领导干部水平，是推进国有企业深化改革的关键环节。在当前深化国有企业改革的背景下，加强国有企业领导者素质建设尤为紧迫。国有企业领导者的素质包括过硬的政治素质、良好的道德素质、卓越的业务素质、开放的学习能力、勇敢的创新素质、高尚的人格素养。

国有企业领导者要在企业中引领创新，还必须是一名创新领导者，要具有创新领导者的素质、能力和思维。创新领导者不是一个头衔，也不局限于一个职能部门的管理者，而是一个领导者，不仅能够领导公司的创新工作，而且能够发挥创新领导力的作用。他们不一定是最有创造力的人，也不一定从事具体的创意工作，但是部分或全部地肩负着诸如为企业的创新之旅指明航向、建设一套有效的创新流程和可行的模式、打造一支强大的创新组织力量以及提供必要的各种创新资源和环境的使命，善于推动一个大型的复杂组织在创新道路上不断前进，引导组织创新更好地适应经营战略。

（四）如何践行勇于创新

对于国有企业领导干部而言，深刻理解勇于创新的内涵、全面认识勇于创新的意义、提升个人创新力，最终是为了在实际管理中更好地践行勇于创新。作为国有企业领导干部，践行勇于创新就是要做好创新管理工作。具体而言，要推动企业进行持续、全面和系统的创新，实现企业从传统要素驱动向创新驱动转型，要打造一家创新型企业，要在企业内部激发和保护自上而下的创新活力。不仅如此，国有企业领导干部还应对变革时代创新和创新管理的重大挑战、新理念有清晰的认识，如此才能更好地履行创新管理者的使命和职责。

第 4 章从管理的角度，从创新战略开发、创新组织搭建、创新人才管理、创新文化营造 4 个维度，阐述了国有企业领导干部如何践行勇于创新，并聚焦变革时代的创新理念与创新管理挑战，进一步阐述了国家创新体系建设与国企创新发展的互动问题，介绍了整合式创新理论和绿色创新管理，归纳了国有企业领导干部面对的若干关于创新管理的关键和典型热点问题及其应对策略，旨在帮助国有企业领导干部在做出影响全局的创新管理决策时，拥有科学、客观的思考基础，更好地践行勇于创新。

最后，以国家能源集团为例，阐述了其创新实践的情况，并进一步聚焦所属大渡河公司的智慧企业建设，总结了其对科技创新、管理创新的践行。

国有企业领导人员建设，关系到国有企业的兴衰，关系到国民经济的稳定与发展。成为高素质、专业化的国有企业领导人员，要按照习近平总书记提出的"二十字"要求，从理论高度去认识，从现实角度去理解，从实践角度去践行。本教材力求理论与实践的融合，既有系统的政策指引、理论支撑，也有实践经验与方法的提炼总结，同时辅以案例引发思考和展开探讨。同时，本教材遵循普适性原则，既面向全体国有企业领导干部，又聚焦能源产业，兼具行业特色。希望更多的国有企业领导干部能够通过学习本教材，把"勇于创新"要求具体化到理想信念和科学管理中去。当然，囿于时间和精力，本教材仍存在有待完善的地方。在教材投入使用后，欢迎大家提宝贵意见。

# 目 录

丛书序
推荐序　中国工程院院士许庆瑞
前言

## 第1章　什么是勇于创新

| | |
|---|---|
| **1.1 勇于创新的内涵定义** | ... 002 |
| 1.1.1 创新的内涵 | ... 002 |
| 1.1.2 勇于创新的内涵 | ... 010 |
| **1.2 勇于创新的基本要求** | ... 014 |
| 1.2.1 创新意识 | ... 014 |
| 1.2.2 创新自信 | ... 023 |
| 1.2.3 敢闯敢试，敢为人先 | ... 027 |
| **1.3 履行勇于创新的使命** | ... 028 |

## 第2章　为何要勇于创新

| | |
|---|---|
| **2.1 勇于创新是党立足全局、面向未来的重大战略需求** | ... 036 |
| 2.1.1 创新是引领发展的第一动力 | ... 037 |
| 2.1.2 创新是改革开放的生命 | ... 047 |
| **2.2 勇于创新是推动能源生产和消费革命的必然要求** | ... 053 |
| 2.2.1 国际能源发展现状及趋势 | ... 057 |

2.2.2　我国能源安全新战略　...065
2.2.3　科技创新与能源产业发展　...069

2.3　勇于创新是国有企业发挥"六个力量"的根本诉求　...084
2.3.1　具有全球竞争力的世界一流企业　...086
2.3.2　能源企业面向未来的管理挑战　...100
2.3.3　"六个力量"定位与国企创新发展　...107

2.4　勇于创新是国有企业干部干事创业的基本要求　...110
2.4.1　勇于创新对国有企业干部干事创业的重要性　...110
2.4.2　国有企业领导干部的创新使命与职责　...116

# 第3章　如何提升国有企业领导干部的创新力

3.1　国有企业领导者的素质构成　...122
3.1.1　领导者素质的内涵　...123
3.1.2　国有企业领导者的素质构成　...126
3.1.3　能源国企领导者素质的提升途径　...131

3.2　创新领导者的素质和能力体系　...133
3.2.1　创新领导者的界定与素质要求　...133
3.2.2　创新领导者的能力体系　...136

3.3　创新领导者的思维　...147
3.3.1　创新思维的基本特征　...147
3.3.2　创新思维的培养与运用　...150

## 第 4 章

## 如何践行勇于创新

| | | |
|---|---|---|
| 4.1 | 创新战略的开发 | … 154 |
| 4.1.1 | 创新愿景和目标定义 | … 156 |
| 4.1.2 | 创新战略制定 | … 160 |
| 4.1.3 | 创新战略实施 | … 172 |
| 4.1.4 | 创新战略评估与优化 | … 175 |
| 4.1.5 | 创新战略的领导责任 | … 176 |

| | | |
|---|---|---|
| 4.2 | 创新组织的搭建 | … 179 |
| 4.2.1 | 创新的过程管理 | … 179 |
| 4.2.2 | 企业创新生态系统 | … 204 |

| | | |
|---|---|---|
| 4.3 | 创新人才的管理 | … 210 |
| 4.3.1 | 创新型人才的特征 | … 210 |
| 4.3.2 | 创新型人才的激励 | … 213 |
| 4.3.3 | 研发团队的管理 | … 215 |

| | | |
|---|---|---|
| 4.4 | 创新文化的营造 | … 219 |
| 4.4.1 | 创新价值观的树立 | … 219 |
| 4.4.2 | 创新文化氛围的创造 | … 220 |
| 4.4.3 | 创新文化与中国传统文化的融合 | … 224 |

| | | |
|---|---|---|
| 4.5 | 变革时代的创新与创新管理 | … 225 |
| 4.5.1 | 国家创新体系建设与国企创新发展的互动 | … 226 |
| 4.5.2 | 整合式创新 | … 233 |
| 4.5.3 | 绿色创新管理 | … 241 |
| 4.5.4 | 迎接创新实践的挑战 | … 246 |

| | |
|---|---|
| 附 录 | … 259 |

01
—

第 1 章

# 什么是勇于创新

"国有企业领导人员必须做到对党忠诚、勇于创新、治企有方、兴企有为、清正廉洁"（以下简称"二十字"要求），是习近平总书记在 2016 年 10 月 10—11 日召开的全国国有企业党的建设工作会议上，对国有企业领导人员提出的基本要求，是新时期好干部标准在国有企业的具体化，是优秀国有企业领导人员的本源特征，为加强国有企业领导队伍建设指明了方向。

勇于创新，是国有企业领导干部践行"二十字"要求的发力点。正确并深刻认识勇于创新，是践行勇于创新的前提和基础。本章从内涵定义和基础要求出发，解释什么是勇于创新。

## 1.1 勇于创新的内涵定义

正确认识勇于创新，首先必须全面地理解创新的内涵。

### 1.1.1 创新的内涵

创新是一个非常古老的词。英语里"创新"一词起源于拉丁语"innovare"，有三层含义，即更新、创造新事物或改变。创新是人类主观能动性的高级表现形式，是推动人类进步和社会发展的不竭动力，创新能力是人类特有的认识能力和实践能力。

从社会学的角度讲，创新是指人们为了发展需要，运用已知的信息和条件，突破常规，发现或产生某种新颖、独特的有价值的新事物、新思想的活动。创新的本质是突破，即突破旧的思维定式、旧的常规戒律。创新的核心是"新"——或是产品的结构、性能和外部特征的变革，或是造型设计、内容的表现形式和手段的创造，或是内容的丰富和完善。

从经济学的角度讲，创新是指以现有的知识和物质，在特定环境中，改进或创造新的事物（包括但不限于各种方法、元素、路径、环境等），并能获得一定有益效果的行为。美籍奥地利人、哈佛大学教授约瑟夫·熊彼特（JosephAlois Schumpeter）在其1912 年德文版的《经济发展理论》一书中，首次把创新概念引入经济领域。他认为：所谓创新，是指把一种从来没有的生产要素和生产条件的"新结合"引入生产体系，具体包括五种形式，即引入新的产品或提高产品的质量，采用新的生产方法、新的工艺过程，开辟新的市场，开拓并利用新的原材料或半制成品的新供给来源，采用新的组织形式。创新的目的在于获取潜在利润。

熊彼特的创新概念包含的范围很广，如涉及技术性变化的创新和非技术性变化的组织创新。他创立创新理论的主要目的在于对经济增长和经济周期的内在机理提供一种全新的解释。但是，由于熊彼特的思想过于"异端"，其开创的创新理论在很长的一段时间里一直难以被人们接受，也难以被主流经济学接受。直到 20 世纪 50 年代，科学技术在经济发展中日益显现突出的价值，创新理论研究才开始成为一个十分活跃的领域。从 20 世纪 80 年代开始，创新理论研究开始走向深入，被用于解释经济发展中的许多现实问题，其重要地位逐渐得到确认。

## 创新理论及其演进

### 一、熊彼特的创新理论

熊彼特在 1928 年首篇英文文章《资本主义的非稳定性》

(*Instability of Capitalism*)中首次提出创新是一个过程的概念,并在 1939 年出版的《商业周期》(*Business Cycles*)一书中较全面地阐述了创新理论。熊彼特的创新理论影响深远。首先,他对创新进行了界定,认为创新就是建立一种新的生产函数,即把从来没有过的关于生产要素和生产条件的新组合引入生产体系,进而形成新的生产能力,最终获得潜在利润。其次,熊彼特区分了创新与发明。他强调创新必须能够创造新的价值,从理论上将发明与创新分开,认为发明是新工具或新方法的发现,而创新是新工具或新方法的应用,因而先有发明,后有创新。创新与发明不同,发明是指首次提出一种新产品或新工艺的想法,发明是科技行为;而创新则是首次尝试将这个想法付诸实施,是经济行为。发明与创新有时是紧密联系的,难以对二者进行区分,但在多数情况下二者之间有着明显的时间差。之所以存在时间差,其中一个重要原因是发明不具备商业化的全部或部分条件。许多发明需要其他互补发明和创新才能在创新阶段取得成功。最后,熊彼特认为企业家职能非常重要。创新是企业家对生产要素的新组合,即对现有资源的重新组合,这种重新组合资源的活动,称为"企业家职能"。他认为,经济发展是一个质变的过程,经济发展在其某个历史时期会被创新推动而产生质变。熊彼特通过分析创新过程说明了资本主义经济繁荣、衰退、萧条和复苏的周期性过程,并认为这个周期过程的主要决定因素是创新。熊彼特的创新理论可以概括为"发明—创新—扩散"模型。他强调了创新对资源配置有重要意义的三个特征:第一,创新依赖于资源的投入;第二,创新内嵌于那些实施新组合的企业中;第三,创新通常是由被称为"新"人的企业家来驱动,他们通常不是在现有商业圈中占主流的那些人。熊彼特的早期研究(有时称其为"熊彼特Ⅰ型")认为,创新就是对特定问题持新思路的个体企业家与社会惯性之间在一定历史时期持续斗争的结果,且社会惯性具有或部分具有内生性。这在一定程度上可以解释19世纪末的欧洲创新事件。但是,在20世纪最初的几十年中,创新越来越多地发生在团队和大型组织中。熊彼特在后来的研究中强调了有必要对大公司的"合作型"企业家精神进行系统研究(称之为"熊彼特Ⅱ型")。

虽然熊彼特首次提出创新和创新理论,也列举了创新的一些具体形式,但是他并没有直接界定狭义的技术创新,其界定的创新概念的范围很广,既涉及技术创新、产品创新,也包括非技术的组织创新、市场创新等。

熊彼特之后,创新理论主要沿着两个分支展开研究。一是以埃德·曼斯菲尔德、南希·施瓦兹、理查德·纳尔逊、克里斯托夫·弗里曼、伦德瓦尔等为代表的技术创新学派,他们强调技术创新和技术进步在经济发展中的核心作用,着重研究包括技术扩散、转移和推广在内的技术创新体系,建立技术创新扩散、创新周期等理论模型。二是以道格拉斯·诺思和兰斯·戴维斯等为代表的制度创新学派,他们把熊彼特的创新理论与制度学派的制度理论相结合,以此研究了制度安排对国家经济增长的影响。

## 二、技术创新理论

目前关于技术创新的定义很多,例如索罗、曼斯菲尔德和弗里曼等从企业产品生产、销售和效益等方面把技术创新定义为创造价值的全过程。索罗曾在1951年较为全面地对技术创新理论进行了研究。他在《资本化过程中的创新:对熊彼特理论的评论》一文中首次提出技术创新成立的两个条件,即新思想来源和以后阶段的实现发展。伊诺思也曾经在1962年发表的《石油加工业中的发明与创新》一文中首次直接明确地对技术创新做出界定,他认为:"技术创新是集中行为综合的结果,这些行为包括发明的选择、资本投入保证、组织建立、制定计划、招用工人和开辟市场等。"英国创新经济学家弗里曼认为:"技术创新在经济学上的意义只是包括新产品、新过程、新系统和新装备等形式在内的技术向商业化实现的首次转化。"国内傅家骥、仝允桓等技术创新专家认为:"技术创新是企业家抓住市场的潜在盈利机会,以获取商业利益为目标,重新组织生产条件和要素,建立起效能更强、效率更高、费用更低的生产经营系统,从而推出新的产品、新的生产(工艺)方法,开辟新的市场,获得新的原材料或半成品供给来源或建立企业的新的组织,它是包括科技、组织、商业和金融等一系列活动的综合过程。"

### 三、制度创新理论

兰斯·戴维斯和道格拉斯·诺思在1971年出版的《制度变革与美国经济增长》(*Institutional Change and American Economic Growth: A First Step Towards a Theory of Institutional Innovation*)一书中提出了制度创新理论。他们认为,制度创新是指经济的组织形式或经营管理方式的革新。诺思认为,历史上的经济增长并不是由技术进步决定的,技术进步只是伴随着经济增长而出现的现象或结果,制度创新决定性地影响技术创新,制度创新是经济长期增长和人类社会进步的原因。他与其合作者设计出一个有关制度创新变革的经济模式,从产权制度、法律制度以及其他经济结构的变革与创新等角度进行了深入研究。诺思认为,新技术、新工艺发展的社会收益率总是高的,而在找到提高新技术、新工艺发展的私人收益率的手段之前,产生新技术和新工艺的进展一直是缓慢的,直到近代创新发展出一整套产权制度来,这种现象才得以改善。在创新缺乏产权的情况下,技术变革的速度基本上只受市场规模的影响。

### 四、国家创新体系与创新体系建设

20世纪80年代末期至90年代初期国家创新体系研究开始兴起,研究的共同学术特征是将创新视为一个复杂系统,强调从社会经济的宏观角度来解释各国技术创新业绩的差异,强调在更为广阔的社会文化背景下研究不同企业的技术创新行为差异。

1987年,英国经济学家弗里曼在对日本进行考察分析的基础上,发现日本在技术落后的情况下,以技术创新为主导,辅以组织创新和制度创新,只用了几十年的时间,使得国家经济后来居上,成为工业化大国。为此,弗里曼首次提出了"国家创新体系"这个全新的概念。他认为,人类历史上技术领先国家先后经历从英国、德国、美国到日本的转移,并不仅仅是技术创新的结果,许多制度安排与组织方面的创新活动功不可没,这些可以归结为国家创新体系演变的结果。弗里曼强调政府政策、企业研发、教育培训以及产业结构在创新中的作用,认为创新的成败取决于国家调整其社会经济范式以适应技术经济范式的要求和可能性的能力。20世纪90年代初,美国经济学家理查德·纳尔逊出版了《国家创新体系:比较分析》一书。他将国家创新体系定义为"其相互作用影响到企业技术创新成果的一整套制度",在更广泛的范围内分析国家创新体系,把企业、企业附属研究所、公共研究机构和高等院校视为国家创新体系的主体。他指出,现代国家创新体系既包括各种制度因素、技术创新因素,也包括致力于研究公共技术知识的大学以及提供政府基金、规划的机构等。国家创新体系的另一个创始人是丹麦经济学家本特阿克·伦德瓦尔。他的研究重点是创新的微观领域,如技术创新过程中的创新者与用户之间的相互作用等。

我国学术界在2003年左右开展对国家创新体系的深入研究,并迅速得到国家科技决策和管理部门的高度重视,这些部门对国家创新体系建设进行了三次重要的部署。2006年,《国家中长期科学和技术发展规划纲要(2006—2020年)》指出:全面推进中国特色国家创新体系建设;深化科技体制改革的目标是推进和完善国家创新体系建设;国家创新体系是以政府为主导、充分发挥市场配置资源的基础性作用、各类科技创新主体紧密联系和有效互动的社会系统;建设以企业为主体、产学研结合的技术创新体系,并将其作为全面推进国家创新体系建设的突破口。2012年9月,中共中央、国务院印发了《关于深化科技体制改革加快国家创新体系建设的意见》(以下简称《意见》),就深化科技体制改革、加快国家创新体系建设提出了具体的要求。《意见》强调在国家创新体系建设过程中"坚持企业主体、协同创新";"突出企业技术创新主体作用,强化产学研用紧密结合,促进科技资源开放共享,各类创新主体协同合作,提升国家创新体系整体效能";"注重发挥新型举国体制在实施国家科技重大专项中的作用";"统筹落实国家中长期科技、教育、人才规划纲要,发挥中央和地方两方面积极性,强化地方在区域创新中的主导地位,按照经济社会和科技发展的内在要求,整体谋划、有序推进科技体制改革"。2016年7月颁布的《"十三五"国家科技创新规划》又提出了建设高效协同国家创新体系的新目标,强调"进一步明确各类创新主体的功能定位,突出创新人才的核心驱动作用,增强企业的创新主体地位和主导作用,发挥国家科研机构的骨干和引领作用,发挥高等学校的基础和生力军作用,鼓励和引导新型研发机构等发展,充分发挥科技类社会组织的作用,激发各类创新主体活力,系统提升创新主体能力。"

  创新活动的本质是市场和技术的有效结合。但是,在创新过程中存在市场失灵等许多不确定性因素,需要资本、技术、市场、制度与环境的协调与互动。从熊彼特提出创新理论到技术创新理论、制度创新理论的发展,再到国家创新体系的提出,各阶段对社会创新活动的各环节、各要素的强调以及作用的认识是不同的。熊彼特提出了创新理论,但并未将其限定为单一的技术创新,非技术的制度创新、金融创新等也是其创新的内容;技术创新理论、制度创新理论则更多的是从社会创新过程中的单一因素出发进行研究,忽视了各种因素、环节之间的相互作用和影响,即社会创新活动的各因素在不同阶段和过程中所起的作用是不同的;国家创新体系强调社会创新过程中各主体、环节、要素之间的相互作用及影响的重要性,可以说是对熊彼特创新理论的复归、深化。

资料来源:
① 舒俊. 创新理论的发展演变 [J]. 创新科技, 2017 (1).
② 陈劲. 新时代科技创新管理要更好发挥三个优势 [J]. 人民论坛·学术前沿, 2019 (13).

企业创新是现代经济中创新的基本组成部分。本书认为,从企业角度而言,创新是从新思想(创意)的产生、研究、开发、试制、制造,到首次商业化的全过程,是将远见、知识和冒险精神转化为财富的能力,特别是将科技知识和商业知识有效结合并转化为价值的能力。从广义上说,一切创造新的商业价值或社会价值的活动都可以被为创新。在创新启动时,既要坚持问题导向,又要有战略性、前瞻性思考,以明确创新的战略方向;在创新过程中,要与组织成员以及其他利益相关者(用户、合作企业、大学、投资者等)保持密切的沟通与互动;在创新心态方面,要有极大的勇气和自由探索精神,勇于承担风险,以积极的态度正确看待失败;在创新的绩效方面,要高度关注商业价值的实现,但也注重创新成果对社会发展和环境保护的贡献,如图 1-1 所示。⊖

⊖ 陈劲,郑刚. 创新管理:赢得持续竞争优势 [M]. 3 版. 北京:北京大学出版社, 2016: 21-23.

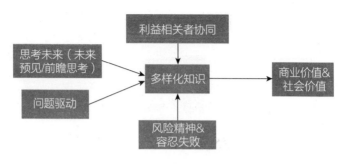

图 1-1 创新的内涵模型

### 1.1.2 勇于创新的内涵

党的十八大以来,习近平总书记把创新摆在国家发展全局的核心位置,高度重视科技创新,围绕实施创新驱动发展战略、加快推进以科技创新为核心的全面创新,发表了一系列重要讲话,提出了一系列新思想、新论断、新要求。习近平总书记的科技创新思想具有鲜明特色,主要表现在:把创新摆在五大发展理念之首,强调创新是引领发展的第一动力;强调创新对于推进改革开放的极端重要性,即创新是改革开放的生命;强调科技创新在国家发展全局中的战略核心地位,即科技创新是提高社会生产力和综合国力的战略支撑。

国有企业是我国国民经济的支柱和行业发展的龙头,担负着全面创新的历史使命,是国家创新的生力军。国有企业领导人员是党在经济领域的执政骨干,是治国理政复合型人才的重要来源,肩负着经营管理国有资产、实现保值增值的重要责任[一]。创新,是我们的时代精神;勇于创新,则是国有企业干部奋斗进取必须秉持的思想品格和践行的行为要求。

---

⊖ http://www.12371.cn/special/xjpgqdjjh/。

本书认为，勇于创新是国有企业领导干部在创新全过程中展现出的一种思想意识、精神状态和行为表现，即树立创新价值观（包括创新精神和创新意识），心怀创新自信，自觉克服思维定式的消极影响，运用创新思维，综合利用已有的知识、信息、技能和方法，主动研究新情况、解决新问题，审时度势推动创新，在求异求新中发现改变现状的机遇，自觉地把国家政策和上级指示与企业具体实际相结合，在"结合"中创新。其中，与时俱进是勇于创新的思想基础，锐意进取是勇于创新的内在精神，勇于实践是勇于创新的外在行为。

### 1. 与时俱进——勇于创新的思想基础

与时俱进，最早起源于《易经》，强调"凡益之道，与时皆行"。与时俱进，是指准确把握时代特征，始终站在时代前列和实践前沿，始终坚持解放思想、实事求是和开拓进取，在大胆探索中继承与发展，使观念和行动与时代一起进步。与时俱进是马克思主义的理论品格。从社会发展的角度看，与时俱进是社会变革的先导。只有反对教条主义和僵化思维，在实践中不断进行理论创新，以新的理论指导新的实践，才能实现社会发展。社会发展如此，国家发展、产业发展、企业发展亦如此。

与时俱进，能够保证创新在纵向上的深度。苟日新，日日新，又日新⊖。国有企业领导干部肩负着改革、发展、稳定的艰巨任务，要想不落伍、不退步，就一刻也不能停止学习新理论和新知识，一刻也不能放松提高创新能力。唯有与时俱进，才能走在时代前列。

---

⊖ 选自《礼记·大学》，即如果能够一天新，就应保持天天新，新了还要更新。比喻从勤于省身的角度来强调及时反省和不断革新。

## 2. 锐意进取——勇于创新的内在精神

锐意进取，包含不甘受困、穷则思变、改革图新的批判精神和探索精神，能够保证创新在横向上的广度。

（1）科学的批判精神

马克思说："任何领域内的发展不可能不否定自己从前的存在形式。"辩证的否定观强调创新是事物在继承的基础上的发展环节，是锐意进取的理论基础。传统有两类：合时宜、有益的传统；不合时宜、有害的传统。如果把所有传统视为绝对完善和神圣不可违反的东西、不敢越雷池半步，那就永远不会有创新。国有企业领导干部要乐于接受和继承有益的传统，也要敢于否定过时的传统。

（2）勇敢的探索精神

创新具有一定的不确定性和风险性，随时会遭到各种挫折和失败。创新不成功，可能会使企业遭受经济损失，对个人的声誉和地位也会造成影响。然而，风险又往往意味着机遇和未来。因此，国有企业领导干部要有一种敢于思变、敢于争先、敢于攻坚、敢于担当的精神和勇气。瞻前顾后、患得患失，是不能创新的。

## 3. 勇于实践——勇于创新的外在行为

勇于实践，是指秉承求真务实的工作作风，深入了解工作历史、工作过程、工作现状，在此基础上，不断提高对工作发展规律的把握能力，结合实际积极探索新方法、新途径，在实践中提高自身的创新能力，在实践中总结适用本企业的创新规律，不断把创新引向深入。

勇于实践有三层含义：第一，深入实践，重视调查研究；第二，在实践中学习；第三，创新贵在落地。

首先,"没有调查研究,就没有决策权"。习近平总书记曾指出,"时代是思想之母,实践是理论之源"。从实践中汲取营养,从群众中汲取智慧,是推动工作"无中生有""有中生新"的重要基础。中国革命、建设以及改革开放时期,无论是制度创新、体制创新,还是方法创新,都离不开对实际情况的透彻把握和真实反映,其中重视调查研究是吃透情况的必经之途㊀。没有深入钻研政策的创新是"空想",没有充分立足实际的创新是"瞎撞"。国有企业领导干部只有深入实践、勇于实践,才能掌握实情,了解所需,找准问题,解决问题,工作创新才有实效。

其次,个人创新能力的提高、企业痛点和难点的解决来源于在实践中的学习。创新本领不会凭空而来、从天而降,也不会随着年龄增长和职位晋升而自然提升。国有企业领导干部只有在"实践、认识、再实践、再认识"的螺旋式上升过程中才能实现个人创新能力的提高。同时,通过逐步探索和实践,才能抓住工作中的痛点和难点,据此进行针对性突破,才能打破企业发展瓶颈,以此产生新的机遇。

最后,创新贵在落地。创新不是单纯地脱离现实的求新求异,不是一哄而上、哗众取宠地提一些华而不实、无法落地的想法。创新要具有实效性和可操作性,只有在尊重已有事实基础上的创新才是科学的创新。各行各业的年度改革方案,不能原原本本照抄照搬上级的东西,而应根据本企业的实际设置课题、安排任务,多方调研、反复论证,先行先试,立足于解决突出问题。另外,任何创新成果都具有局限性,都需要在实践中得到检验、不断完善,逐步形成符合实际需要、符合时代特点、符合发展要

---

㊀ 孙晓莉. 领导干部工作创新的三个关键. 中国党政干部论坛, 2017 - 05 - 02.

求、符合事物基本规律的好方法、好经验、好模式、好机制,从而提高工作效率,促进事业发展。

## 1.2 勇于创新的基本要求

2018年5月11日,中共中央办公厅、国务院印发《中央企业领导人员管理规定》(以下简称为《规定》)将"二十字"要求写入总则第一条,并在选拔任用的基本条件中将"二十字"要求逐一对应细化。关于勇于创新,《规定》要求国有企业领导人员必须具有强烈的创新意识和创新自信,敢闯敢试、敢为人先。

### 1.2.1 创新意识

创新意识是创新的前提和关键,只有在创新意识的引导下,才可能产生创新动机、启动创新思维,从而获得创新成果。

**1. 创新意识的概念**

创新意识是指人们根据社会和个体生活发展的需要,产生创造前所未有的事物或观念的动机,并在创造活动中表现出的意向、愿望和设想。它是人类意识活动中的一种积极的、富有成果性的表现形式,是人们进行创造活动的出发点和内在动力,是创造性思维和创造力的前提。创新意识包括创造动机、创造兴趣、创造情感和创造意志。创造动机是创造活动的动力因素,能推动和激励人们发动和维持进行创造性活动。创造兴趣能促进创造活动的成功,是促使人们积极探求新奇事物的各种心理倾向。创造情感是引起、推进乃至完成创造的心理因素,只有具有正确的创造情感才能使创造成功。创造意志是在创造中克服困难、冲破阻碍的心理因素,具有目的性、顽强性和自制性。

## 2. 创新意识的作用

首先，创新意识促成社会多种因素的变化，推动社会全面进步。创新意识根源于社会生产方式，它的形成和发展必然进一步推动社会生产方式的进步，从而带动经济的飞速发展，促进上层建筑的进步。创新意识进一步推动人的思想解放，有利于人们形成开拓意识、领先意识等先进观念，会促进社会政治向更加民主、宽容的方向发展——这是创新发展需要的基本社会条件，且这些条件反过来又促进创新意识的扩展，更有利于创新活动的进行。

其次，创新意识是决定一个国家、民族创新能力最直接的精神力量。对国家来说，没有创新就没有发展；对产业来说，没有创新就没有优势；对企业来说，没有创新就没有出路。创新意识对企业发展具有重要作用。就企业而言，创新意识的不断培养和提升，宏观上能够明晰国有企业的战略定位，微观上能够调整企业的战略布局、实现企业制度优化。

最后，创新意识能促成人才素质结构的变化，提升人的本质力量。创新实质上确定了一种新的人才标准和要求，代表着人才素质变化的性质和方向。它输出了一种重要信息：社会需要充满生机和活力的人、有开拓精神的人、有新思想道德素质和现代科学文化素质的人。它客观上引导人们朝这个目标提高自己的素质，使人的本质力量在更高的层次上得以确证。它能够激发人的主体性、能动性、创造性的进一步发挥，从而使人自身的内涵获得极大丰富和扩展。

## 3. 国有企业领导干部的创新意识

"生活从不眷顾因循守旧、满足现状者，从不等待不思进取、坐享其成者，而是将更多的机遇留给善于和勇于创新的人们。"㊀

---

㊀ 2013年5月，习近平同各界优秀青年代表座谈时的讲话.

国有企业领导干部是企业创新的决策者和组织者,对创新成功具有关键作用。勇于创新,要求国有企业领导干部必须具有高度的创新意识,具体而言,国有企业领导干部要有发展意识、问题意识、前瞻意识和风险意识。

(1) 发展意识

发展意识是创新意识的第一要素。创新意识的本质,是批判的、革命的、发展的。创新意味着发展、超越和突破。增强创新意识,首先要增强发展意识。

习近平总书记在庆祝改革开放40周年大会上指出:"只有牢牢扭住经济建设这个中心,毫不动摇坚持发展是硬道理、发展应该是科学发展和高质量发展的战略思想,推动经济社会持续健康发展,才能全面增强我国经济实力、科技实力、国防实力、综合国力,才能为坚持和发展中国特色社会主义、实现中华民族伟大复兴奠定雄厚物质基础"[一]。

首先,发展是硬道理。发展是人类社会的永恒主题,也是中国特色社会主义事业的永恒主题。改革开放40多年来,我国之所以能取得举世瞩目的历史性成就,从根本上说就是以发展为第一要务。习近平总书记强调:"在全面深化改革中,我们要坚持发展仍是解决我国所有问题的关键这个重大战略判断"[二]。这个战略判断,是运用唯物史观基本原理,深入分析当代中国实际和时代特征得出的科学结论,是推动科学发展和高质量发展的根本依据。

其次,发展应是科学发展和高质量发展。在当代中国,坚持

---

[一] 习近平. 在庆祝改革开放40周年大会上的讲话 [N]. 人民日报, 2018-12-19 (02).

[二] 习近平. 推动全党学习和掌握历史唯物主义更好认识规律更加能动地推进工作 [N]. 人民日报, 2013-12-05 (01).

发展是硬道理的本质要求就是坚持科学发展和高质量发展。正如习近平总书记指出的，"发展是解决我国一切问题的基础和关键，发展必须是科学发展，必须坚定不移贯彻创新、协调、绿色、开放、共享的发展理念"㊀。随着中国特色社会主义进入新时代，发展的重要性没有变，发展是第一要务没有变，改变的是发展的内涵和重点。新时代发展的核心要义是高质量发展。习近平总书记指出，"我国经济由高速增长转向高质量发展，这是必须迈过的坎，每个产业、每个企业都要朝着这个方向坚定往前走。"㊁因此，无论是实现更加平衡、更加充分的发展，还是建设现代化经济体系，都必须继续坚定不移地坚持以发展为第一要务。

创新本身是对传统的一种扬弃。要创新，就不能"画地为牢"，不能把已有的进步和成果当作是不可逾越的边界。要解放思想、实事求是，做到"不唯书、不唯上、只唯实"。要勇于超越和突破，即不要自我满足，即便取得了很高成就，也要设立新目标、挑战自我、挑战极限，用积极的、开放的、上进的态度看待世界、对待未来。现实中存在一种现象：新任领导干部上任后，会想方设法去打开工作局面，会秉承新思维、采取新举措，放开手脚进行改革创新；然而，一旦通过创新打开了局面、取得了成绩后，就会或陶醉于功绩而自我满足，或居功自傲而举步不前，或坐享其成而不思进取，很难继续创新。事实上，超越和否定他人容易，超越和否定自己相当困难。已取得成功经验的国有企业领导干部尤其要注意规避这一点，应深刻理解"发展才是硬道理"的时代内涵，敢于冲破传统模式和思维定式的束缚，坚持拓宽思路、务实创新，运用以人为本、质量效益、统筹兼顾等科

---

㊀ 习近平在中国共产党第十九次全国代表大会上的报告，http://jhsjk.people.cn/article/29613660.

㊁ http://www.xinhuanet.com/politics/2018-01/08/c_1122223914.htm.

学理念分析本企业建设形势,谋划工作。

(2) 问题意识

问题意识,是指人们在认识活动中,在面对一些难以解决的、疑惑的实际问题或理论问题时,产生的一种怀疑、困惑、焦虑、探究的心理状态,这种心理状态促使人们具有强烈的"推陈出新"意识,积极思维,不断解决新问题、化解新矛盾。

问题意识是人类社会发展进步的"基本方法"。习近平总书记强调,"问题是事物矛盾的表现形式,我们强调增强问题意识、坚持问题导向,就是承认矛盾的普遍性、客观性,就是要善于把认识和化解矛盾作为打开工作局面的突破口"[一],"问题是创新的起点,也是创新的动力源"[二]。问题意识是人们对客观存在的矛盾的敏锐感知和认识,是发现问题、解决问题的一种思想自觉。问题是实践的起点、创新的起点。抓住问题,就能抓住经济社会发展的"牛鼻子"。纵观人类发展历史,人类社会就是在不断发现问题、解决问题、总结经验中发展进步的。发现问题、研究问题、解决问题,始终是推动一个国家、一个民族向前发展的重要动力。

问题意识是一种工作方法和领导方法。习近平总书记强调,"要有强烈的问题意识,以重大问题为导向,抓住重大问题、关键问题进一步研究思考,找出答案,着力推动解决我国发展面临的一系列突出矛盾和问题"[三]。国有企业领导干部只有脑子里经常

---

[一] 《在十八届中央政治局第二十次集体学习时的讲话》(2015年1月23日) http://jhsjk.people.cn/article/30497908.

[二] 习近平. 在哲学社会科学工作座谈会上的讲话 [N]. 人民日报, 2016 - 05 - 19 (02).

[三] 2013年9月17日,在中共中央召开的党外人士座谈会上的讲话 http://jhsjk.people.cn/article/30429628.

想着、带着这样那样的问题，才能及时准确地发现问题，全面正确地认识问题，科学地分析研判问题，找到问题根源、抓住问题关键，从而积极精准地解决问题。同时，只有坚持问题意识，我们才能"防患于未然"。只有做好预防，问题才不会发生。也只有坚持问题意识，我们才能"知不足而后进"。当然，增强问题意识，不是横挑鼻子竖挑眼，专拣毛病，而是以对党负责、对国家负责、对企业负责的强烈责任感、使命感，敢于担当，善于破解工作难题，团结带领整个企业奋力开创创新发展的新局面。

问题意识是领导干部精神状态的反映。问题意识彰显的是忧患意识、进取精神，展示的是积极向上、奋勇向前的工作状态。精神萎靡、意志消沉、不求进取，就很难主动去发现问题，即使遇到问题也会视而不见、听之任之。因此，要勇于创新，首先要具有问题意识。○

（3）前瞻意识

所谓前瞻意识，就是一种超前意识。对于国有企业领导干部具体而言，就是在科学把握现实国情、社情和本企业工作实际的基础上，面向未来、着眼长远，形成对当前及今后一个时期事业发展走向的清晰判断和科学预见。

"凡事预则立，不预则废"。具有前瞻意识，进行科学预见，是对国有企业领导干部的基本要求。国有企业领导干部要坚持用科学的立场、观点和方法，从战略层面观察和判断形势，把握事物发展的总体趋势和根本方向，应势而为、顺势发展、趁势而

---

○ 中央党校（国家行政学院）习近平新时代中国特色社会主义思想研究中心. 增强问题意识推动改革发展［N］. 光明日报，2019-04-15 http://theory.people.com.cn/n1/2019/0415/c40531-31029485.html.

上。也就是说，国有企业领导干部要使自己的眼界能够"寂然凝虑，思接千载"，不仅具有现实的广度，而且具有历史的深度。具体而言，善于见微知著，以小见大，由近见远，由特殊见一般，从稍纵即逝的、细微的迹象和苗头上及时发现问题、深入分析问题；善于在宏观上把握趋势、把握方向，在微观上抓住重点、抓住关键，把握好各种因素间的内在联系，超前谋划，趋利避害，赢得主动[一]。

国有企业领导干部可从以下几个方面强化前瞻意识：首先，进一步用党的创新理论武装头脑，不断提高战略思维能力、创新思维能力、辩证思维能力，拓展战略视野，站在推动事业科学发展的战略高度思考问题，既充分把握事业发展的优势和有利条件，又提前判断和应对可能出现的矛盾和问题，既考虑眼前工作，又着眼于长远和全局问题；其次，国有企业领导干部要坚持党的实事求是的思想路线，弘扬密切联系群众的优良作风，自觉深入实际、深入基层、深入群众，进行认真而不是敷衍的、缜密而不是片面的调查研究，努力掌握第一手材料和最可靠信息，并对之进行必要的甄别、分析和取舍，为科学谋划工作奠定坚实基础；最后，牢固树立正确政绩观，摒除私心杂念，冲破名缰利锁，将是否有利于国有资产保值增值，是否有利于提高国有经济竞争力，是否有利于放大国有资本功能的方针作为思考问题、进行决策、开展工作的出发点和落脚点，作为衡量和检验工作成绩的重要尺度与标准。

（4）风险意识

从企业创新的角度来看，风险意识是指企业领导人员对风险

---

[一] 吕杰. 领导干部"五个注重"不断提高战略思维能力 [N]. 学习时报，2018－05－21.

的感受、认识和由企业利益与风险间关系产生的对企业创新风险的态度。

2014年4月15日,习近平总书记在中央国家安全委员会第一次会议上提出总体国家安全观。他强调,"当前我国国家安全内涵和外延比历史上任何时候都要丰富,时空领域比历史上任何时候都要宽广,内外因素比历史上任何时候都要复杂,必须坚持总体国家安全观,以人民安全为宗旨,以政治安全为根本,以经济安全为基础,以军事、文化、社会安全为保障,以促进国际安全为依托,走出一条中国特色国家安全道路"。在党的十九大报告中,习近平总书记进一步强调了提升风险意识的极端重要性:"坚持总体国家安全观。统筹发展和安全,增强忧患意识,做到居安思危,是我们党治国理政的一个重大原则"。忧患意识是超前意识、风险意识与情感体验的集合体。其中,风险意识在忧患意识中居于核心地位。提升风险意识,是基于新时代我国社会发展中各式各样的结构性风险问题而做出的判断。

当前我国全面深化改革已进入攻坚期与深水期,各行各业都面临着许多困难与风险相互交织的考验。以我国能源产业为例。能源是国民经济发展的重要支撑,能源安全直接影响国家安全、可持续发展以及社会稳定。中国能源安全问题的实质是能源储备和供应结构与能源消费结构不完全匹配,且矛盾仍在不断加深。与此同时,中国经济社会发展面临的外部环境也正在发生变化,部分国家民粹主义兴起、贸易紧张局势加剧和贸易壁垒增加、美国在中东地区的战略收缩,在多方面对现有的能源供应格局产生影响,也给中国能源安全带来了新的挑战。习近平总书记强调:"面对波谲云诡的国际形势、复杂敏感的周边环境、艰巨繁重的改革发展稳定任务,我们既要有防范风险的先手,也要有应对和化解风险挑战的高招;既要打好防范和

抵御风险的有准备之战,也要打好化险为夷、转危为机的战略主动战。"㊀

勇于创新,要求国有企业领导干部应加强风险意识。国有企业领导干部是党派到企业的管理者,既是经济建设的决策者、组织者,又是党各项方针政策的践行者。这意味着国有企业领导干部不但要有企业家素质,更要有政治家风范,把牢正确的政治方向,做政治上的明白人㊁。创新与风险相伴而生,领导活动领域的创新风险更大。国有企业领导干部在创新过程中,要坚持底线思维,坚持稳中求进,要紧密联系外部环境深刻变化和国内改革发展稳定面临的新情况、新问题、新挑战,充分认识防范化解重大风险的重要性和紧迫性,进一步增强防范化解重大风险的政治自觉和责任担当。只有具有自觉的风险意识,才能更好地做到安而不忘危、存而不忘亡、治而不忘乱,以更好地规避企业创新过程中的各种风险。

当然,强调风险意识并不意味着要把风险控制在"零"的状态,不能为了追求绝对安全而不计成本地背上沉重负担,甚至顾此失彼,也不能因为包袱重而等待、困难多而不作为、有风险而躲避、有阵痛而不前。国有企业领导干部应树立必胜信念,坚持以总体国家安全观中的"总体"性思维为指导,坚定不移把国家安全风险防范工作推向前进㊂。

---

㊀ 习近平. 在新进中央委员会的委员、候补委员和省部级主要领导干部学习贯彻习近平新时代中国特色社会主义思想和党的十九大精神研讨班上的讲话 [N]. 人民日报,2018-01-06.

㊁ 赵聪. 坚守好国企党员领导干部的身份与本分 [J]. 现代企业文化(理论版),2017(5).

㊂ 杨海. 新时代要提升风险意识 [N]. 学习时报,2017-12-27.

### 📖 主席金句

"学贵知疑,小疑则小进,大疑则大进。"要创新,就要有强烈的创新意识,凡事要有打破砂锅问到底的劲头,敢于质疑现有理论,勇于开拓新的方向,攻坚克难,追求卓越。

——2013 年 7 月 17 日,习近平在中国科学院考察工作时的讲话

面对日益激烈的国际竞争,我们必须把创新摆在国家发展全局的核心位置,不断推进理论创新、制度创新、科技创新、文化创新等各方面创新。广大知识分子要增强创新意识,敢于走前人没有走过的路,敢于抢占国内国际创新制高点。

——2016 年 4 月 26 日,习近平在知识分子、劳动模范、青年代表座谈会上的讲话

## 1.2.2 创新自信

2013 年 7 月,习近平总书记在中国科学院考察工作时发表重要讲话,明确提出要增强创新自信。2016 年 5 月,在全国科技创新大会、中国科学院第十八次院士大会和中国工程院第十三次院士大会、中国科学技术协会第九次全国代表大会上,习近平总书记进一步指出:"我国科技界要坚定创新自信,坚定敢为天下先的志向,在独创独有上下功夫,勇于挑战最前沿的科学问题,提出更多原创理论,作出更多原创发现,力争在重要科技领域实现跨越发展,跟上甚至引领世界科技发展新方向,掌握新一轮全球科技竞争的战略主动。"

创新需要自信,自信才能创新。从国家层面讲,创新自信是落实创新驱动发展战略的前提;从企业层面讲,创新自信是企业对自己创新理念、路径、技术的充分肯定和坚持践行,即相信创

新能够实现、必须实现；从个人层面讲，创新自信是国有企业领导干部践行勇于创新的要求。

"吾心信其可行，则移山填海之难，终有成功之日；吾心信其不可行，则反掌折枝之易，亦无收效之期也"㊀。创新信心对于创新事业具有重要的激发效应。创新信心不仅能够直接影响创新行为和结果，而且能够通过影响创新动机和创新能力来改善和提升创新绩效。这是因为：第一，创新自信可为创新行为和创新实践提供内在动力。创新自信是心理资本的一个重要组成部分，是促进创新行动和创新实践活动的内在力量源泉。创新自信与希望、乐观和坚韧性等个人积极心理能力一起，激发个人的创新热情，促动其创新活力，释放其创新潜能，使个人在创新实践活动中不断攻坚克难、勇于尝试，在改善和提升创新绩效的基础上赢得个人和企业的持续竞争优势。第二，创新自信可以增强企业领导或员工的自主创新能力。一个人只有充分相信自己的创新能力，才会为自己设立更高的创新目标，并自觉选择困难的工作任务，才能更主动、更大胆地进行创新；充分相信自己的创新能力，还能更好地激发创新热情，在迎战困难和挑战中不断提升自己的创新能力。第三，创新自信是应对困难和挫折的内在积极心理资源。创新总是伴随着风险，有成功，也有失败。在面对困难、挫折甚至失败时，创新自信会为我们提供一种自我激励，鼓励我们不气馁、不动摇、不退却、不放弃，使我们的内心变得强大。创新自信是引领我们寻找新的创新路径、发现新的创新方法、尝试新的创

---

㊀ 2018年5月28日，习近平总书记在中国科学院第十九次院士大会、中国工程院第十四次院士大会上讲话中引用。语出孙中山《建国方略·自序》。意思是：如果我有信心把某件事做成，即使有移山填海之难，也会有成功的一天；如果没有信心把事情做成，即使像翻手掌、折树枝一样容易，也不会有见成效的时候。

新领域并最终使我们的梦想成真的关键心理因素。

对于国有企业领导干部而言,创新自信不仅表现为创新梦想和胆略,更表现为核心创新价值观。创新自信不是夸夸其谈、好高骛远、守株待兔,而是实事求是、真抓实干、持之以恒。具体而言,有以下几点。

第一,创新自信表现为敢冒风险。企业在寻求创新路径时往往面临两种选择:一是"从有到优",即通过渐进式创新在成熟市场中进行抢夺与竞争;二是"从无到有",即通过颠覆式创新另辟蹊径,开拓新的市场赛道。相比渐进式创新,颠覆式创新需要承担更大风险,但也更可能实现意想不到的市场突破。而进行颠覆性创新,要有自信。一是相信自己可以做得更好;二是敢于走自己的路,不会过于看重他人的评论,也不会急于得到他人的认同。

第二,创新自信表现为敢于质疑。习近平总书记曾指出,要"树立强烈的创新自信,敢于质疑现有理论,勇于开拓新的方向,不断在攻坚克难中追求卓越"[一]。一个勇于创新的企业一定要有一个宽松的氛围,包容异见、宽容失败。身为国有企业领导干部,不应人云亦云,不应迷信官僚权势、迷信学术权威、迷信发达国家,不应搞自我矮化,同时还应鼓励员工敢于挑战权威、专家和领导,遇到问题时进行调查研究,了解市场需求和反应,在有证据和数据的基础上做出决策。

第三,创新自信表现为诚实。那种盗窃别人知识产权的行为,不是自信,而是自卑。那种急功近利的行为,不是自信,而是心虚、胆怯。只有诚实,才能脚踏实地、滴水穿石,做出真创新。

第四,创新自信表现为开放合作。习近平总书记指出:"要准确把握重点领域科技发展的战略机遇,选准关系全局和长远发

---

[一] http://rencai.people.com.cn/n/2013/0718/c244800-22237027.html.

展的战略必争领域和优先方向，通过高效合理配置，深入推进协同创新和开放创新，构建高效强大的共性关键技术供给体系，努力实现关键技术重大突破，把关键技术掌握在自己手里"。㊀实践证明，封闭式创新是没有前途的，开放式创新是大势所趋。不能以自信为理由排斥合作，搞闭门造车；不能以自信为借口瞧不起别人，也不能为了自信、尊严而硬要另辟蹊径。国有企业领导干部应从开放融合之中汲取别人的经验、寻找自信，也只有在开放的环境中才能激发创新灵感㊁。

### 主席金句

要有强烈的创新自信。我们要引进和学习世界先进科技成果，更要走前人没有走过的路，努力在自主创新上大有作为。如果总是跟踪模仿，是没有出路的。我们必须着力提高自主创新能力，加快推进国家重大科技专项，深入推进知识创新和技术创新，增强原始创新、集成创新和引进消化吸收再创新能力，不断取得基础性、战略性、原创性的重大成果。

——2013年7月17日，习近平在中国科学院考察工作时的讲话

在日趋激烈的全球综合国力竞争中，必须坚定不移走中国特色自主创新道路，增强创新自信，深化科技体制改革，不断开创国家创新发展新局面，发挥科技创新的支撑引领作用，加快从要素驱动发展为主向创新驱动发展转变，加快从经济大国走向经济强国。

——2013年3月4日，习近平在全国政协科协、
科技界委员联组会上的讲话

---

㊀ 习近平. 在中国科学院第十七次院士大会、中国工程院第十二次院士大会上的讲话 [N]. 2014-06-10 (02).
㊁ 林祥. 坚定创新自信 [N]. 深圳特区报，2016-06-03 (A02).

### 1.2.3 敢闯敢试,敢为人先

敢闯,是要求国有企业领导干部要善于发现问题、敢于在理念思路、体制机制、方式方法方面打破常规、勇于超越,正确认识自己,把握发展规律;敢试,是要求国有企业领导干部在困难面前要有大无畏的精神,敢于做第一个"吃螃蟹"的人;敢为人先,是要求国有企业领导干部要敢做"领头雁"和"排头兵",创造性地开展工作。

**1. 勇于创新,要勇在创新的思路和理念**

思想孕育思路,思路决定出路。一个企业想要基业长青,就一刻也不能停止创新。"问渠那得清如许,为有源头活水来"。企业的活水是创新,创新的源头是思路和理念。放眼世界,经济复苏乏力,贸易持续低迷,主要经济体依然没能从危机中走出来。新常态下的中国经济总体平稳,但是下行压力仍然较大,经济运行 L 型走势会是一个阶段。企业特别是传统企业去产能、去库存、去杠杆、降成本、补短板的任务极其繁重。国有企业领导人员只有运用创新思路、发展理念,通过理念创新勇于革除旧有的既定看法和思维模式,以新的视角、新的方法和新的商业模式形成新的观点和结论,进而指导企业新的营运实践,才能实现转型发展。没有勇于创新的思路和理念,就没有企业长流不息的源头活水,就无法闯出转型发展的新路。

**2. 勇于创新,要勇在创新的战略和战术**

习近平总书记指出,"党对国有企业的领导是政治领导、思想领导、组织领导的有机统一。国有企业党组织发挥领导核心和政治核心作用,归结到一点,就是把方向、管大局、保落实。"这个方向、大局、落实,需要国有企业领导干部要有勇于创新的战略和战术。企业战略是以未来为主导,与客户、相关方和环境相联系,以现实为基础,对企业发展进行策划和规划。这个未来充满了不确定性,唯勇于创新才能应对。企业战术是在战略指引下产、供、销、人、财、物有效配置、利用并创造财富的具体措施,是干事创业的实在行动,面对复杂多变的市场环境,同样需要创新的方法、创新的手段,需要企业领导人员革故鼎新,精益求精。

3. 勇于创新,要勇在创新的决心和意志

商场如战场。企业想在风起云涌、变化多端的商场中站稳脚跟,最关键的是要有一支勇往直前的团队。而国有企业领导人员就是团队中带兵打仗、冲锋陷阵的领军人物,领军人物的核心是决心、意志和思路。没有坚强的意志,最好的思想、思路也会因缺乏"维持这种价值观得以持续存在的一种努力和毅力的强度"而落空。敢于创新的决心和意志是决战胜负的关键因素。国有企业领导人员只有在决心和意志上对党忠诚、勇于创新,"激情、实干、创新,敢为人先",才能理直气壮地把国有企业做优做强做大。○

## 1.3 履行勇于创新的使命

### 1. 践行勇于创新,首在学习

(1) 掌握创新理论

国有企业领导干部要保持与时俱进,最重要的是要加强对一系列重大理论和实际问题的学习钻研,尤其是要认真学习党的最新创新理论,始终把学习新的理论作为第一政治任务,这是把握

---

○ 马智宏. 做合格的国有企业领导人员 [EB/OL]. [2016-11-16]. http://dangjian.people.com.cn/n1/2016/1116/c117092-28872965.html.

大局方向的基础。

邓小平理论、"三个代表"重要思想、科学发展观和习近平新时代中国特色社会主义思想，为党和国家各项事业发展提供了理论指引，引领改革开放的前进方向。国有企业各级领导干部只有学深学透党的创新理论，才能坚定政治信仰，开阔思维空间。纵观世界才能有国际视野，认识和分析问题才能有高度和深度，工作创新才会有理论支撑和正确的方向，进而才能把准吃透国家政策、产业政策，找准上情与下情的对接点，找准符合产业实际、企业实际的切入点，精准谋划重大项目，也可采取先行试点的方式，保持正确的前行方向，并力争走在前列。因此，认真学习和掌握党的最新创新理论，既是应对挑战、赢得主动、永葆生机、开拓进取的保证，也是个人思想和行动始终与时俱进的根本。

（2）拓宽知识面

学习是创新的基础。信息化时代，新知识、新技能不断涌现。积极的创新者，必定将求知的触角伸向更新、更广阔的知识领域。国有企业领导干部只有紧跟时代步伐，不断更新自己的知识和技能，才能确保自己构筑合理的知识结构，进而才能保障工作创新有支撑飞翔的翅膀。例如，国有企业领导人员可将互联网、大数据、云计算、人工智能等新知识、新技能作为必修课，学习量子纠缠、双螺旋、后摩尔定律等前沿知识，加快知识更新、优化知识结构、拓宽眼界视野、提升科学素养，充分发挥领导者在推动科技成果转化中的重要作用，努力推动企业成为技术创新决策、研发投入、科研组织和成果转化的主体㊀。

---

㊀ 宋亚晨. 培育壮大国有企业家队伍 [N]. 中国组织人事报，2019-02-27.

总的来说，从知识的角度讲，构筑国有企业领导干部的知识结构可从以下方面着手：第一，掌握创新理论知识，只有在科学理论的指导下，行动才不会偏离正确的轨道，创新才会有明确的方向与目的；第二，瞄准科技前沿，掌握现代科技发展的方向和概况；第三，不断学习与工作相关的管理知识和技能、业务知识和技能；第四，认真学好历史知识，在了解历史的基础上，准确把握现实，正确制定决策。

### 2. 践行勇于创新，重在思维

恩格斯指出："一个民族要想站在科学的最高峰，就一刻也不能没有理论思维。"党的十八大以来，习近平总书记多次强调各级领导干部要努力掌握科学的思维方法，提高科学思维能力，其中包括提高创新思维能力。

要创新，必须借助创新思维。要了解什么是创新思维，需要先了解什么是思维。思维是人类所特有的精神活动，是指人脑利用已有的知识，对记忆的信息进行分析、计算、比较、判断、推理、决策的动态活动过程。思维是获取知识以及运用知识求解问题的根本途径。在创造性活动中，感觉、记忆、想象、灵感等心理机制都将发生一定的作用，但起主要作用的是思维，尤其是创造性思维。创造性思维也就是创新思维，是创新的核心。创新是在一定知识、经验和智力的基础上，灵活运用各种思维方法，创造新的思维成果的思维活动。创新思维是求异性思维，它不满足于常规的思维方式和方法，而是在求异求新中激发新的思想火花，发现改变现状的契机和机遇；创新思维又是整合性思维，它运用新的思路和方法，对已有知识和经验进行新的组合、迁移和应用，从而创造出前所未有的新成果[⊖]。

---

⊖ 董守彦. 论国有企业领导者的创新能力 [J]. 集团经济研究，2005，(16)：10-11.

领导者的创新思维是领导者凭借新的理念和实践，超常而首创性地对事物进行旧质形态向新质形态转化的活动，表现为形成新的观念、提出新的方案和决策、创建新的理论、形成新的局面等。领导活动其实就是一种创新思维活动，不论是战略目标的提出，还是战略规划的设计或战略对策的确定，不论是军事领域和政治领域，还是经济领域和文化领域，领导者赖以实施的领导战略都是创造性思维的结果。创新思维的质量和水平最实质地决定着领导战略的质量和水平，进而从根本上决定领导活动的结果与成效。从这个意义上说，创新思维是领导力的灵魂。一位领导者如果掌握了创新思维方法，他在思维方式上就具有求异性，在思维状态上就具有主动性，在思维结构上就具有灵活性，在思维运行中就具有综合性，在思维表达上就具有新颖性，而其思维成果一定具有很强的开拓性和效用性。能源国企的领导者要具备创新思维，敢于突破原有的框架，能够想别人所未想，做别人所未做，如此才能取得创造性、突破性的成就。

### 3. 践行勇于创新，贵在调研与实践

领导人员走出办公室进行调查研究，是发现创新目标和完善创新思路的有效途径。具体来说，领导人员在调查研究中要注意以下三点。一是尊重群众的首创精神。领导人员在对某些问题拿不出得力的解决措施时，应深入群众寻找答案，因为群众可能被这些问题困扰已久，他们早已琢磨出一些办法，只是苦于没人去归纳和提炼或缺乏实施的能力。此时，领导人员放下架子，深入基层，能及时发现和总结群众的经验，从而为创造性地开展工作找到思路和办法。二是要有的放矢，针对需要调查研究。领导人员应在明确的创新目标的指引下，有目的地进行调查研究，创新目标则要紧紧抓住本企业在发展中遇到的难点、重点和热点问

题。领导人员只有以"有准备的头脑"时刻对调查对象保持特殊的敏感,才能在人们的司空见惯甚至不起眼的事物中捕捉到与创新目标有关的信息,从而保证工作创新,才有价值。三是避免先入为主,要针对事物发展的规律进行调查研究。领导人员在调查时要开阔思路,不能在调查前定调子、划框框,不能带着先入之见去搜寻预期结果,而应以积极探究的态度,广泛寻找和思考事物之间或事物与已有知识、信息之间具有启发性的联系和关系,这样才能透过复杂的外在现象看到问题本质,在意外情况中发现创新目标。只有不断揭示事物发展的规律,适应规律,顺势而为,工作创新才会有突破。

实践是检验真理的唯一标准,创新意识和创新思维归根结底要落实到行动上,经不起实践检验的创新要及时废除。每次实践都是创新思想和创新思维的具体体现,企业领导干部的创新力也是在无数次的实践中得以逐步提高的。首先,企业领导干部要牢记实践的前提是为用户谋利益,为企业谋发展。若违背这一初衷,那么创新就失去了最基本的意义。在精心设计、统筹规划、详细调研、广泛论证的基础上勇于实践,才能最大限度地解放和发展生产力。其次,企业领导干部需保持积极的心态和正确的取舍观。并非每次尝试都能成功,重要的是不能被偶尔的失败所击垮,要时刻牢记,我国新时代社会主义理论体系也是在我们党70年的摸爬滚打中不断摸索出来的。重要的是从每次的失败中汲取教训,同时要保持与时俱进,随着经济社会的动态发展不断调整优化创新方案,尽可能将社会资源的效用发挥到最大,最大程度地提升企业创新发展的竞争力⊖。

---

⊖ 薛舒丹. 新时代下行政领导者的创新力提升 [J]. 新西部, 2018 (36): 87.

不断在总结中获其利、避其害，是创新的必然路径。国有企业领导人员要善于把创新中零碎的、表面的感性认识，上升为全面的、系统的、本质的理性认识，提高认识和运用客观规律的水平，使思想和行动既不落后也不超越于客观实际，对新生事物永远保持高度敏感，善于运用互联网技术和信息化等新方法、新手段来解决新问题，增强工作的针对性和有效性。对成功的经验赋予新的时代内涵和实践要求，就是宝贵的创新成果。

第 2 章

# 为何要勇于创新

"沉舟侧畔千帆过，病树前头万木春"。勇于创新，是我们党立足全局、面向未来的重大战略需求，是推动能源生产和消费革命的必然要求，是国有企业发挥"六个力量"的根本诉求，是国有企业干部干事创业的基本要求。本章从国家、产业、企业、个人四个层面，系统阐述为什么要勇于创新。

## 2.1 勇于创新是党立足全局、面向未来的重大战略需求

创新是时代的脉搏，是民族进步的灵魂，更是国家兴旺发达的不竭动力。党的十八大作出了实施创新驱动发展战略的重大部署。必须把发展基点放在创新上，是2015年10月党的十八届五中全会通过的《中共中央关于制定国民经济和社会发展第十三个五年规划的建议》的重点和亮点，其科学内涵是：发展的基础和根本重在创新，即创新是发展的基础、根本。这充分体现了党中央把握发展新特征、确立发展新理念、开拓发展新境界的坚定决心和历史担当。正如习近平总书记所言："创新，注重的是解决发展动力问题，在国际发展竞争日趋激烈和我国发展动力转换的形势下，只有把发展基点放在创新上，形成促进创新的体制架构，才能塑造更多依靠创新驱动、更多发挥先发优势的引领型发展。"㊀

---

㊀ http://jhsjk.people.cn/article/28313220.

2016年1月18日,习近平总书记在省部级主要领导干部学习贯彻党的十八届五中全会精神专题研讨班上再次指出:"我们必须把发展基点放在创新上,通过创新培育发展新动力、塑造更多发挥先发优势的引领型发展。"⊖ 2018年6月14日,习近平总书记在山东考察时又进一步强调:创新发展、新旧动能转换,是我们能否过坎的关键。要坚持把发展基点放在创新上,发挥我国社会主义制度能够集中力量办大事的制度优势,大力培育创新优势企业,塑造更多依靠创新驱动、更多发挥先发优势的引领型发展⊜。

当前,我国进入升级发展的关键阶段,要在世界科技革命中抢占制高点、破解资源环境等约束、实现新旧动能转换,就要用好创新这把"金钥匙"。这是因为,创新是引领发展的第一动力;创新是改革开放的生命。

## 2.1.1 创新是引领发展的第一动力

2015年3月5日,习近平总书记在出席十二届全国人大三次会议期间明确指出:"创新是引领发展的第一动力,抓创新就是抓发展,谋创新就是谋未来。""创新是引领发展的第一动力",是习近平总书记提出的一个具有创新性的重大论断,是马克思主义关于创新的理论的最新成果,是"科学技术是第一生产力"重要思想的创造性发展,丰富和发展了中国特色社会主义理论宝库,已被写入党的十九大报告和新修订的党章。

### 1. 创新发展理念的提出和确立过程

创新发展理念的形成和确立过程可分为三个阶段。

---

⊖ 习近平在省部级主要领导干部学习贯彻党的十八届五中全会精神专题研讨班上的讲话. http://jhsjk.people.cn/article/28337020.

⊜ http://epaper.wxrb.com/paper/wxrb/html/2018-06/15/content_706309.htm.

（1）从党的十八大提出"把握发展规律、创新发展理念、破解发展难题"，到习近平总书记首次将"创新"表述为发展理念

面对国内外发展环境的变化，党的十八大提出，要"着力把握发展规律、创新发展理念、破解发展难题"㊀。要创新发展理念，首先要认清发展形势。党的十八大以来，习近平总书记从不同角度阐述了我国发展形势的变化。

①发展环境方面，我国发展的重要战略机遇期在国际环境方面的内涵和条件发生了很大变化。2012年12月15—16日召开的中央经济工作会议上，习近平总书记指出："我们面临的机遇，不再是简单纳入全球分工体系、扩大出口、加快投资的传统机遇，而是倒逼我们扩大内需、提高创新能力、促进经济发展方式转变的新机遇"㊁。

②发展速度方面，"我国经济已由较长时期的两位数增长进入个位数增长阶段。在这个阶段，要突破自身发展瓶颈、解决深层次矛盾和问题，根本出路就在于创新，关键要靠科技力量"㊂。

③发展动力方面，改革开放40多年来我们更多依靠资源、资本、劳动力等要素投入支撑经济快速增长和规模扩张的要素条件如今发生了很大变化，必须发挥科技创新的支撑引领作用，加快从要素驱动发展为主向创新驱动发展转变。

④发展质量方面，我国经济规模很大，但依然大而不强，我

---

㊀ 中共中央文献研究室. 十八大以来重要文献选编（上）[M]. 北京：中央文献出版社，2014：7.

㊁ http://politics.people.com.cn/n/2012/1217/c1024-19913897.html. [2019-06-27].

㊂ http://www.xinhuanet.com/politics/2016-03/02/c_128766082.htm. [2019-06-27].

国经济增速很快,但依然快而不优。

⑤发展模式方面,依靠投资驱动、规模扩张、出口导向的发展模式空间已越来越小,必须更多依靠科技创新引领和支撑经济发展和社会进步。

在充分认识国际国内发展形势的基础上,习近平总书记在2014年10月25日致"2014浦江创新论坛"的贺信中,首次将"创新"表述为发展理念。他指出:"科技引领发展,创新改变世界。"后来他又进一步指出:"世界经济发展到今天,上一轮科技和产业革命所提供的动能已经接近尾声,传统经济体制和发展模式的潜能趋于消退。"㊀ "世界经济长远发展的动力源自创新"㊁。

(2) 从新常态下"必须让创新成为驱动发展新引擎",到提出"创新是引领发展的第一动力"

2014年5月,在综合分析我国经济发展各方面趋势性变化的基础上,习近平总书记做出了我国经济发展进入新常态的重大判断。在2014年12月召开的中央经济工作会议上,习近平总书记全面分析了我国经济发展9个方面的趋势性变化,对我国经济发展新常态进行了系统阐述。在谈到生产要素相对优势变化趋势时,习近平总书记指出:过去劳动力成本低是最大优势,引进技术和管理就能迅速变成生产力。现在人口老龄化日趋发展,劳动年龄人口总量下降,农业富余劳动力减少,在许多领域我国科技创新与国际先进水平相比还有较大差距,能够拉动经济上水平的关键技术人家不给了,这就使要素的规模驱动力减弱。随着要素

---

㊀ http://opinion.people.com.cn/n1/2016/0831/c1003-28678375.html. [2019-06-27].

㊁ 习近平. 创新增长路径 共享发展成果——在二十国集团领导人第十次峰会第一阶段会议上关于世界经济形势的发言 [N]. 人民日报, 2015-11-16 (02).

质量不断提高,经济增长将更多依靠人力资本质量和技术进步,必须让创新成为驱动发展新引擎。㊀

新常态下,我国经济发展面临动力转换节点。未来的发展依靠什么动力作为支撑?哪种动力应该成为推动发展的第一动力?对于关系到我国经济发展的关键问题,习近平总书记在 2015 年 3 月 5 日参加十二届全国人大三次会议上海代表团审议时作了明确回答,首次提出了"创新是引领发展的第一动力"。他指出:"适应和引领我国经济发展新常态,关键是要依靠科技创新转换发展动力。"此后他在不同场合多次强调要加快形成"以创新为主要引领和支撑的经济体系和发展模式"。

党的十八大以来,习近平总书记曾用"新动力""牛鼻子""先手棋""新引擎""驱动力"等一系列提法来阐释创新特别是科技创新对于发展的地位和作用。这些提法,都为"创新是引领发展的第一动力"这一论断的提出做了铺垫和注脚。

(3) 从"把发展理念梳理好、讲清楚",到"创新发展理念"的确立

"十三五"时期,我国进入全面建成小康社会的决战决胜阶段。如何进一步推动发展,确保全面建成小康社会目标如期完成,是习近平总书记思考的首要课题。2015 年 7 月 20 日,习近平总书记在中共中央政治局研究关于制定国民经济和社会发展第十三个五年规划的建议时,提出了"把发展理念梳理好、讲清楚"的问题。他指出:"发展理念是发展行动的先导,是发展思路、发展方向、发展着力点的集中体现。"2015 年 10 月 26 日,

---

㊀ 中共中央文献研究室. 十八大以来重要文献选编 [M]. 北京:中央文献出版社, 2016: 241 - 244.

习近平总书记在党的十八届五中全会上,正式完整地提出了"创新、协调、绿色、开放、共享"五大发展理念。⊖习近平总书记于2016年1月在重庆调研时强调:"创新、协调、绿色、开放、共享的发展理念,是在深刻总结国内外发展经验教训、分析国内外发展大势的基础上形成的,凝聚着对经济社会发展规律的深入思考,体现了'十三五'乃至更长时期我国的发展思路、发展方向、发展着力点。"⊜

### 2. "创新是引领发展的第一动力" 的内涵

(1) 创新是推动人类社会进步的重要力量

基于历史,习近平总书记把"创新"作为推动人类文明进步的"重要力量"。他强调指出:"纵观人类发展历史,创新始终是一个国家、一个民族发展的重要力量,也始终是推动人类社会进步的重要力量"⊜;"创新是一个民族进步的灵魂,是一个国家兴旺发达的不竭动力,也是中华民族最深沉的民族禀赋。在激烈的国际竞争中,惟创新者进,惟创新者强,惟创新者胜"⊕。

纵观世界发展史,人类的一切文明成果,都是创新思维的胜利果实,都是创新智慧的结晶。世界经济长远发展的动力源自创新。通过总结历史经验可以发现,体制机制变革释放出的活力和创造力,科技进步造就的新产业和新产品,是历次重大危机后世

---

⊖ 唐国军."创新是引领发展的第一动力"——习近平与创新发展理念的提出 [J]. 党的文献, 2017 (2).

⊜ 习近平. 在重庆调研时的讲话 [N]. 人民日报, 2016-01-07.

⊜ 习近平. 为建设世界科技强国而奋斗——在全国科技创新大会、两院院士大会、中国科协第九次全国代表大会上的讲话 [N]. 人民日报, 2016-06-01 (02).

⊕ 习近平. 在欧美同学会成立一百周年庆祝大会上的讲话 [N]. 人民日报, 2013-10-22 (02).

界经济走出困境、实现复苏的根本。而世界经济中心几度迁移的重要原因之一就是创新特别是科技创新这一主轴在旋转、在发力,支撑着经济发展,引导着社会走向。一些传统大国、强国衰落的重要原因也与失去或缺乏进取和创新精神有关。习近平总书记关于"惟创新者进,惟创新者强,惟创新者胜"的重要论述,既是对中华民族5000年文明历史的深刻总结,也体现了对人类社会发展客观规律的深刻认识㊀。

(2) 创新是推动我国经济转型的关键

2013年9月,习近平总书记在十八届中央政治局第九次集体学习时讲话指出:"创新驱动是形势所迫。"㊁2014年12月,他在中央经济工作会议上讲话指出:"从生产要素相对优势看,过去,我们有源源不断的新生劳动力和农业富余劳动力,劳动力成本低是最大优势,引进技术和管理就能迅速变成生产力。现在,人口老龄化日趋发展,劳动年龄人口总量下降,农业富余劳动力减少,在许多领域我国科技创新与国际先进水平相比还有较大差距,能够拉动经济上水平的关键技术人家不给了,这就使要素的规模驱动力减弱。随着要素质量不断提高,经济增长将更多依靠人力资本质量和技术进步,必须让创新成为驱动发展新引擎。"㊂我国面临着经济转型的机遇和挑战,这种转型的核心内涵之一就是要完成从依靠后发优势发展向依靠先发优势发展的历史性转变。当前世界主要国家争相寻找创新的突破口,抢占未来发展的先机。我国作为世界上最大的发展中国家,工业化水平落后一直是我们的弱点和劣势。但是,这种落后和劣势也给我国提供了有

---

㊀ 李军. 让创新在全社会蔚然成风 [N]. 学习时报, 2018 – 01 – 22 (001).

㊁ http://politics. people. com. cn/n/2013/1001/c1024 – 23094554. html [2019 – 06 – 22].

㊂ http://jhsjk. people. cn/article/28875583 [2019 – 06 – 22].

效的发展空间和发展条件——利用后发优势加快发展,加快实施赶超。当我国的工业化水平达到一定的高度,甚至在一些领域形成了与发达国家直接竞争的局面时,我们的后发优势就会逐渐削弱乃至消失。后发优势逐渐失去,先发优势还未具备,我们继续推进工业化、现代化,就会面临极为不利的制约瓶颈。因此,推动经济转型,重要任务就是要塑造和形成我国经济发展的新优势。而塑造和培育发展的先发优势,形成发挥先发优势的引领式发展,创新是必不可少的支撑基点,是决定能否形成和持续保持先发优势的关键因素㊀。

(3) 抓创新就是抓发展,谋创新就是谋未来

2016年5月,习近平总书记在省部级主要领导干部学习贯彻党的十八届五中全会精神专题研讨班上曾进行解释:"当今世界,经济社会发展越来越依赖于理论、制度、科技、文化等领域的创新,国际竞争新优势也越来越体现在创新能力上。谁在创新上先行一步,谁就能拥有引领发展的主动权。当前,新一轮科技和产业革命蓄势待发,其主要特点是重大颠覆性技术不断涌现,科技成果转化速度加快,产业组织形式和产业链条更具垄断性。世界各主要国家纷纷出台新的创新战略,加大投入,加强人才、专利、标准等战略性创新资源的争夺。虽然我国经济总量跃居世界第二,但大而不强、臃肿虚胖体弱问题相当突出,主要体现在创新能力不强,这是我国这个经济大块头的'阿喀琉斯之踵'。通过创新引领和驱动发展已经成为我国发展的迫切要求。所以,我反复强调,抓创新就是抓发展,谋创新就是谋未来。"㊁2018年5

---

㊀ 李军. 让创新在全社会蔚然成风 [N]. 学习时报, 2018-01-22 (001).
㊁ 习近平. 在省部级主要领导干部学习贯彻党的十八届五中全会精神专题研讨班上的讲话 [N]. 人民日报, 2016-05-10 (02).

月，习近平总书记在中国科学院第十九次院士大会、中国工程院第十四次院士大会上再次强调："实现建成社会主义现代化强国的伟大目标，实现中华民族伟大复兴的中国梦，我们必须具有强大的科技实力和创新能力。"

(4) 创新发展注重的是解决发展动力问题

2015年10月，在党的十八届五中全会的讲话中，习近平总书记突出强调要树立创新发展理念。他指出："创新发展注重的是解决发展动力问题。我国创新能力不强，科技发展水平总体不高，科技对经济社会发展的支撑能力不足，科技对经济增长的贡献率远低于发达国家水平，这是我国这个经济大个头的'阿喀琉斯之踵'。新一轮科技革命带来的是更加激烈的科技竞争，如果科技创新搞不上去，发展动力就不可能实现转换，我们在全球经济竞争中就会处于下风。为此，我们必须把创新作为引领发展的第一动力，把人才作为支撑发展的第一资源，把创新摆在国家发展全局的核心位置，不断推进理论创新、制度创新、科技创新、文化创新等各方面创新，让创新贯穿党和国家一切工作，让创新在全社会蔚然成风。"

### 3. 五大发展理念

发展理念就是指挥棒、红绿灯。创新、协调、绿色、开放、共享的发展理念，是管全局、管根本、管长远的导向，具有战略性、纲领性、引领性。新发展理念，指明了"十三五"乃至更长时期我国的发展思路、发展方向和发展着力点，要深入理解、准确把握其科学内涵和实践要求。

(1) 创新居于国家发展全局的核心位置

2016年5月，习近平总书记在省部级主要领导干部学习贯彻党的十八届五中全会精神专题研讨班上指出："把创新摆在第一位,是因为创新是引领发展的第一动力。"他进一步解释:"发展动力决定发展速度、效能、可持续性。对我国这么大体量的经济体来讲,如果动力问题解决不好,要实现经济持续健康发展和'两个翻番'是难以做到的。当然,协调发展、绿色发展、开放发展、共享发展都有利于增强发展动力,但核心在创新。抓住了创新,就抓住了牵动经济社会发展全局的'牛鼻子'。坚持创新发展,是我们分析近代以来世界发展历程特别是总结我国改革开放成功实践得出的结论,是我们应对发展环境变化、增强发展动力、把握发展主动权,更好引领新常态的根本之策"。○

(2) 协调是持续健康发展的内在要求

新形势下,协调发展具有一些新特点。比如,协调既是发展手段又是发展目标,同时还是评价发展的标准和尺度;协调是发展两点论和重点论的统一,既要着力破解难题、补齐短板,又要考虑巩固和厚植原有优势,两方面相辅相成、相得益彰,才能实现高水平发展;协调是发展平衡和不平衡的统一,协调发展不是搞平均主义,而是更注重发展机会公平、更注重资源配置均衡;协调是发展短板和潜力的统一,协调发展就是找出短板,在补齐短板上多用力,通过补齐短板挖掘发展潜力,增强发展后劲。树立协调发展理念,就必须牢牢把握中国特色社会主义事业的总体布局,正确处理发展中的重大关系,重点促进城乡区域协调发展,促进经济社会协调发展,促进新型工业化、信息化、城镇化、农业现代化同步发展,在增强国家硬实力的同时注重提升国家软实力,不断增强发展的整体性。

---

○ 习近平. 在省部级主要领导干部学习贯彻党的十八届五中全会精神专题研讨班上的讲话 [N]. 人民日报, 2016 – 05 – 10 (02).

(3)绿色是永续发展的必要条件和人民对美好生活追求的重要体现

绿色发展,就是要解决好人与自然和谐共生的问题。人类的发展活动必须尊重自然、顺应自然、保护自然,否则就会遭到大自然的报复,这个规律谁也无法抗拒。人因自然而生,人与自然资源是一种共生关系,对自然的伤害最终会伤及人类自身。只有尊重自然规律,才能有效防止在开发利用自然资源上走弯路。树立绿色发展理念,就必须坚持节约资源和保护环境的基本国策,坚持可持续发展,坚定走生产发展、生活富裕、生态良好的文明发展道路,加快建设资源节约型、环境友好型社会,形成人与自然和谐发展现代化建设新格局,推进美丽中国建设,为全球生态安全做出新贡献。

(4)开放是国家繁荣发展的必由之路

实践告诉我们,要发展壮大,必须主动顺应经济全球化潮流,坚持对外开放,充分运用人类社会创造的先进科学技术成果和有益管理经验。要看到现在搞开放发展,面临的国际国内形势同以往有很大不同,总体上有利因素更多,但也面临更深层次的风险挑战:国际力量对比正在发生前所未有的积极变化,但更加公正合理的国际政治经济秩序的形成依然任重道远;世界经济逐渐走出国际金融危机阴影,但还没有找到全面复苏的新引擎;我国在世界经济和全球治理中的分量迅速上升,但经济大而不强的问题依然突出,要把我国的经济实力转化为国际制度性权力依然需要付出艰苦努力;我国对外开放进入引进来和走出去更加均衡的阶段,但支撑高水平开放和大规模走出去的体制和力量仍显薄弱。树立开放发展理念,就必须顺应我国经济深度融入世界经济的趋势,奉行互利共赢的开放战略,坚持内外需协调、进出口平衡、引进来和走出去并重、引资和引技引智并举,发展更高层次的开放型经济,积极参与全球经济治理和公共产品供给,提高我国在全球经济治理中的制度性话语权,构建广泛的利益共同体。

(5) 共享是中国特色社会主义的本质要求

共享发展理念,其内涵主要有四个方面。一是全民共享,即共享发展是人人享有、各得其所,不是少数人共享、一部分人共享。二是全面共享,即共享发展就要共享国家经济、政治、文化、社会、生态文明各方面的建设成果,全面保障人民在各方面的合法权益。三是共建共享,即只有共建才能共享,共建的过程也是共享的过程。四是渐进共享,即共享发展必将有一个从低级到高级、从不均衡到均衡的过程,即使达到很高的水平也会有差别。树立共享发展理念,就必须坚持发展为了人民、发展依靠人民、发展成果由人民共享,做出更有效的制度安排,使全体人民在共建共享发展中有更多获得感,增强发展动力,增进人民团结,朝着共同富裕方向稳步前进。

创新、协调、绿色、开放、共享的发展理念,相互贯通、相互促进,是具有内在联系的集合体,要统一贯彻,不能顾此失彼,也不能相互替代。哪种发展理念贯彻不到位,发展进程都会受到影响。一定要深化认识,从整体上、从内在联系中把握新发展理念,增强贯彻落实的全面性、系统性,不断开拓发展新境界。㊀

## 2.1.2　创新是改革开放的生命

2018 年 12 月 18 日,习近平总书记在庆祝改革开放 40 周年大会上指出,"改革开放 40 年的实践启示我们:创新是改革开放的生命"㊁。这一重要论断,深刻阐发了创新对于推进改革开放的极端

---

㊀ http://jhsjk.people.cn/article/28313220 (2019 - 06 - 23)。
㊁ 习近平. 在庆祝改革开放 40 周年大会上的讲话 [N]. 人民日报, 2018 - 12 - 19 (2)。

重要性,深刻揭示了创新与改革开放的内在联系,为在新时代、新起点上进一步推进改革开放注入了强大动力,指明了前进方向。

### 1. 实践创新开启改革开放

回顾中国改革开放的历程,是从大胆地试、大胆地闯,不唯书、不唯上、只唯实,敢为天下先的实践创新开始的。从实行家庭联产承包、乡镇企业异军突起、取消农业税牧业税和特产税到农村承包地"三权"分置、打赢脱贫攻坚战、实施乡村振兴战略,从兴办深圳等经济特区、沿海沿边沿江沿线和内陆中心城市对外开放到加入世界贸易组织、共建"一带一路"、设立自由贸易试验区、谋划中国特色自由贸易港、成功举办中国国际进口博览会,从"引进来"到"走出去",从搞好国营大中小企业、发展个体私营经济到深化国资国企改革、发展混合所有制经济,从单一公有制到公有制为主体、多种所有制经济共同发展和坚持"两个毫不动摇",从传统的计划经济体制到前无古人的社会主义市场经济体制再到使市场在资源配置中起决定性作用和更好发挥政府作用,从以经济体制改革为主到全面深化经济、政治、文化、社会、生态文明体制和党的建设制度改革,党和国家机构改革、行政管理体制改革、依法治国体制改革、司法体制改革、外事体制改革、社会治理体制改革、生态环境督察体制改革、国家安全体制改革、国防和军队改革、党的领导和党的建设制度改革、纪检监察制度改革等一系列重大改革扎实推进,各项便民、惠民、利民举措持续实施。⊖这一切都是在没有任何现成结论和可借鉴经验的情况下,遵循"摸着石头过河"的方法论,以无畏探索、大胆创新的精神开拓的。改革开放就是实践创新的过程,中国特色社会主义道路是改革开放实践创新的必然选择。改革开放

---

⊖ 习近平. 在庆祝改革开放40周年大会上的讲话 [N]. 人民日报,2018 - 12 - 19(2).

在实践创新中创造辉煌,在实践创新中走向未来。正如习近平总书记在庆祝改革开放40周年大会上强调的:"40年来,我们解放思想、实事求是,大胆地试、勇敢地改,干出了一片新天地。"

**2. 理论创新推动改革开放**

理论创新引领改革开放。理论创新是改革开放的先导,没有思想解放就没有改革开放。改革开放伊始,邓小平同志就指出:"一个党,一个国家,一个民族,如果一切从本本出发,思想僵化,迷信盛行,那它就不能前进,它的生机就停止了,就要亡党亡国。"从那时起,我们党就以巨大的政治勇气推进理论创新。围绕"什么是社会主义、怎样建设社会主义""建设什么样的党、怎样建设党""实现什么样的发展、怎样发展""新时代坚持和发展什么样的中国特色社会主义、怎样坚持和发展中国特色社会主义"等重大时代课题,我们党先后形成了邓小平理论、"三个代表"重要思想、科学发展观和习近平新时代中国特色社会主义思想。这些为党和国家各项事业发展提供了理论指引,引领改革开放不断前进。改革开放实践充分证明,高度重视并用于推进实践基础上的理论创新,推进马克思主义中国化、时代化、大众化,不断开辟马克思主义发展新境界,是我国改革开放事业不断取得胜利的重要法宝。

理论创新与实践创新的良性互动推进改革开放。2018年4月10日习近平总书记在博鳌亚洲论坛年会开幕式上的主旨演讲中指出:"中国人民坚持解放思想、实事求是,实现解放思想和改革开放相互激荡,观念创新和实践探索相互促进,充分显示了思想引领的强大力量。"中国改革开放的鲜明特点和成功经验就是,改革实践与改革理论相互推动、相得益彰,形成了理论创新与实践创新相互促进的良性互动规律[一]。从打破"两个凡是"的思想

---

[一] 严书翰. 坚持理论创新和实践探索良性互动 [J]. 理论导报,2018 (12):25-27.

枷锁,确立解放思想、实事求是的党的思想路线,到农村家庭联产承包责任制的实践探索;从打破"姓资姓社"的思想迷雾,不断深化对市场经济的认识,到建立社会主义市场经济体制的实践探索;从树立进一步对外开放的先进理念,再到主动积极进行"入世"谈判,深度融入全球贸易体系;从"摸着石头过河"的艰难探索,不断总结改革经验,到坚持"摸着石头过河"与坚持顶层设计相统一,再到全面深化改革实践形成系统化的改革理论体系。我国改革理论源于火热生动的改革实践,又在波澜壮阔的改革实践中不断接受实践检验,不断丰富完善并指导实践,形成了理论创新与实践创新相互激荡、相互促进、同向同行的良性互动㊀。

### 3. 制度创新、 科技创新、 文化创新深化改革开放

2018年12月18日习近平总书记在庆祝改革开放40周年大会上指出:"40年来,我们始终坚持解放思想、实事求是、与时俱进、求真务实,坚持马克思主义指导地位不动摇,坚持科学社会主义基本原则不动摇,勇敢推进理论创新、实践创新、制度创新、文化创新以及各方面创新,不断赋予中国特色社会主义以鲜明的实践特色、理论特色、民族特色、时代特色,形成了中国特色社会主义道路、理论、制度、文化,以不可辩驳的事实彰显了科学社会主义的鲜活生命力,社会主义的伟大旗帜始终在中国大地上高高飘扬!"㊁这深刻揭示了创新深化改革开放,推动中国发展。正是各方面的创新,推动了中国特色社会主义进入新时代,使得改革开放不断深入和发展。

---

㊀ 李永胜. 创新是改革开放的生命 [N]. 西安日报, 2018-12-20 (11).

㊁ 习近平. 在庆祝改革开放40周年大会上的讲话 [N]. 人民日报, 2018-12-19 (2).

(1) 制度创新保障改革开放

制度是关系党和国家事业发展的根本性、全局性、稳定性、长期性问题。中国特色社会主义制度是当代中国发展进步的根本制度保障。改革开放以来,我们坚持完善和发展中国特色社会主义制度,这为解放和发展社会生产力、解放和增强社会活力、永葆党和国家生机提供了有力保证。当然,我们也应该认识到,中国特色社会主义是一个不断完善和发展的制度体系。在前进的道路上,我们仍需要坚决破除一切妨碍发展的体制机制障碍和利益固化藩篱,加快形成系统完备、科学规范、运行有效的制度体系,推动中国特色社会主义制度更加成熟,用不断完善的制度体系为改革开放"保驾护航"。正如2016年7月1日习近平总书记在庆祝中国共产党成立95周年大会上所言:"我们要把完善和发展中国特色社会主义制度、推进国家治理体系和治理能力现代化作为全面深化改革的总目标,勇于推进理论创新、实践创新、制度创新以及其他各方面创新,让制度更加成熟定型,让发展更有质量,让治理更有水平,让人民更有获得感"㊀。

(2) 科技创新助推改革开放

改革开放以来,我们坚持创新是第一动力、人才是第一资源的理念,科技事业实现了跨越式发展。科技投入持续增加,科技条件显著改善,科技产出数量质量齐增长,重大科技成果举世瞩目,创业创新活力竞相迸发,国家创新体系日益完善,我国已成为具有全球影响力的科技大国;实施创新驱动发展战略,加快关键核心技术自主创新,科技创新对企业创新、产业创新、市场创新、管理创新等的支撑显著增强,为经济社会发展打造新引擎,成为引领高质量发展、提升国家核心竞争力的重要源泉。实践充

---

㊀ http://jhsjk.people.cn/article/30038407 [2019-07-01].

分证明,科技创新推动了社会进步,增强了国家实力,改变了人民生活,发挥了引领和动力作用,是改革开放的"助推器"①。

(3) 文化创新聚力改革开放

习近平总书记曾指出:"文化是一个国家、一个民族的灵魂。文化兴国运兴,文化强民族强。没有高度的文化自信,没有文化的繁荣兴盛,就没有中华民族伟大复兴。要坚持中国特色社会主义文化发展道路,激发全民族文化创新创造活力,建设社会主义文化强国。"②改革开放40余年来,我们坚持以马克思主义为指导,坚守中国文化立场,立足当代中国现实,发展社会主义先进文化,弘扬和传承红色革命文化,推动中华优秀传统文化创造性转化、创新性发展,形成面向现代化、面向世界、面向未来的,民族的科学的大众的社会主义文化;培育和践行社会主义核心价值观,加强社会主义精神文明建设,繁荣发展社会主义文艺,推动文化事业和文化产业发展,深化文化体制改革,全民族理想信念和文化自信不断增强,国家文化软实力和中华文化影响力大幅提升。实践表明,文化创新为改革开放提供了强大的精神支撑。改革开放铸就的伟大改革开放精神,极大丰富了民族精神内涵,成为当代中国人民最鲜明的精神标识③。

**4. 在持续创新中永葆改革开放的生机活力**

从邓小平同志提出"科学技术是第一生产力"的著名论断,江泽民同志指出"创新是一个民族进步的灵魂,是一个国家兴旺发达的不竭动力",胡锦涛同志提出走中国特色自主创新道路,建设创新型国家,到党的十八大以来习近平总书记要求全党、全

---

① 蔡文成. 创新是改革开放的生命 [N]. 经济日报, 2019-02-25 (12).
② http://jhsjk.people.cn/article/29613458 [2019-06-23].
③ 蔡文成. 创新是改革开放的生命 [N]. 经济日报, 2019-02-25 (12).

国人民全面落实创新、协调、绿色、开放、共享的发展理念，全面实施创新驱动发展战略，40 余年来的思想脉络生动展现了我们党对创新发展的理论自觉和实践自觉㊀。

改革开放由创新开启、由创新推进、由创新深化。创新贯穿于改革开放的始终，是改革开放的生命，是改革开放的本质要求，而推动创新、维护创新、实现创新、实现创新成果人民共享是改革开放的价值旨归和目标追求。当前，中国特色社会主义已进入新时代，而新时代的改革开放是在深水区打攻坚战。我们正在开辟一条前人从未走过的道路，正在完成一项前人从未实现过的宏图伟业。实践发展永无止境，创新追求永无止境。停止创新，改革开放就会失去生机和活力。唯有以不竭的创新激情推进改革开放，以创新精神将改革开放进行到底，才能实现"让一切劳动、知识、技术、管理、资本的活力竞相迸发，让一切创造社会财富的源泉充分涌流"㊁，才能不断满足人民对美好生活的追求。㊂

## 2.2　勇于创新是推动能源生产和消费革命的必然要求

2014 年 6 月 13 日，习近平总书记在中央财经领导小组第六次会议上强调：能源安全是关系国家经济社会发展的全局性、战略性问题，对国家繁荣发展、人民生活改善、社会长治久安至关重要；面对能源供需格局新变化、国际能源发展新趋势，保障国

---

㊀ 苏国红. 创新是改革开放的生命 [N]. 安徽日报, 2018 - 12 - 25 (007).
㊁ 习近平. 切实把思想统一到党的十八届三中全会精神上来 [N]. 人民日报, 2014 - 01 - 01 (02).
㊂ 陈劲. 新时代科技创新理论与创新实践 [M]. 北京：中央党校出版社, 2020.

家能源安全，必须推动能源生产和消费革命。2017年4月25日，国家发展和改革委员会和国家能源局联合印发《能源生产和消费革命战略（2016—2030）》，该战略被认为是我国能源革命的具体路线图。2017年1月，习近平总书记在党的十九大报告中指出，要"推进能源生产和消费革命，构建清洁低碳、安全高效的能源体系"。"能源生产和消费革命"，为我国推进能源系统转型、构建清洁低碳和安全高效的能源体系指明了方向，在党中央的工作中占据着重要地位。

创新是引领能源发展的第一动力。目前我国钢铁、建材等高耗能产业的产出已达到或接近峰值，煤炭逐步进入峰值期，能源领域以增量扩能为主的时代即将过去，以新技术和新产业模式实现高效能源发展成为能源领域增长的新动力。新一轮科技革命和产业变革推动世界经济格局和产业结构不断进行深度调整，创新驱动能源生产和消费革命已成不可逆转之势。在新形势下，我们需要把着力点放在发展上，依靠科技创新、体制创新、商业模式创新来提高能源生产和使用的效率，建立和巩固我国在新能源技术和产业领域的国际竞争新优势，调整和优化能源结构，推动中国能源走清洁、低碳、安全、高效的可持续发展之路[一]。

因此，勇于创新是推动我国能源生产和消费革命的必然要求。而深刻认识创新对于我国能源革命的紧迫性和重要性，首先必须全面认识我国能源发展所处的国际环境，尤其是国际能源供需格局新变化、新一轮国际能源革命、国际能源合作趋势，其次要深刻理解我国能源安全新战略的内涵，最后要明确科技创新在能源产业变革中的极端重要性。

---

[一] 李伟. 以新发展理念引领能源转型，以深化改革推动天然气发展 [N]. 中国经济时报，2016-12-12.

##  我国各能源行业的创新现状

### 1. 石油行业

随着我国经济增速减缓,加之用工等要素成本的上升,我国石油产业经济面临较大下行压力。同时,国际油价的持续低迷更使石油企业的销售收入和盈利能力大幅下降。在此背景下,虽然我国石油行业一直在不断创新,但是其创新水平和层次还远不能满足发展需求。首先,我国石油企业整体的科技创新能力远低于国际先进水平,前沿技术领域的差距尤为明显;其次,目前我国石油行业缺乏对创新战略的研究;再次,石油企业整体缺乏持续创新的能动性,许多石油企业管理层的创新热情不高,更多依赖于已有经验模式和渠道,部分主要管理人员专业经验和技术知识不足,缺乏创新敏感度,难以主动地去适应各种变化;最后,创新人才流失严重,创新投资不足。

### 2. 天然气行业

目前我国天然气行业在技术创新方面尚未成为能源行业技术创新的主体。我国天然气行业起步较晚,但是需求量却增长迅速。在相关机制、体制尚未理顺和健全的情况下,核心技术和设备更多依赖进口,行业核心技术人才缺乏,科技创新投入不足,同时缺乏市场化机制的有效引导,以致自主创新能力弱、持续创新动力不足、科技成果转化率低,技术服务水平低。

### 3. 煤炭行业

随着我国经济的持续高速增长,我国煤炭工业以企业为主体、市场为导向、产学研相结合的科技创新体系不断完善,在共性关键技术攻关、新技术研发、先进技术推广应用等方面取得了较大进展。目前煤炭行业的持续创新发展还存在较多问题。一是技术创新动力不足。煤炭的开采、加工、运输、消费等各个环节大多分散、粗放,煤炭企业缺乏开展技术创新的动力。二是创新激励缺失。已有的经营方式和管理模式中缺少创新的机制体制,同时创新人才不足、创新效益较低等问题也仍然存在。三是高层管理者的思想意识落后,缺乏对创新的充分和正确的认识,更多地注重眼前利益,未能对煤炭资源的开采使用、能源消费趋势及煤炭企业的长远发展做出正确的战略判断。

### 4. 电力行业

能源互联网的深入推进要求电力企业不断突破现有管理和经营方式。在客观经济规律的基础上,结合自身发展特点,调节、控制电力企业的生产经营活动,开展技术创新、营销创新、企业管理创新、供应链创新等,不断提升企业核心竞争力。长期垄断性经营、缺乏健全的创新体制和有效激励机制,使得电力企业的持续创新能力仍然存在较大提升空间。第一,电力能源的特性及国家体制的要求使得电力企业长期处于垄断性经营的管理模式中,竞争压力小、市场化程度低、投资主体单一。第二,电力企业下属单位众多,资源配置重复、资源浪费严重,各个单位分布广、距离远,无法实现资源的充分共享。第三,稳定的研发投入机制以及确保研发投入稳定增长的保障机制尚未建立起来,企业大多根据自身的盈利状况和资金状况安排研发支出。第四,缺乏有效的、稳定的、持续的战略规划,未把持续创新能力建设当作打造技术竞争与核心竞争力的长期战略。

### 5. 新能源行业

新能源发电的快速崛起,与世界各国日益重视环境保护、倡导节能减排密切相关。风电、光伏作为最清洁的能源受到全球青睐,各国纷纷出台了鼓励新能源发展的措施,促进了风电、光伏等新能源的发展。同时,技术进步使得新能源发电成本快速下降——这是其崛起的另一重要推动力。从当前来看，我国新能源在创新发展方面还存在以下问题：第一，新能源产业链不完整或上下游产业链无法对接，矛盾比较突出的是风电和光伏发电产业；第二，平均技术水平偏低、利用成本较高，产品竞争能力弱。

资料来源：赵三珊，齐晓曼，李永. 能源企业创新现状分析及持续创新动力机制模型研究[J]. 电力与能源，2019，40（3）.

### 2.2.1 国际能源发展现状及趋势

当前世界政治经济格局动荡并正发生深刻变化。2018年以来，世界政治局势复杂多变，全球总体经济增速下行、通货膨胀率提高、国际贸易与国际投资增速有所放缓，金融市场持续动荡，2017年各国经济强劲回升的势头已难寻踪迹。同时，贸易保护主义、逆全球化趋势，加剧了国际政治经济格局的复杂多变，国际环境的不确定性亦持续增加。中美两大经济体的摩擦和冲突，对全球经济和金融市场的影响正在加深、扩大。世界经济整体下行压力预计还会进一步加强，而一定时期内国际政治格局持续动荡的局面仍将延续。

**1. 国际能源供需格局**

（1）整体供需总量持续增长，油气供需格局改变

全球一次能源消费和供给持续增长，其中全球油气供需总量基本平衡。2018年，全球一次能源⊖消费总量为13865百万吨油当量，同比增速为2.9%，较2007—2017年的年均增速高出1.4个百分点。该增长势头预计到2035年会因能源体系结构的调整

---

⊖ 一次能源，即天然能源，指在自然界中现成存在的能源，如煤炭、石油、天然气、水能等.

而渐趋停滞。全球一次能源供给规模还在不断扩大。2018年全球原油生产量为44.7亿t，较2017年同比增长2.2%；天然气产量38679亿m³，较2017年同比增长5.2%；煤炭开采量为80.1亿t，较2017年同比增长4.0%。从全球一次能源供给规模看，预计未来20年国际能源市场供需仍会呈现稳定增长态势⊖。

目前全球油气市场已形成以美国、沙特阿拉伯、俄罗斯为主力的供应主体，欧佩克（Organization of the Petroleum Exporting Countries，OPEC，石油输出国组织）的影响力明显减弱；以中国、美国、印度为主力的消费主体正在进一步加强。世界消费增量50%以上在中国，而供应增量的50%在美国。在世界油气市场形成的新格局中，中美构成最大的供需对应关系，中美之间的竞争与合作也已成为全球油气市场关注的焦点⊜。同时，从行业分类来看，国际能源转型促使能源行业需求出现新特征。传统高耗能行业（工业、建筑业）仍是能源需求增长的主要来源，未来能源需求增长最快的是能源的非燃烧使用，如石油化工产品原料的使用。交通运输行业的能源消耗将出现较大变革，交通运输中石油需求所占比重将大幅下降，天然气、电力和生物燃料将成为交通运输行业能源需求的主体，满足交通运输的能源需求。到2050年，电力消耗将翻一番，预计到2035年可再生能源发电量将占发电总量的50%以上⊜。

---

⊖ 黄晓勇. 能源生产和消费将发生根本变革，共享能源成重要趋势 [EB/OL]. [2019-06-26]. http://www.chinaden.cn/news_nr.asp?id=22780&Small_Class=3.

⊜ 曾兴球. 市场格局新变化 能源安全新挑战 [N]. 中国能源报，2019-06-03（14）.

⊜ 黄晓勇. 世界能源发展报告（2019）[M]. 北京：社会科学文献出版社，2019.

(2) 国际能源消费格局正从传统化石能源逐渐向绿色、低碳、清洁且可持续能源转变

目前全球能源消费结构正在从一次能源占主导的消费结构逐渐向以太阳能和风能为主体的可再生清洁能源消费结构转变。根据2019年6月11日英国石油公司（BP）发布的《世界能源统计年鉴2019》，2018年全球一次能源消费中可再生能源消费增长了14.5%，其中，太阳能消费增长28.9%，风能增长12.6%，天然气消费增长5.3%。相比而言，传统化石能源（煤炭和原油）的消费份额正显现出将逐步被清洁能源替代的趋势。其中，煤炭需求进一步减少，石油需求增长缓慢，天然气和可再生能源成为电力能源的最大来源。全球正在逐步朝以可再生能源为主的可持续能源时代迈进。世界各国纷纷将发展可再生能源列为能源转型核心战略，努力通过调整能源结构积极向绿色、低碳、清洁能源转型。截至2017年年底，全球有179个国家设定了可再生能源发展目标，178个国家就减少温室气体排放、控制全球温度升高提出了自主贡献目标，146个国家设定了可再生能源电力发展目标，其中57个国家的目标为100%可再生能源电力[一]。

---

[一] 根据2020年6月17日英国石油公司（BP）发布的《世界能源统计年鉴2020》，2019年，全球一次能源消费增长了1.3%，远低于2018年的2.8%；2019年，世界煤炭消费量下降了0.6%，这是6年来的第4次下降，其缩减被天然气和可再生能源所替代，煤炭在能源结构中的比重下降到27%；2019年，火电发电量仅增长1.3%，可再生能源消费继续强劲增长（包括生物质燃料和除水电外的所有可交易可再生电力），在能源方面贡献了有记录以来最大的增长，可再生能源在发电中所占的比重从9.3%上升至10.4%，首次超过核能。

[二] 黄晓勇. 能源生产和消费将发生根本变革, 共享能源成重要趋势 [EB/OL]. [2019-06-26]. http://www.chinaden.cn/news_nr.asp?id=22780&Small_Class=3.

(3) 美国"能源独立"对全球能源供需格局的影响日益加大

1973年,时任美国总统尼克松最早提出了"能源独立"的概念,指出美国应"满足自己的能源需求,而不依赖于任何外国资源"。随着国际能源需求的猛增及国际能源格局的变动,美国凭借页岩气革命逐步实现了能源独立的战略目标。从美国的天然气生产情况看,2018年天然气生产量为8318亿$m^3$,增长率高达11.5%,生产量位居全球首位,美国也从过去的能源消费大国骤变为全球第一大油气生产国。为推进页岩气革命,美国制定了能源输出计划,旨在通过利用美国的技术优势和政治霸权优势,在打击传统石油输出国的同时,提升美国在全球能源市场中的地位。可以清楚地看到,在美国发起的贸易战中,美国将促进自身油气出口放在了非常重要的位置[⊖]。

(4) 国际能源依赖加深,能源安全更具全球性,且地缘政治对全球能源市场和能源供给安全的影响仍十分深刻

随着全球经济及全球能源一体化的深入发展,各国间经济与能源的依赖程度日益加深。世界各国的能源安全有赖于全球市场的稳定,能源安全无疑是一个全球性问题。以国际油气市场为例。国际油气市场传统的不安全因素主要是供应、价格和运输问题。在现实油气市场的风险因素中,除上述三大传统因素以外,美国因素上升到十分引人注目的地位。面对美国成为油气生产供应大国,传统产油国——欧佩克(OPEC)国家加上部分非欧佩克产油国要"限产保价"保住原有市场,而美国则要实行"增产降价"抢夺市场。为了打破"减产联盟",美国使用各种手段,

---

⊖ 黄晓勇. 能源生产和消费将发生根本变革,共享能源成重要趋势 [EB/OL]. [2019 - 06 - 26]. http://www.chinaden.cn/news_nr.asp?id = 22780&Small_Class = 3.

企图各个击破,将市场的主动权(即定价权)牢牢掌握在自己的手中。目前国际油气市场处在重新洗牌的过程中,所有的产油国都在调整自己的政策,以保护自身利益,加之各种因素的干扰,国际油气投资风险大大增加。2019年3月19日,美国白宫能源报告明确提出,美国油气出口已成定局,油价上涨对美国有利。激烈的市场竞争、复杂的地缘关系造成油价的剧烈波动,且这种情况在今后一定时期内可能成为常态。因此,中国油气企业进行海外投资时,要特别重视远期风险评估○。

**2. 新一轮国际能源革命**

纵观人类发展史,人类已历经三次能源革命和两次工业革命。全球能源历史的第一次革命是19世纪中叶煤炭取代木材等成为主要能源;第二次革命是20世纪中叶石油取代煤炭成为世界能源的主导。进入20世纪后半叶后,以核能为代表的非化石能源登上了历史舞台,全球能源消费开始从石油为主要能源向多能源结构的过渡转换。新一轮能源革命以新能源技术与信息技术的深度融合为主要标志,其核心是实现从化石能源为主、清洁能源为辅,向清洁能源为主、化石能源为辅的根本性转变,逐步用清洁能源替代化石能源,形成煤、油、气、核、新能源、可再生能源多轮驱动的能源供应体系,并在能源消费环节不断扩大电气化应用,提高能源效率,将人类社会推向以高效、清洁、低碳、智能、共享为主要特征的新能源时代○。与此相对应,新一轮工业革命将以互联网技术、新能源技术、智能化技术等的广泛应用为标志,将人类社会推向新的可持续发展的进程。

可以说,新一轮能源革命是一个煤炭、石油、天然气消费依

---

○ 曾兴球. 市场格局新变化 能源安全新挑战 [N]. 中国能源报,2019 – 06 – 03 (14).

○ 田慧芳. 新一轮全球能源革命态势与中国应对 [J]. 中国发展观察,2018 (19).

次减少，新能源和可再生能源消费比例大幅上升的替代过程。在这个替代过程中，电气化程度将不断提高，能源效率在能源消费减少中起着关键作用。同时，天然气作为相对清洁的化石能源，在新一轮能源革命中作为过渡能源的作用更加突出。

第一，能源消费结构仍将以化石能源为主，但是能源结构向更低碳的燃料倾斜。根据国际能源署（International Energy Agency，IEA）的预测，到2050年全球能源的大部分需求将继续依赖化石燃料，但能源结构趋于低碳化——到2050年，约三分之一的新增能源需求由天然气满足，三分之一由石油和煤炭共同满足，剩下的三分之一由可再生能源满足。

第二，在向可持续全球能源体系过渡的过程中，天然气将扮演越来越重要的"过渡性燃料"角色。美国页岩气革命促使天然气增长高于石油和煤炭，未来20～30年年均增长有望超过1.6%。天然气产量的激增还将促进液化天然气和压缩天然气贸易量大幅增加。天然气的排放比石油和煤炭清洁，它将在很长一段时间内助力能源转型。

第三，技术创新驱动成为能源革命的关键。自工业化时代以来，技术就成为推动经济社会发展的重要力量。在能源和绿色发展领域内，技术发挥着至关重要的作用。能源科技既是推动能源革命的主要因素，也是推动绿色能源乃至实现未来智慧能源及共享能源的硬件因素。为此，世界各国不断推动能源技术的创新发展。例如，中国公布了《能源技术革命创新行动计划（2016—2030年)》，并着重强调了能源技术革命的需求和重点，美欧日等国家和地区也不断推动能源技术的创新，进而占据能源技术的制高点，推动能源经济及社会经济的进一步发展[1]。

---

[1] 黄晓勇. 能源生产和消费将发生根本变革，共享能源成重要趋势[EB/OL]. [2019 - 06 - 26]. http://www.chinaden.cn/news_nr.asp?id = 22780&Small_Class = 3.

第四，信息技术与能源的合并将使100%的可再生电力以及全球能源互联成为可能，并带来新的能源安全挑战。清洁化、智能化和全球化的电网建设将成为未来能源政策的决定性特征。未来全球新增电力的60%将是可再生能源发电，尤其太阳能光伏和风电。同时，智能电网系统将更好地满足清洁能源大规模、高比例接入的需求，逐步推动交通、工业、商业、居民生活等领域的可再生电能替代。而可再生能源、电动汽车和储能新方式的兴起，将进一步重塑未来几年能源安全的概念。电网安全决定了能源基础设施和城市安全，将逐步上升为国家安全。随着电力系统从传统的、没有互联的内部控制系统向网络分布式的控制系统转变，新旧设施的快速连接将为网络攻击者创造新的攻击点。网络攻击可以击中电网的任何部分，使整个系统成为国防的一部分。在美国，目前能源遭受的网络攻击已比美国关键基础设施的任何其他方面都要多㊀。

综上，新一轮能源革命的特征主要体现在以下方面：这是一场与知识经济、循环经济和低碳经济密切相关的低碳能源革命；逐渐由传统化石能源结构体系向可再生且可持续的新能源体系转变；将引发能源生产、分配、消费及储存方式等方面的革命性变化；是在经济全球化和应对全球气候变化的背景下出现的㊁。

### 3. 国际能源合作趋势

随着国际能源供需格局的改变，当前国际能源合作呈现出四大新趋势㊂。

---

㊀ 田慧芳. 新一轮全球能源革命态势与中国应对 [J]. 中国发展观察，2018 (19).
㊁ 黄晓勇. 能源生产和消费将发生根本变革，共享能源成重要趋势 [EB/OL]. [2019-06-26]. http://www.chinaden.cn/news_nr.asp?id=22780&Small_Class=3.
㊂ 景春梅. 加强能源国际合作的思考 [J]. 能源，2018 (2).

(1) 维护共同安全成为能源合作新理念

随着经济全球化的发展,能源资源已经在全球范围内进行配置。全球能源供需互利共赢的需求增加,利益博弈也在加剧,越来越多的国家通过双边或多边合作机制协调争端,能源合作理念从保障个体安全走向维护共同安全。

(2) 能源转型与应对气候变化仍是能源合作的主旋律

化石能源的大量使用带来了环境、生态和全球气候变化等一系列问题,主动破解困局、加快能源转型发展已成为世界各国的自觉行动。虽然2019年11月美国宣布正式启动退出《巴黎协定》的程序,但是无法改变世界能源绿色低碳发展的趋势。主要经济体纷纷制定新能源发展规划,抢占新能源技术制高点,扩大市场份额。新能源领域已呈竞争态势,新能源合作必将成为未来国际能源合作的重要内容。

(3) 共建"一带一路"成为能源合作新亮点

"一带一路"关注的欧亚大陆是世界能源经济的心脏地带,沿线地区未来将成为世界最大的能源生产与消费市场。能源成为"一带一路"建设的"新丝绸",能源合作也成为"一带一路"国际合作的重要主题。2019年4月"一带一路"国际合作高峰论坛召开期间,中国政府提出共建"一带一路"能源合作俱乐部的倡议,将"一带一路"建设和国际能源合作推向新高度。

(4) 全球能源治理改革成为能源合作制高点

随着国际能源格局的变化,传统能源生产和消费国利益分化调整,以新兴经济体为主的能源消费国开始在国际合作中赢得更多的主动权。由发达国家主导的现有全球能源治理平台,难以平衡新旧能源生产国和消费国的利益诉求。在全球能源供需相对宽松和买方市场的情况下,发展中国家寻求能源治理改革的呼声高涨。然而,国际能源组织和机构各自为战,缺乏协调。在此背景下,亟须构建新的全球能源治理机制,维护包括能源生产国、消费国、过境国等在内的所有利益相关国的核心关切和整体能源安全,并充分体现新兴能源大国的利益诉求。全球能源治理是维护本国核心利益、保障能源安全、体现国家软实力和影响力的重要途径,是近年来国际能源合作的制高点。

### 2.2.2 我国能源安全新战略

在 2014 年 6 月 13 日召开的中央财经领导小组第六次会议上,习近平总书记就推动能源生产和消费革命提出了 5 点要求:推动能源消费革命,抑制不合理能源消费;推动能源供给革命,建立多元供应体系;推动能源技术革命,带动产业升级;推动能源体制革命,打通能源发展快车道;全方位加强国际合作,实现开放条件下的能源安全。"四个革命、一个合作"的能源安全新战略,深刻揭示了世界能源发展的大趋势、大逻辑,揭示了新时代我国能源发展的特点规律和方向趋势,为推动我国能源转型变革提供了战略指引、基本遵循和行动指南,是我国能源改革发展的根本遵循,也是中国特色能源发展理论的重大飞跃。

其中,能源消费革命是引领,达到高效率和智能化的高级能源消费形态;能源供给革命是关键,形成绿色低碳、安全高效的能源生产;能源技术革命是支撑,我国要成为能源强国,能源技术需取得重大突破;能源体制革命是保障,要建成现代化能源市场体系,还原能源商品市场属性,实现能源治理方式现代化;能源国际合作为平台,要增强能源国际合作的话语权,实现由参与者向贡献者、引领者转变[⊖]。

---

⊖ 张奇. 我国能源生产与消费革命的挑战与展望 [J]. 国家治理周刊, 2018 (33).

## 1. 能源安全新战略的核心要义[一]

（1）坚持以保障能源安全为首要任务

我国是世界上最大的能源生产国和消费国。如何确保国家能源安全、保障经济社会发展，始终是我国能源事业发展面临的首要问题。习近平总书记关于能源安全新战略的重要论述，着眼于我国能源发展面临的风险挑战，明确了新时代能源发展必须首先确保能源安全，为做好新时代能源工作指明了方向。当前，我国能源安全保障依然存在一些薄弱环节，前进道路上的风险挑战依然严峻复杂。我们要清醒地认识到肩上的责任，牢牢坚持稳中求进工作总基调，切实强化底线思维和风险意识，扎实提高能源安全保障能力。

（2）坚持以清洁低碳为发展方向

能源开发利用造成生态环境赤字，是世界各国面临的普遍问题。我国传统能源富集地区大多生态环境比较脆弱，能源开发利用会对生态环境造成较大压力，影响我国生态安全和社会安全。习近平总书记关于能源安全新战略的重要论述，着眼于统筹推进"五位一体"总体布局，明确了新时代我国能源清洁低碳发展方向。我们要积极顺应能源发展客观规律，坚持绿色发展理念，坚持清洁低碳发展方向，保持战略定力、增强战略自信，加快能源转型升级步伐。

（3）坚持以科技创新为第一动力

当前，我国能源市场结构和市场体系深层次问题仍很突出，科技创新在能源发展中的作用还不显著，长期形成的粗放发展方

---

[一] 章建华. 推动新时代能源事业高质量发展（深入学习贯彻习近平新时代中国特色社会主义思想）[N]. 人民日报，2019-08-13.

式亟待转变。习近平总书记关于能源安全新战略的重要论述，深入总结了我国能源发展的经验教训，明确了新时代我国能源发展必须加快转换发展动力，把能源技术及其关联产业培育成带动我国产业升级的新增长点，从根本上回答了顺应能源发展大势"怎么干"的问题。我们要坚定实施创新驱动发展战略，推进能源领域科技创新，坚决破除不合时宜的思想观念和体制机制弊端，加快转换动力引擎，以科技创新驱动能源事业高质量发展。

（4）坚持以扩大开放为重要途径

习近平总书记关于能源安全新战略的重要论述，全面阐述了共同构建全球能源治理格局、共同推动绿色发展合作等一系列重大问题，既为我国参与国际能源合作与竞争、合理配置利用全球能源资源、持续深化能源领域对外开放指明了方向，也为构建开放竞争、高效稳定的能源市场，建设更加有序、更加包容的全球能源治理架构提供了中国方案，贡献了中国智慧。我们要在更大范围、更宽领域、更高层次参与国际能源合作与竞争，合理配置利用全球能源资源，持续深化能源领域对外开放。

**2. 我国能源事业的新发展**

2019年是能源安全新战略提出五周年。在这五年期间，在习近平总书记的科学论述指引下，全国能源行业持续推进"四个革命、一个合作"，取得了显著成效。

一是能源消费结构明显优化。五年来，我国可再生能源、清洁能源在能源消费中的比重进一步提升。全国能源消费总量年平均增速为2.2%，单位GDP能耗下降16.3%。其中，非化石能源消费比重升到14.3%，提高了4.1个百分点，煤炭消费比重下降8.4个百分点；天然气消费比重达到7.8%，提高了2.5个百分点，电力占终端能源消费的比重提升到25.5%，提高了5.1个百分点；煤电机组供电煤耗累计下降了11g标准煤/kW·h。

二是能源供给质量大幅提升。能源自主保障能力保持在80%以上；我国累计退出煤炭落后产能8.1亿t，淘汰关停落后煤电机组2000万kW以上，提前两年完成"十三五"煤炭、煤电去产能目标任务；2013—2018年期间，非化石能源发展迅猛，非化石能源装机年均增速超过15%，占比由30.8%提高到38.3%，发电量年均增速11.5%，占比由21.5%提高到29.6%；油气勘探开发力度大幅提升，天然气产供储销体系建设有序开展，油气储备和互联互通等一批重点工程建成投运，页岩气实现规模化开采；可再生能源发电装机突破7亿kW，核电在建在运装机达到5800万kW，清洁能源消纳难题得到有效解决，有力提升能源供给质量。

三是能源科技赶超跨越。科技创新是贯彻落实能源安全新战略、推动能源事业高质量发展的第一动力。五年来，"华龙一号"等一大批代表国际先进水平的自主化重大工程建成投产，成为振奋国人士气的大国重器。核电、非常规油气、燃气轮机等一批关键技术装备取得突破，煤电节能和超低排放、煤炭深加工、大型水电、电网、新能源发电等技术进入国际领先行列。新技术新模式新业态蓬勃兴起，"互联网+"智慧能源、多能互补等示范工程启动建设，智能电网、电动汽车充电、大规模储能等领域创新日趋活跃。

四是能源体制机制深刻变革。能源体制改革得到高度的重视，以还原能源商品属性为目的，市场化改革驶入快车道。新一轮电力体制改革取得积极进展，输配电价改革重新定义电网盈利模式，增量配电业务向社会资本开放；电力现货市场启动，市场主体、交易方式日趋多元，市场化交易电量占比超过30%，累计释放改革红利1800亿元以上。

五是能源国际合作全面拓展。随着共建"一带一路"不断走深走实,"一带一路"能源合作稳步推进,"一带一路"能源合作重大工程建设取得全面突破。海外油气合作不断拓展,俄气东送2019年年底开通;核电项目"走出去"异军突起,以"华龙一号"为代表的新一代核电技术在南美、中东欧、非洲等地得到广泛认可;电网、水电及新能源发电等技术装备在国际市场上的地位显著提升。沿线国家能源合作伙伴关系的成功建立,有力促进了沿线国家政策沟通、设施联通、贸易畅通、资金融通、民心相通。

实践证明,"四个革命、一个合作"能源安全新战略顺应大势之道,符合我国国情和能源发展规律。㊀

### 2.2.3 科技创新与能源产业发展

科技决定能源的未来,科技创造未来的能源。当前全球能源进入大变革大调整发展时期,能源形势正在发生深刻的历史性变化。世界能源科技创新进入高度活跃期,新兴能源技术正以前所未有的速度加快对传统能源技术的替代,清洁能源、智慧电网、多能融合等为核心的系统性技术革新,正在引领未来能源格局改变。世界主要发达国家都在实施以技术为支撑的能源转型政策。

习近平总书记指出:"谁牵住了科技创新这个'牛鼻子',谁走好了科技创新这步先手棋,谁就能占领先机、赢得优势。"㊁能源科技创新在能源革命中的决定性作用,要求我们必须把它摆在能源发展全局的核心位置。只有通过创新掌握核心技术,才能抓住能源变革的关键。为推动实施"四个革命、一个合作"的能源

---

㊀ 刘金焕. 能源安全新战略引领行业转型变革. 2019能源年会暨第十一届中国能源企业高层论坛.
㊁ 习近平总书记谈创新 [N]. 人民日报, 2016 - 03 - 03 (10).

安全新战略,充分发挥能源科技创新在建设清洁低碳、安全高效现代能源体系中的引领和支撑作用,2016年4月国家发展和改革委员会、国家能源局发布了《能源技术革命创新行动计划(2016—2030年)》(以下简称《计划》)。《计划》围绕可能产生重大影响的革命性能源技术创新和对建设现代能源体系具有重要支撑作用的技术领域,明确了今后一段时期我国能源技术创新的工作重点、主攻方向以及重点创新行动的时间表和路线图。

### 1. 国际能源科技创新动态⊖

总体上看,未来能源产业将逐步与大数据、虚拟发电厂、智能电网、物联网、共享经济和区块链技术、数字技术融合,新能源的发电成本将不断下降、能源投资重心向绿色清洁化能源转移,产业结构和能源消费结构进一步优化。

(1)发达国家加强能源科技领域顶层设计,谋划主导战略

近年来,基于国际、国内形势变化及自身能源结构特点,世界主要发达国家均把绿色低碳能源技术视为新一轮科技革命和产业变革的突破口,积极实施和调整中长期能源科技战略,并将其作为顶层指导,出台重大科技计划调动社会资源持续投入,不断优化改革能源科技创新体系,以增强国家竞争力和保持领先地位。在能源危机和气候变化成为国际主流议题的大背景下,"低碳能源规模化,传统能源清洁化,能源供应多元化,终端用能高效化,能源系统智慧化"的整体思路已成为主要国家能源战略布局的核心内容。

尽管各发达国家(地区)的发展理念、资源禀赋和制度背景

---

⊖ 陈伟,郭楷模,岳芳. 国际能源科技发展动态研判与战略启示[J]. 中国科学院院刊,2019(4).

不同，但均将能源科技创新放在能源转型战略的核心位置，通过分析其研发重点可以发现三大共性趋势：第一，在能源生产端，大力开发大型风电、高效低成本太阳能、生物能等可再生能源技术，积极研发碳捕集与利用技术，以期降低化石能源利用的碳排放，并将氢能开发利用作为重要战略储备技术和新兴产业培育；第二，在能源消费端，研发新工艺、新材料，并利用自动化控制以及智能能源管理系统，提高建筑、工业和交通等行业终端用能效率；第三，在能源系统集成层面，融合储能、智能微网、大数据分析、计算机仿真模拟、物联网等技术，优化各类能源系统，构建高效、经济、安全的新型智慧化能源系统。

## 世界主要发达国家的能源科技战略布局

（1）美国：谋求世界能源霸主地位

美国通过制定《全面能源战略》及配套行动计划，设立先进能源研究计划署和能源创新中心等新型创新平台，支持变革性能源技术开发和有效整合产学研各方资源，推动清洁能源技术革命和产业升级转型，在能源独立和清洁能源转型上已取得明显进展。2017年特朗普上台后，美国推出《美国优先能源计划》，将"美国利益优先"作为核心原则；退出《巴黎协定》以免承担过多的国际责任，强调发展美国国内的石油、天然气、煤炭等传统能源产业，振兴核电，并将能源作为一种重要的国家战略资源，扩大能源出口，在实现能源独立的过程中谋求世界能源霸主的发展之路。其重要举措包括：实施全面能源战略，多样化能源结构，开发减排技术；推动可再生能源并网，同时保留基荷电源，确保电网可靠性；解决核废料处置问题，确保核能发展的安全性；减少贸易赤字，促进就业，提振美国经济，同时保护环境；将能源作为外交政策重点之一，通过能源战略推动实现国家最重要的利益诉求。2018年，特朗普政府还以中美贸易摩擦之名行高科技打压之实，重点打击包括新能源、先进核能技术在内的高科技产业，遏制中国科技创新快速崛起及战略性新兴产业的发展。

(2) 欧盟：推进低碳转型，开展系统创新

自2010年以来，欧盟率先构建了面向2020、2030、2050年的短、中、长期可持续、前瞻性的能源气候战略框架，以此推进能源及相关产业的绿色转型，带动欧盟产业调整及经济增长。2014年，新一届欧盟委员会上台后全面实施能源联盟战略，旨在全面提升欧洲能源体系抵御能源、气候及经济安全风险的能力，建立安全、可持续和有竞争力的低碳能源体系。作为落实欧洲能源联盟战略研究、创新与竞争力目标的举措之一，欧盟委员会于2015年9月开始实施升级版《战略能源技术规划》（SET-Plan）。该规划聚焦能源转型中面临的系统性、跨学科、跨领域的关键挑战，以应用为导向打造能源科技创新全价值链，围绕可再生能源、智能能源系统、能效和可持续交通四个核心领域，以及碳捕集与封存和核能两个特定领域，开展研究与创新优先行动，确立欧盟低碳能源技术研发和部署在全球范围的领先地位。

(3) 日本：压缩核能，发展新能源，掌控产业链上游

日本能源科技创新战略秉承了"技术强国"的整体思路，重点集中在产业链上游的高端技术，依靠对产业链的掌控和影响，使日本的能源技术产品和能源企业在世界市场上占据最大份额，以此促进经济发展。2016年，日本政府综合科技创新会议公布的《能源环境技术创新战略》，确定了日本在2050年前将要重点推进的五大技术创新领域，具体包括：利用大数据分析、人工智能、先进传感和物联网技术构建智能能源集成管理系统，创新制造工艺和先进材料开发实现深度节能，新一代蓄电池和氢能制备、储存与应用，新一代光伏发电和地热发电技术，以及二氧化

碳固定与有效利用。在经历福岛核事故后,日本在能源科技发展重点上有较大调整。日本政府于 2018 年 7 月发布《第五次能源基本计划》,定调未来发展方向是压缩核电发展,降低化石能源依赖度,举政府之力加快发展可再生能源,以氢能作为二次能源结构基础,同时充分融合数字技术,构建多维、多元、柔性能源供需体系,实现 2050 年能源全面脱碳化目标。

(4) 德国:推动高比例可再生能源转型

德国一贯坚持以可再生能源为主导的能源结构转型,经过多年的政策激励和研发支持,在可再生能源技术和装备制造方面的实力位居世界前列。日本福岛核事故后,德国政府率先提出了全面弃核的能源转型战略,把可再生能源和能效作为两大支柱,并以法律形式明确了可再生能源发展的中长期目标,提出到 2050 年可再生能源电力占比达到 80%。为从科技层面支持能源转型战略,德国在 2018 年出台了《第七能源研究计划》,未来五年总预算达 64 亿欧元。该计划聚焦于能源消费端节能增效、电力供应、系统集成、跨系统研究和核安全等五大领域,重点解决能源转型面临的跨部门和跨系统问题,同时利用"应用创新实验室"机制建立用户驱动创新生态系统,加快成果转移转化。

资料来源:陈伟,郭楷模,岳芳. 国际能源科技发展动态研判与战略启示 [J]. 中国科学院院刊,2019 (4).

(2) 能源科技创新前沿突破不断涌现

随着能源技术和一系列新兴技术(如纳米、生物、新材料、人工智能等)的发展和深度融合,能源生产、转化、运输、存储、消费全产业链正发生深刻变革。从传统集中式能源到分布式能源,从智能电网到能源互联网,从石化智能工厂到煤炭大数据平台,从用户侧智慧用能到汽车充电设施互联互通,一些重大或颠覆性技术创新在不断创造新产业和新业态,改变着传统能源格局。能源生产端诸如可再生能源、先进安全核能、化石能源清洁高效利用等先进技术正在改变传统能源开发利用方式,并稳步推进主体能源的清洁低碳更替。能源消费端致力于研发低能耗、高效能的绿色工艺与装备产品,工业生产向更绿色、更轻便、更高效方向发展,交通动力能源向智能化、电气化方向转变,建筑行业用能将实现洁净化、绿色化、智能化。而分布式智慧供能系统、能源互联网发展应用正在引发能源系统整体变革,智慧能源新业态初现雏形。

①能源转型迈向数字化智能创新时代。人工智能、大数据、物联网等数字技术为能源行业重大挑战提供全新的数字化解决方案,数字化创新集中在数字技术和数据的智能使用上。2017年年底国际能源署发布的首份《数字化与能源》报告指出,能源数字化转型的最大潜力是其能够破除能源各部门之间的壁垒,推动全球能源系统向互联、智能、高效、可靠和可持续方向发展。英国石油公司《技术展望报告2018》指出,随着数字技术(包括传感器、超级计算、数据分析、自动化、人工智能等)依托云网络应用,到2050年一次能源需求和成本将降低20%~30%。大数据和机器学习算法的普及,也推动着科研工作开始采用以人工智能和数据挖掘为基础的新兴研究手段,从而提升研究效率。美国斯坦福大学基于人工智能技术,利用现有的锂离子电池文献中的所有实验数据,构建了具备深度学习能力的计算机预测模型,仅耗时数分钟,即从材料数据库的1万多种候选材料中筛选出了20余种有潜力的固态电解质材料,其筛选效率是传统随机测试的百万倍。美国能源部还资助了机器学习在地热领域应用的研究项目,聚焦机器学习用于地热资源勘查和开发先进数据分析工具。日本新能源产业技术综合开发机构也部署了相关研究课题,利用物联网、人工智能等技术改善地热发电站的管理运营效率。

②油气领域数字化智能化竞争激烈。化石能源行业正在从传统的重资产行业转型为技术密集型、技术精细型行业,各竞争主体对数字化技术的应用速度与水平将会决定未来的行业座次和竞争版图,智能精细化勘采技术的进步将支撑开发深水深层和非常规油气资源。2017年世界经济论坛发布的《数字化转型倡议——石油和天然气行业》报告指出,大数据和分析工具、工业物联网和移动技术正成为油气企业首要的数字化主题,而机器人和无人机、可穿戴技术、人工智能将成为未来3~5年增长最快的领域。全球多家油气企业相继推出数字化创新举措:壳牌集团宣布在石油行业大规模推进人工智能应用计划,俄罗斯天然气公司实施2030年数字化转型战略,巴西国家石油公司成立数字化转型部门,中石油发布国内油气行业首个智能云平台等。此外,IT企业也在加强跨界和传统油气企业开展合作:华为公司的油藏模拟、油气物联网等解决方案已服务70%的全球排名前20的油气企业;IBM公司牵手阿布扎比国家石油公司,首次将区块链技术应用于油气生产核算;通用电气公司和来宝集团联合推出世界第一艘数字钻井船;谷歌公司和道达尔公司将联合攻坚人工智能在油气勘探领域的应用。

③化石能源清洁高效梯级利用。先进高效率低排放燃烧发电和深加工分级转化是煤炭和天然气清洁高效利用的未来发展方向,碳基能源高效催化转化、新型富氧燃烧、先进联合循环等高效低排放技术正处于研发阶段。美国碳利用研究理事会(Coal Utilization Research Council,CURC)和电力科学研究院(Electric Power Research Institute,EPRI)在2018年7月更新的《先进化石能源技术路线图》中,规划了增压富氧燃烧、化学链燃烧、超临界$CO_2$动力循环发电、先进超超临界发电(A-USC)、煤气化联合循环等高效低碳发电技术到2035年的研发与大规模示范路径。

美国、日本等发达国家已将超临界 $CO_2$ 动力循环发电系统作为革命性前沿技术进行积极研究，目前在实验室已建成了小功率的试验机组，正在向工业示范电站迈进。增材制造（3D 打印）技术在燃气轮机制造中的应用已从原型试制逐渐走向实际生产，如通用电气公司、西门子公司等燃机制造巨头稳步推进制造工艺转型升级。经过多年的发展，中国的先进煤化工合成技术取得了重大突破，已掌握了世界领先的百万吨级煤直接液化和煤间接液化技术。中国科学院大连化学物理研究所成功实现了具有自主知识产权的百万吨级煤制烯烃和煤制乙醇技术的商业化应用，对保障我国能源安全等具有重要的战略意义。该所还在煤气化直接制烯烃研究上取得重大进展，颠覆了 90 多年来煤化工领域一直沿袭的费-托路线，从原理上开创了一条低耗水进行煤转化的新途径，这是煤转化领域里程碑式的重大突破。

④发展下一代安全高效先进核能系统。可持续性、安全性、经济性和防核扩散能力的先进核能技术是核能发展的重中之重，主要研究方向集中在开发固有安全特性的第四代反应堆系统、燃料循环利用及废料嬗变堆技术以及更长远的核聚变示范堆设计与实现。第四代核能系统国际论坛（GIF）在 2014 年初更新了技术路线图，规划了未来 10 年第四代堆型的研发目标和里程碑。美国能源部于 2017 年底宣布，未来 5 年将投入 4 亿美元，重点开展新型反应堆示范工程、核电技术监管认证、先进反应堆设计开发等工作，以加速核能技术创新取得突破。中国科学院在未来先进核裂变能——加速器驱动次临界系统（ADS）研究中取得重大成果，并基于此在国际上首次提出"加速器驱动先进核能系统（ADANES）"概念，将在广东惠州建设国际首台 ADS 嬗变研究装置。叩控核聚变技术目前在等离子体理论研究、材料开发和运行试验方面不断涌现新的成果。中国科学院合肥等离子体物理研究

所研制的全超导托卡马克核聚变实验装置，相继取得等离子体中心电子温度达到1亿摄氏度、百秒量级稳态运行等多项世界级重大突破。德国马普学会等离子体物理研究所建造的世界最大仿星器聚变装置W7-X成功产出首个氢等离子体，计划到2020年实现持续30分钟的等离子体。美国国家科学院2018年发布《美国燃烧等离子体研究战略计划最终报告》，建议美国继续参与国际热核聚变实验堆（ITER）计划，并启动国家研究计划迈向紧凑型聚变发电中试阶段。欧盟于2014年在"地平线2020"框架下投入8.5亿欧元，启动了"聚变联合研究计划"。

⑤新能源与可再生能源加快应用。风能、太阳能、生物燃料等可再生能源技术研发活跃，有望在未来20年成为主导电力来源或规模替代石油基燃料。首先，在风能领域，美国和欧盟均提出了海上风电发展战略，加速推动海上风能产业的发展。目前8MW风力涡轮机已投入商业应用，10MW及以上的超大规模风力涡轮机正在研发中，浮动式海上风电场的投入使用推动风电向深海迈进。其次，在太阳能领域，美国、欧盟、日本等主要国家和地区深化布局光伏发电全产业链创新，作为推进新兴产业发展的主要战略举措，通过全覆盖布局先进材料、制造和系统应用各环节研发实现平价上网目标。钙钛矿太阳电池器件结构日趋完善，效率已超多晶硅，逼近单晶硅，但实现商业化仍需攻克规模化制造工艺、稳定性等关键挑战。中国科学院半导体研究所在2018年创造了单结钙钛矿太阳电池转换效率世界纪录（23.7%）。最后，在生物能源领域，纤维素乙醇、藻类生物燃料等技术领域取得了重要进展，特别是美国和欧洲首座商业规模纤维素酶解制乙醇工厂投产，为先进低成本生物液体燃料更大规模发展创造了条件。目前研究重点主要集中在高产率能源作物培育改造，微生物酶解催化剂，热化学转化工艺与多功能催化剂，工程微藻选育、

培养、油脂提取与转化等方面。

氢能发展备受重视,形成新一轮的发展热点。日本、欧盟和澳大利亚等国家和地区相继公布了氢能发展战略和技术路线图,提出未来 20~30 年的氢能与燃料电池技术和产业发展目标。研究人员致力于解决低成本高效率规模化制氢、经济高效氢储存和输配、燃料电池基础关键部件制备和电堆集成、燃料电池发电及车用动力系统集成等重大科技问题。德国亥姆霍兹柏林能源材料中心设计开发了双光阳极串联光电催化系统,创造了太阳能到氢能 19% 的转化效率纪录。日本国立产业技术综合研究所开发了陶瓷电解质低温致密烧结工艺,制备出全球首个商用规格的质子陶瓷燃料电池。

⑥新型高能规模化储能取得突破。动力和电力规模储能技术是未来能源系统必不可少的关键组成部分,也是各国竞相布局的重点领域。欧盟组建"欧洲电池联盟"实施战略行动计划,在欧洲打造具有全球竞争力的电池产业链。美国能源部将在未来 5 年为储能联合研究中心继续投入 1.2 亿美元,设计开发新型高能多价化学电池,并研究用于电网规模储能的液流电池新概念。日本新能源产业技术综合开发机构在未来 5 年资助 100 亿日元,以攻克全固态电池商业化应用的技术瓶颈,旨在 2030 年左右实现规模化量产。科学家在储能反应机理探索、电化学体系设计、新材料开发方面成果斐然,研究重点在于开发高安全性、长寿命、低成本的锂离子电池及新型高能化学电源体系,并开展新型物理储能系统规模化示范。美国伊利诺伊大学芝加哥分校等机构合作开发新型锂–空气电池,创造在自然空气环境中稳定运行超 700 次的循环寿命纪录。美国哈佛大学研发出基于低成本醌类有机电解液的新型液流电池,创造出工作寿命最长纪录,而且较全钒液流电池成本大幅下降。中国科学院工程热物理研究所建成了国际首

套10MW级先进压缩空气储能示范系统,该示范系统在额定工况下的效率超过60%。

### 2. 中国能源科技发展启示[一]

改革开放以来,我国能源科技创新能力已从全部"跟跑"发展到了部分"并跑",在部分领域已建立具有国际竞争力的能源装备技术产业,为保障国家能源安全和推动能源清洁低碳转型提供了有力支撑[二]。但是,我国能源科技创新水平与新时代推动能源生产和消费革命的战略目标仍有较大差距,离构建自主可控的核心技术体系还有较大距离。在我国经济已进入高质量发展阶段的当下,对洁净高效能源的需求比以往任何时候更为迫切,加快推动能源技术革命已经迫在眉睫。

(1) 开展高质量能源科技供给侧改革,助力新时代发展

"善谋者因时而动,能弈者顺势而为。"我国必须牢牢把握新一轮能源革命和科技革命交汇的重要战略机遇期,充分认识到能源科技创新在能源革命中的极端重要性,深入开展高质量的能源科技领域供给侧改革,集中攻关关键"卡脖子"问题,包括:开发以煤炭为核心的化石资源清洁高效利用和耦合替代新路线和新技术,突破高能耗、高耗水、高排放等瓶颈问题;突破低碳能源多能互补与规模化应用难题,推进可再生能源高比例消纳,构建智慧能源系统;前瞻性地布局化石能源、可再生能源、核能多元化融合发展路径,解决我国现有各能源技术体系缺乏关联、孤立发展的结构性缺陷。

---

[一] 陈伟,郭楷模,岳芳. 国际能源科技发展动态研判与战略启示 [J]. 中国科学院院刊,2019 (4).
[二] 章建华. 大力推进新时代能源改革开放 [J]. 旗帜,2019 (2).

(2) 前瞻性地设计下一代多能融合综合能源系统

多能融合互补是能源变革的发展趋势，引领能源行业构建多种能源深度融合、集成互补的全新能源体系。目前美国、德国等发达国家已开始探索一体化、智能化多能融合体系的架构设计。为破除我国化石能源、可再生能源、核能等各能源体系之间技术上的相对割裂的态势，需要尽快开展多能融合的未来能源系统研究，从能源全系统层面着手优化，突破多能互补、耦合利用技术。科技主攻方向特别应该高度关注信息技术和能源技术深度融合的智慧型能源体系关键技术，以及新一代多能融合系统中低碳醇和氢能等重要能源载体的低成本合成和规模化利用变革性技术，这是新一轮能源革命中我国能源科技有可能走在世界前列的领域，有助于我国抢占先机，早日建成能源科技强国。

(3) 建设能源跨学科交叉融合创新平台

现代文明中能源与气候、环境、交通、化工等领域紧密关联的天然特性，决定了能源转型"牵一发而动全身"。美欧等发达国家和地区洞察到这一趋势，均提前部署了跨学科、跨部门的重大课题。能源与前沿学科的交叉融合创新将是未来能源科技创新的最佳路径，也最有可能催生颠覆性技术。我国应加快研究部署能源跨学科交叉融合创新平台，试点布局重大研究项目，推进能源技术与新一代信息技术、合成生物学技术、纳米技术、先进制造技术等深度融合，带动液态阳光、规模化高性能储能、氢能与燃料电池、智慧综合能源网络等潜在颠覆技术的发展应用，确保我国能够并跑甚至领跑世界能源科技前沿。

(4) 开展体制机制改革，加快建立健全能源科技创新体系

我国需要进一步深化能源体制机制改革，合理运用政府宏观调控的引导作用，建立健全能源领域相关的法律法规，打通煤炭、石油、天然气、可再生能源等各能源种类之间的管理体制壁

垒，为能源技术创新、产业发展以及现代能源体系的建立营造良好稳定的政策制度环境。特别是应尽快建立能源领域国家实验室，牵头组织优势力量开展重大关键技术集成化创新和联合攻关。在国家层面建立多元化的能源科技风险投资基金，激励高风险、高回报的颠覆性技术开发，利用政府资源投入来撬动民间资本。实施重大能源工程，形成具有国际竞争优势的高端能源化工技术装备工业体系，在"一带一路"框架下支持更多先进能源化工技术装备"走出去"。

（5）积极拥抱数字技术，推进能源数字化转型

在大数据时代，能源行业的数字化转型已然是大势所趋。未来的几十年内，数字技术将使全球能源系统变得更加紧密互联、智能、高效、可靠和可持续。因此需要坚定不移地推进能源和数字技术深度融合，以引导能量有序流动，构筑更高效、更清洁、更经济、更安全的现代能源体系。需要制定灵活的政策以适应新技术发展的需要，探讨跨部门广泛应用，并对从业人员进行数字技术专业技能培训。此外，还需要从系统观出发来考量能源数字化转型的成本和收益，密切追踪数字化转型对全球能源消费需求变化的影响，充分考虑和评估能源数字化转型过程中面临的潜在风险，提供公平的竞争环境，以更好地服务各利益相关方，并加强国际合作，分享能源数字化转型的成功案例和经验。

## 能源企业数字化转型的趋势

（1）依托海量数据分析，改善决策管理模式

通过对海量业务运营数据的分析挖掘，能源企业可改变原有的经验驱动的决策管理模式，依托多维度数据分析，极大地提升管理效率、压缩管理链条，实现不同场景的个性化决策，提升决策管理的客观性、精益性和敏捷性。

壳牌在阿根廷瓦卡姆尔塔油田开采项目中，依托数字化手段采用"虚拟钻井"，身在加拿大卡尔加里的工程师通过实时数据回传来远程控制钻探的速度和压力，将开采成本由前几年的1500万美元下降到目前的540万美元。意大利国家电力公司通过分析变电站运维历史数据（包括设备状态、植物形态、气候状况等）实现对16000个变电站的预测性维护，有效定位风险点，降低了运维成本。牙买加公众服务有限公司每年有约四分之一的电能被盗，每年需要花费超过1000万美元的高额费用开展密集的人工检测。为改善这种情况，牙买加公共服务有限公司依托机器学习对电表数据进行自动分析挖掘，有效控制了电能盗窃损失。

（2）由优化产品质量向提升消费体验转变

随着全球能源监管强度不断提升，仅依托能源供应将难以实现利润增加。同时，当今客户不止关注产品本身，而且越来越重视消费体验。在这样的趋势下，越来越多的能源企业开始依托数据驱动客户体验的改善。最常见的做法就是通过新的数字渠道实现对客户的全方位服务。目前几乎所有的能源企业都开发了在线服务和在线自服务应用，使客户可以通过手机移动端实现在线的查询、交费、管理等操作，实现线上线下服务渠道融合，进一步加深对客户的理解，并在此基础上拓展其他服务模式。电力企业依托智能电表开展智能家居服务，通过智能电表和其他智能设备的整合，使客户可以通过电脑或者手机对家庭用能进行管理。例如，法国电力公司与亚马逊开展合作，借助亚马逊的智能音箱Alexa实现语音服务，德国意昂公司则是结合手机的定位数据实现家庭恒温系统智能化控制，提升智能家居服务体验。法国燃气集团的子公司Vertuoz是一个建筑能源管理的数字服务平台，通过为建筑安装温度传感器、光敏传感器、$CO_2$传感器等采集建筑用能数据，并依据数据监测与分析，制定节能计划，通过远程智能能源效率监测和控制系统实时优化建筑物用能方式。越来越多的能源企业推动其价值创造核心从能源产品提供向能源服务提供转型，而这种能源服务的核心就是数据服务或数据应用服务。

（3）以能源数字化推动商业模式创新

数据成为数字时代新模式、新业态创新的主要动能，能源企业也在不断探索新的商业模式。能源企业立足于传统业务，利用行业技术和数据的优势，拓展和培育新的业务领域。德国意昂集团和谷歌合作推出了名为"采光屋顶"的项目，基于机器学习算法，综合考虑房屋的地理位置、气象数据、屋顶面积和角度、客户用能习惯等，为客户精准计算并安装光伏板，为其节约用能成本，拓展其分布式光伏业务。

电网企业在不断利用其行业技术和行业数据优势服务智慧城市建设，比如爱迪生公司将美国伊利诺伊州的 14 万盏路灯升级为智能街道照明，使其能通过采集亮度和物体活动的数据而实现自调节。据估算，仅在芝加哥市每年就将节约 1000 万美元的费用。智能照明系统是其他智慧城市服务和应用的骨干基础设施，以法国燃气集团为首的一批能源企业也在探索布局以智能照明系统为基础的其他智慧城市发展商业模式，包括交通管理，充电服务、环境监测等。此外，随着各类能源技术的成本下降，越来越多的新型能源商业模式不断涌现，技术发展和商业模式相互迭代，不断发展。诞生于硅谷的 STEM 公司构建了储能运营商业模式，通过对电力供需数据的实时分析来控制储能电池参与需求侧响应，赚取峰谷价差。

（4）以需求为导向，共建协同创新网络

能源企业开展数字化转型的重大障碍在于旧的企业文化难以适应新的发展要求。数字化转型是一个新领域，没有可供复制的发展模式，需要边探索边实践。与外部先进科技企业开展合作，建立基层创新激励机制,成了推动能源企业数字化转型的有力保障。

意大利国家电力公司、法国燃气集团、爱迪生电力公司等企业都与C3物联网公司合作开展物联网部署。东京电力、爱克斯龙公司等企业与美国通用电气合作开展发电设备资产管理。壳牌等石油企业选择亚马逊为其提供云技术服务。能源企业与新型技术企业合作,可以加快技术部署应用,引入外部新技术新理念。此外,除了外部引入,能源企业还注重内部培育和孵化,通过建立创新机制和容错机制,激发基层创新创业活力。法国燃气集团构建了开放式创新平台征集创新项目,具备可行性的项目由集团基金进行投资孵化。西班牙伊贝德拉电力公司建立了加速器项目,要求员工提交创新想法,并实现项目转化。爱克斯龙公司构建了技术创新平台,整合内外部资源,培育创新文化,为内部员工创新技术和业态提供资源支持。

资料来源:刘素蔚,于灏. 能源企业数字化转型五大趋势 [J]. 国家电网,2019 (4):59-61.

## 2.3 勇于创新是国有企业发挥"六个力量"的根本诉求

国有企业掌握着国家的经济和金融命脉,是执行中央政策的正规军,是深化改革和技术创新的主力军,是全球化发展的先行者,是保障改善民生的压舱石,是中国特色社会主义的重要物质基础和政治基础,是我们党执政兴国的重要支柱和依靠力量。其中,国有能源企业更是关系国民经济命脉和国家能源安全的重点骨干企业。2016年10月,习近平总书记在全国国有企业党的建设工作会议上强调,要使国有企业"成为党和国家最可信赖的依靠力量,成为坚决贯彻执行党中央决策部署的重要力量,成为贯彻新发展理念、全面深化改革的重要力量,成为实施'走出去'

战略、'一带一路'建设等重大战略的重要力量,成为壮大综合国力、促进经济社会发展、保障和改善民生的重要力量,成为我们党赢得具有许多新的历史特点的伟大斗争胜利的重要力量"。"六个力量",为国有企业做出了新的历史定位,为国有企业在改革进程中坚持党的领导、加强党的建设指明了正确方向,也为国有企业发展壮大注入了新的动力。

　　勇于创新,是创建具有全球竞争力的世界一流企业的必然路径,亦是国有企业发挥"六个力量"的根本诉求。中央对国有企业"六个力量"的基本定位,要求国有企业必须顺应时代发展潮流、深化改革,努力成为世界一流企业。而企业领导人员把创新摆在推动企业高质量发展的核心位置,深入实施创新驱动发展战略,着力强化产品创新、技术创新、商业模式创新,不断培育新动能、发展新经济、壮大新产业,推动企业赢得创新发展的新优势,则是创建世界一流企业的必然路径。习近平总书记指出,"企业持续发展之基、市场制胜之道在于创新"○"要深入实施创新驱动发展战略,推动科技创新、产业创新、企业创新、市场创新、产品创新、业态创新、管理创新等,加快形成以创新为主要引领和支撑的经济体系和发展模式"○。2016年7月,工业和信息化部、国家发展和改革委员会、财政部等11部委联合下发《关于引导企业创新管理提质增效的指导意见》○,对落实创新驱动战略、推动创新管理、实现高质量发展,提出了明确的要求和部署。世界一流企业是创新型国家建设的主要力量,是中国参与全球治理的重要载体,是中国实现弯道超车的主力军。而只有具备创新思维、创新模式的中国企业才能具备对西方一流企业弯道

---

○ 习近平. 在浙江调研时的讲话 [N]. 人民日报,2015-05-28.
○ 习近平总书记谈创新 [N]. 人民日报,2016-03-03(10).
○ http://www.gov.cn/xinwen/2016-08/12/content_5099006.htm

超车的实力。要实现这种超越,不能简单复制西方已有的技术、路径和思维,必须突破,否则只能取得暂时的超越。

深刻认识勇于创新对国有企业发挥"六个力量"的重要作用,首先要全面认识新时代国有企业肩负的历史使命——成为具有全球竞争力的世界一流企业,这是勇于创新的必要性。尤其是要明确世界一流企业的内涵和要素能力、培育具有全球竞争力的世界一流企业的重要意义和重要方面。其次,要深刻洞察当前国有企业(尤其是能源企业)面临的管理挑战,这是勇于创新的紧迫性。只有明确差距,才能迎接挑战。我们要了解世界一流企业的管理特征,分析自身存在的问题,如此才能实现不断地进行自我修正和自我突破。最后,要明确我国国有企业的创新方向,这是勇于创新的发力点。

### 2.3.1 具有全球竞争力的世界一流企业

习近平总书记在十九大报告中,从建设社会主义现代化强国的目标出发,提出要"深化国有企业改革,发展混合所有制经济,培育具有全球竞争力的世界一流企业"。2019年1月上旬,国务院国有资产监督管理委员会(以下简称为"国资委")出台《关于中央企业创建世界一流示范企业有关事项的通知》(下称"《通知》")征求意见稿,提出将进一步放权授权,中央企业创建世界一流示范企业(下称"示范企业")可以自主决策、综合运用混改、员工持股、股权激励等各项国企改革政策。2019年1月25日,国资委召开中央企业创建世界一流示范企业座谈会,确定了10家中央企业⊖作为创建世界一流示范企业,并要求示范

---

⊖ 即航天科技、中国石油、国家电网、中国三峡集团、国家能源集团、中国移动、中航集团、中国建筑、中国中车集团、中广核。其中,中国石油、国家电网、中国三峡集团、国家能源集团、中广核为能源类中央企业。

企业要坚持目标和问题导向,对标世界一流企业,研究制定实施方案,形成"顶层设计"和"路线图",制定战略规划,优化产业布局、组织架构和管理运营体系,力争用3年左右的时间在部分细分领域和关键环节取得实质性突破,在整体上取得显著成效。开展中央企业创建世界一流示范企业工作,是深入贯彻落实党的十九大精神的重要举措,是进一步推进国资国企改革的重要抓手,也是推动中央企业实现高质量发展的重中之重。

站在中国特色社会主义进入新时代的历史方位,贯彻中央对国有企业"六个力量"的定位,全面理解和准确把握世界一流企业的内涵和核心能力要素以及培育具有全球竞争力的世界一流企业的重要意义和重要方面,有助于找准我们与世界一流企业的差距,进而建立成为具有全球竞争力的世界一流企业的路径。

### 1. 世界一流企业的内涵

国外现有的理论研究及实践探索为认识世界一流企业的内涵做了良好铺垫。在西方管理学的语境里,"世界一流"并不是一个规范的学术概念,而是一个与应用性的企业经营管理实践紧密结合在一起的研究议题。在美国《商业词典》中,"一流企业"的定义是,能够成为其他企业的标准和标杆的企业。在学术研究中,与这一定义相接近的概念是"卓越企业"(excellence enterprise)。世界级企业(the world class enterprises)的概念最早见于1987年《电讯通讯》杂志,其后这个提法不断出现在媒体文章、学术界文献和企业口号中。美国管理学会前主席 Newman 认为,世界级企业往往具有规模合理、产品优质、服务周到、管理柔性化等特征,且能够遵循国际市场秩序,具有保持核心竞争力的能力,有能力在国内外市场中参与国际级企业之间的竞争。美国波士顿公司认为"世界级企业是社会公认度很高的优秀企业"。麦肯锡归纳了"世界一流企业"的三个特征:"大",即具有足够规模的体量,对行业乃至全球经济具有显著影响力;"强",即不断创造不俗的业绩并保持所在行业的领袖地位;"基业长青",即具有发展的长期持续性,经历市场变幻仍屹立不倒,积累了长盛不衰的国际名声。

  国内关于世界一流企业的研究和论述也没有统一的结论。2010年国务院国资委提出了央企"四强四优"标准。所谓"四强四优",即自主创新能力强、资源配置能力强、风险管控能力强、人才队伍强,经营业绩优、公司治理优、布局结构优、社会形象优。2013年国务院国资委发布《中央企业做强做优、培育具有国际竞争力的世界一流企业要素指引》(国资发改革〔2013〕17号),确定了世界一流企业的13项支撑要素,即公司治理、人才开发与企业文化、业务结构、自主研发、自主品牌、管理与商业模式、集团管控、风险管理、信息化、并购重组、国际化、社会责任、绩效衡量与管理。但该指引发布通知指出,上述13项要素主要针对目前中央企业需要提升的主要环节,并非具备上述要素就一定是世界一流企业。2018年4月21日,国务院国资委主任肖亚庆在第二届中国企业改革发展论坛上提出了对世界一流企业的论述:加快形成"三个一批",培育具有全球竞争力的世界一流企业。一是形成一批在国际资源配置中占主导地位的领军企业。要在扩大开放合作中提升国际资源配置能力,要抓住"一带一路"建设机遇,提升国际资源配置能力,要立足主业发展,提升国际资源配置能力。二是形成一批引领全球行业技术发展的领军企业。要大力提升企业的自主创新能力,要着力突破战略性前瞻性领域关键核心技术,要加快建立健全创新体制机制。三是形成一批在全球产业发展中具有话语权和影响力的领军企业。要积极推动产业向价值链高端迈进,要积极占领未来产业发展的制高点,要积极参与和影响国际产业标准制定。2019年1月上旬,国务院国资委出台《关于中央企业创建世界一流示范企业有关事项的通知》征求意见稿，进一步细化世界一流企业的标准为应该符合"三个领军""三个领先""三个典范"要求。"三个领军"，就是要成为在国际资源配置中占主导地位的领军企业，成为引领全球行业技术发展的领军企业，成为在全球产业发展中具有话语权和影响力的领军企业。"三个领先"，就是要在全要素生产率和劳动生产率等方面领先，在净资产收益率、资本保值增值率等关键绩效指标上领先，在提供的产品和服务品质上领先。"三个典范"，就是要成为践行新发展理念的典范，成为履行社会责任的典范，成为全球知名品牌形象的典范[一]。

综上，关于世界一流企业的概念，目前尚没有统一的、公认的标准。这也充分体现了世界一流企业是理论内涵丰富、实践特色鲜明的研究课题。这些探索研究为培育具有全球竞争力的世界一流能源企业提供了重要的经验借鉴和方向指引。要说明的是，虽然世界一流企业通常具有基本一致的内在基因，遵循一般的成长规律，但是我们要注意我国国有企业在价值导向、公司治理等方面存在的特殊性——这甚至对世界一流企业的培育成长具有非常关键的作用。完全照搬西方对世界一流企业的内涵认识和评价标准可能并不一定有利于我国国有企业创建具有竞争力的世界一流企业。我们有必要在西方普适理论的基础上，融入我国特色，完善和丰富世界一流企业的内涵及特征。国有能源企业可以结合行业和企业的实际，制定符合自身情况的评价标准和制度体系。

---

[一] 李君清，李寅琪. 创建具有全球竞争力的世界一流能源企业规划目标体系研究 [J]. 中国能源，2019，41（9）.

### 世界一流大型企业的特点

目前的学术研究通常从绩效和行为两个维度研究世界一流企业的基本特征,这两个维度各有优点,绩效特征具有较强的客观性,行为特征具有较强的实践借鉴意义。

从绩效特征来看,世界一流大型企业是在规模、效率、创新三个方面处于世界领先水平的企业,即具有"大、强、优"三个特征。

(1) 规模特征。规模特征是大型企业应有之义,是企业竞争的结果。规模特征用企业销售额来度量。世界一流大型企业在规模上应进入同行业的全球第一阵营,通常要求销售额进入该行业全球排名前十甚至前五。

(2) 效率特征。效率特征是指企业当前使用生产要素的效率,企业高效使用生产要素满足市场需求,获得了较高的单位要素产出回报。效率特征用资产回报率和劳动回报率两项指标来度量。世界一流大型企业在资产回报率和劳动回报率两项指标上与同行业的全球大型企业相比应处于上游水平。

(3) 创新特征。创新特征指企业投资技术创新的水平。创新是为了保持和提升企业未来的规模与效率,体现了发展潜力。创新特征用研发投入占销售收入的比重来度量。世界一流大型企业的研发强度指标与全球大型企业相比应处上游水平。

资料来源:马骏,袁东明,周健奇,等. 坚持高质量发展 培育世界一流企业[N]. 经济参考报,2019-11-18(006).

### 2. 世界一流企业的核心能力要素

整体来看,具有全球竞争力的世界一流企业应具备四项基本能力——全球范围内的综合竞争实力、科学技术领域上的创新能力、经营管理的可持续发展能力以及承担履行社会责任的能力。

一是全球范围内的综合竞争实力。世界一流企业首先必须要有强大的资源掌控力和行业话语权。具体而言,能够充分利用国内和国外两个市场,实现全球范围内的资源最优配置;具有世界范围内的话语权和影响力,能够参与甚至主导行业规则和技术标准的制定。

二是科学技术领域上的创新能力。世界一流企业,一方面能够掌握本行业的关键技术、核心技术或共性技术,具备不可复制、难以替代、独占性的核心竞争力,另一方面能够突破瓶颈制约,在战略性、前瞻性领域取得关键核心技术突破,引领和带动行业不断发展。

三是经营管理的可持续发展能力。世界一流企业必须具备适应时代要求、引领时代进步和与时代同行的自我改革与革新的能力。在战略规划上,能及时发现潜在价值和机会,提前布局,占得先机;在企业管理上,能够持续改进制度、流程和文化,提高效率,卓越运营;在业务布局上,具备国际化的视野和开拓能力,驾驭市场、配置资源。

四是承担履行社会责任的能力。世界经济一体化是不可抗拒的历史潮流。在中国特色社会主义进入新时代的背景下,在国有企业向世界一流企业迈进的过程中,应在鲜明的价值观和实现"中国梦"情怀的引领下,围绕"打造责任共同体"、建设"人类命运共同体"的价值理念,不断培育和构建以"协作共赢""共建共享"为特点的新商业模式㊀。

### 3. 培育具有全球竞争力的世界一流企业的重要意义

建设具有全球竞争力的世界一流企业,是新时代国有企业肩

---

㊀ 杜国功. 新时代培育世界一流企业的战略思考 [N]. 经济参考报, 2019-12-02.

负的历史使命，具有极其重要的战略意义。

第一，宏观上，这是推动全面开放新格局的需要。从国家层面来看，培育具有全球竞争力的世界一流企业，已成为国家发展战略的重要组成部分。

首先，这是推动我国经济高质量发展的根本要求。习近平总书记指出，推动高质量发展是当前和今后一个时期确定发展思路、制定经济政策、实施宏观调控的根本要求○。当前，我国经济正处在转变发展方式、优化经济结构和转换增长动能的关键时期，面临从高速增长阶段向高质量发展转型的战略机遇期。国有企业特别是中央国有企业是国有经济的重要组成部分，是推动高质量发展、建设现代化经济体系的骨干力量。加快建设具有全球竞争力的世界一流企业，不仅有利于增强国有经济的活力、控制力、影响力和抗风险能力，而且能够更好地发挥国有大型企业在贯彻新发展理念、推进供给侧结构性改革中的示范作用，在推动质量变革、效率变革、动力变革中的带动作用。

其次，这是我国深度参与国际分工、实现全球配置资源的必然要求。党的十九大做出了推动形成全面开放新格局的战略部署，强调坚持"引进来"和"走出去"并重。国有企业作为国民经济的重要支柱，不仅要积极参与国内经济竞争，而且要更加深入地参与全球竞争，在经济全球化浪潮的搏击中强筋壮骨，不断提升综合实力和市场竞争力。加快建设具有全球竞争力的世界一流企业，是中国企业"走出去"和践行"一带一路"倡议的必然选择。只有这样，中国才能有效参与全球经济治理，中国企业在

---

○ 推动高质量发展是确定发展思路制定经济政策实施宏观调控的根本要求[N]. 新华日报，2017-12-09.

世界经济舞台的话语权和影响力才能得到提升,从而在经济全球化进程中维护和实现我国的根本利益①。

第二,中观上,这是引领行业更好发展与促进中国产业升级的需要。从产业层面看,各行业各领域都处在一个强者恒强、优胜劣汰、日新月异的时代,其中也孕育着产业整合、创新和发展的机遇。在我国经济从高速增长阶段转向高质量发展阶段后,已不可能再像以往那样,主要依靠要素投入和数量增长,而必须转向更多依靠全要素生产率和科技含量的提高上来。因此,培育具有全球竞争力的世界一流企业,通过引领行业发展而不断促进中国产业升级,成为势在必行的选择②。

第三,微观上,是提升企业竞争能力与推动更高质量发展的需要。从企业层面看,培育具有全球竞争力的世界一流企业,是持续深化国有企业改革的必然要求。习近平总书记曾指出:推进国有企业改革,要有利于国有资本保值增值,有利于提高国有经济竞争力,有利于放大国有资本功能③。当前国有企业全面深化改革正处于向纵深推进的关键时期。改革是发展的动力,发展是改革的目的。加快建设具有全球竞争力的世界一流企业,为国有企业深化改革提出了新要求、新目标。只有坚持这一目标深化改革,不断完善现代企业制度,使企业真正成为独立的市场主体,才能促使企业不断提高国际竞争力,并在全球市场竞争中发展壮大。改革开放40多年来,我国经济取得了长足发展,成为世界第二大经济体、第一大工业国、第一大货物贸易国、第一大外汇

---

① 中国石油天然气集团有限公司党组. 奋力建设具有全球竞争力的世界一流企业 [J]. 求是, 2018 (12).

② 杜国功. 新时代培育世界一流企业的战略思考 [N]. 经济参考报, 2019 - 12 - 02.

③ http://jhsjk.people.cn/article/27325865.

储备国，连续多年对世界经济增长贡献率超过 30%，一批大企业不仅在规模上达到了世界领先水平，在技术、管理、国际化等方面也努力走在世界前列。从 2019 年《财富》杂志世界 500 强企业榜单来看，共有 129 家中国企业上榜，首次超过美国的 121 家，中央企业有 48 家上榜。众多国有企业已经具备成为世界一流企业的基础和条件，这既离不开中国因素的有力支撑，更离不开企业自身的久久为功。在未来的国际舞台上，中国的国有企业完全有可能成长为具有全球竞争力的世界一流企业㊀。

**4. 培育具有全球竞争力的世界一流企业的重要方面**

第一，把握态势，进一步正视发展挑战。一是从国际视角来看，全球经济虽然总体保持一定程度增长，但贸易保护主义和单边主义抬头，地缘政治风险加大，不确定、不稳定因素明显增多。二是从国内视角来看，国内经济增长速度有所放缓，重点领域风险仍需关注。三是从央企自身来看，部分企业经济效益增速回落，有的企业出现效益下滑或亏损，行业企业分化加剧。

第二，推进改革，进一步增强发展动能。一是按照深化国有企业改革有关要求，对照深化改革方案，确保在关键领域和重要环节取得决定性成果。二是明确功能定位，努力打造成为主业突出、治理规范、运作高效的企业集团，做强总部，做精专业，做实基层。三是加强战略规划引领，做好"十三五"规划执行情况评估，为"十四五"规划谋篇布局做准备。四是通过质量变革、效率变革和动力变革，不断提升可持续竞争能力。五是加快剥离国有企业办社会职能和解决历史遗留问题步伐，进一步增强发展势能。

第三，转型升级，进一步提高发展质量。一是加快创新驱

---

㊀ 杜国功. 新时代培育世界一流企业的战略思考 [N]. 经济参考报，2019 - 12 - 02.

动,着力在新产品、新技术、新商业模式和新生态上下功夫。二是明确集团内各业务单元发展定位,B2B 业务具有垄断优势,但增长空间有限;B2C 业务增长潜力较大,但经营难度也大,需要用数字化、信息化和网络化引领发展。三是探讨管理能力、技术能力、资本能力输出,不断拓展业务发展空间。四是不断提高资产证券化率,已有上市公司要加大增发、配股和回购等资本运作力度,重视并加强市值管理。五是努力突破战略性、前瞻性领域的关键核心技术,积极培育能够支撑国家战略需求、引领未来科技变革方向、参与国际竞争合作的创新力量,切实增强企业核心竞争能力。六是利用产业基金和科创板等培育战略性新兴产业,培育新的经济增长点,持续深入推动传统制造业转型升级。

第四,稳中求进,进一步夯实发展基础。一是推动企业理念、目标、制度、标准、经营等全方位适应高质量发展要求,通过生产要素的合理流动和优化组合,以及企业间的并购重组,全面提高投入产出效率、劳动生产率和全要素生产率。二是保增长、稳增长,不断提高盈利的真实性、持续性和增长性。三是以供给侧结构性改革为主线,减少法人户数,压缩管理层级,"处僵治困",治理亏损企业,固本强基,提质增效。四是以新的经营业绩考核分配要求为导向,完成年度与任期考核指标,着力增强系统内考核激励的精准度和匹配度。五是促进各业务单元的战略协同,推动资源、数据、客户信息的共享与价值挖掘。六是推进企业增品种、提品质、创品牌,大力提升产品服务质量、标准档次和品牌影响力。七是加大与国内外优秀企业的对标对表力度,找差距、补短板。

第五,开放合作,进一步拓展发展空间。一是加快融入国际分工,走向国际市场。在更大范围、更宽领域、更深层次配置资源,加快建成面向全球资源配置和生产服务的生态系统。二是提高海外市场份额，优化全球布局结构，展示国际良好形象，形成国际竞争新优势。三是积极融入国际产业分工合作体系，在全球价值链、产业链和供应链中取得突破。四是实现与各类所有制经济的取长补短，共享优势、共同发展、融合发展。五是从全生命周期、全产业链系统优化工艺路线，着力提高资源利用效率，持续减少污染排放，提升安全环保水平，形成低消耗、低排放、高效率的产业发展方式。六是把企业发展与社会需要相结合，积极投身扶贫开发和公益慈善活动，让企业的发展成果更多更好地惠及全体人民，更好地满足人民群众对美好生活的向往。

第六，强化管控，进一步防范发展风险。一是加强全面风险管理工作，健全风险管理组织体系，建立有效畅通的各类风险识别、分析与应对机制。二是推动合规管理覆盖各业务单元、各部门、各级子企业和全体员工，贯穿决策、执行、监督等各个环节。三是在完善容错纠错机制的基础上，做好违规经营投资责任的追究工作。四是做好各类风险的防范与化解工作，着力防控中美经贸摩擦带来的各类风险以及金融风险、债务风险、国际化经营风险、法律风险、安全风险和廉洁风险等。

第七，从严治党，进一步筑牢发展保证。一是以党的政治建设为统领，坚决用实际行动做到"两个维护"，坚决贯彻落实习近平总书记的重要指示批示精神和党中央的决策部署。二是以"不忘初心、牢记使命"主题教育为抓手，推动习近平新时代中国特色社会主义思想大学习大普及大落实，要在学深悟透上下功夫，坚持以调研促学习，坚持学以致用。三是以国资委党委开展的"中央企业基层党建推进年"专项行动为载体，努力打通企业改革发展任务落地的"最后一公里"，全面推进"基本组织、基本队伍、基本制度"的"三基"建设，不断探索、实践和创新党建与业务深度融合的模式。四是坚持党的领导，支持并配合把党的领导融入法人治理结构各环节,发挥好党委(党组)的领导作用、董事会的决策作用和经理层的执行落实作用。五是完善董事会议事规则和经理层工作规则,推动协调运转法人治理结构的形成。六是加强职业经理人队伍建设,着力打造对党忠诚、勇于创新、治企有方、兴企有为、清正廉洁的国有企业领导人员队伍。

总之,创建具有全球竞争力的世界一流企业,要深刻理解并把握好以下三个方面。一是旗帜就是方向。要以习近平新时代中国特色社会主义思想为指导,深刻认识到培育具有全球竞争力的世界一流企业,是深深地统一到实现中华民族伟大复兴的中国梦之中的。二是矛盾是事物发展的源泉和动力。要对标对表,固根基,扬优势,补短板,强弱项,破解难题,化解矛盾,刀刃向内,自我革命,不断突破。三是实践是检验真理的唯一标准。要从实践中来,到实践中去,在实践中检验和发展真理,要大力激发和保护企业家精神,团结带领广大干部职工,增强企业活力,提升发展动能,敢闯敢试,敢为人先,善作善成,行稳致远。⊖

### 5. 国家能源集团创建世界一流企业的基本思路

经过多年的建设、发展和积淀,国家能源集团目前已成为全球最大的煤炭供应商、火电运营商、风电运营商和煤制油煤化工品生产商,多项技术经济指标达到世界领先或先进水平,具有创建世界一流示范企业的良好基础。但是,与世界一流企业相比、与创建世界一流示范企业的要求相比,国家能源集团也认识到自身在科技创新、国际化发展等方面还有短板,总部建设、管控优化、区域整合等方面还有差距,产业协同、产业

---

⊖ 杜国功. 新时代培育世界一流企业的战略思考 [N]. 经济参考报,2019 - 12 - 02.

优化和企业管理等方面还有待提升。为实现创建世界一流企业的目标，国家能源集团全面贯彻习近平新时代中国特色社会主义思想和党的十九大精神，深入落实新发展理念、高质量发展和国资国企改革的要求，积极服务"四个革命、一个合作"能源安全新战略，把创建世界一流示范企业与落实集团公司发展战略紧密结合，树立忧患意识和赶考意识，增强创建的紧迫感、责任感和使命感，确立了"一个目标、三型五化、七个一流"发展战略，加快建成具有全球竞争力的世界一流能源集团，为实现中华民族伟大复兴中国梦做出更大贡献。具体而言，立足国资委提出的"三个三"的基本要求，践行"社会主义是干出来的"伟大号召，坚持党对国有企业的领导，坚持建立现代企业制度是国有企业改革的方向，推动中国特色现代国有企业治理体系和治理能力现代化；以创新型、引领型、价值型为导向，以清洁化、一体化、精细化、智慧化、国际化为路径，以一流的安全、质量、效益、技术、人才、品牌和党建为标准，构建符合集团公司实际的一流指标体系；以管理职能优化和产业指标提升为创建重点，加强对标对表，分层次、分系统、分产业、分类别、分阶段实施创建行动；着力扬长处、补短板、强弱项，在"点"上做示范、在"线"上出优化的制度、在"片（产业板块）"上提升指标和标准，推进集团公司"面"上的全面品质提升。

## 国家能源集团践行"七个一流"

2017年11月28日，国家能源投资集团有限责任公司（以下简称国家能源集团）重组成立大会在北京召开，标志着国家能源集团正式成立，全力打造具有全球竞争力的世界一流综合能源集团迈出了关键的第一步。世界一流企业必须具备一流的管理品质，要抓住管理品级跃升的核心要素,全面提升管理品质,实现高质量发展。对此,国家能源集团提出了"七个一流"的重点要求。

(1) 安全一流

安全第一、预防为主、综合治理。凡事有章可循、凡事有人负责、凡事有据可查、凡事有人监督,装备先进、理念先进、管理模式先进,努力实现本质安全、零死亡、少事故。

(2) 质量一流

百年大计、质量第一。以客户满意为标准,精益求精,追求卓越,提供好的产品质量、工程质量、工作质量、服务质量,提高全要素生产率,推动高质量发展。

(3) 效益一流

做强主业、转型升级,持续调整结构、优化布局,瘦身健体、降本增效,推动国有资本功能有效发挥,使资源配置更趋合理,产生较高的经济效益和社会效益。

(4) 技术一流

煤炭、发电、运输、煤化工行业引领全球技术发展,拥有众多行业标准和发明专利,技术发展布局领先,具有现代化的科技创新体系。

(5) 人才一流

人才是第一资源。聚天下英才而用之,建设知识型、技能型、创新型劳动大军,创新活力竞相迸发,工匠精神、劳模精神、企业家精神蔚然成风。

(6) 品牌一流

在践行社会主义核心价值观方面走在时代前列,坚持以创新为魂、质量为本、诚信为根,打造具有全球影响力的靓丽名片。

(7) 党建一流

树立"迈向高质量、建设双一流"的工作导向,以更高标准、更严要求、更实举措推动党的建设,发挥各级党组织和党员的先锋模范作用,以一流党建引领一流企业建设。

资料来源:五分钟解读国家能源集团总体发展战略[EB/OL]. [2019-11-29]. http://news.bjx.com.cn/html/20191129/1024572.shtml.

### 2.3.2 能源企业面向未来的管理挑战

#### 1. 世界一流企业的管理特征

(1) 企业家精神

世界一流企业是具有强大的企业家精神的企业。伟大的企业家有各自不同的出身和背景,但他们的共同之处在于,拥有能够开创事业、发展事业的强大精神力量。一流的企业家不仅擅长发现、甄别和捕捉机会,还擅长运用从未有过的组织管理方式来调动企业内外部资源以获取利润,正是在他们的领导下,企业及企业中的全体员工,被带入一个又一个的新领域,不断摈弃原有固定的做法,朝着更新和更高的目标前行。

(2) 组织文化

世界一流企业的组织文化重在以"文"化人。要想获得成功,组织文化是至关重要和不可或缺的要素,也是世界一流企业走向成功的多种经营管理要素中最难以描述与仿效的要素。世界一流企业的组织文化具有塑造员工的观念与行为的力量,其共性特点是:一是倡导超越财务指标的经营理念和价值观,重"质",而不重"量";二是坚持不懈地推进"文化洗脑",使公司理念与员工的日常实际工作能够紧密结合起来;三是组织文化最忠诚的信奉者和践行者是企业最高领导人,他(她)充当着企业精神导师的角色。

(3) 企业品牌声誉

世界一流企业通过追求长远价值和优秀品质积累良好声誉。

一般说来,世界一流企业的产品和服务是高品质的;有可持续的竞争力;企业行为富有责任感,能够负责任地对待利益相关方;在社会事务上,关注度及参与度高,以解决社会问题和促进社会进步为企业发展的驱动力,社会贡献度处于全球领先地位;有良好的形象与声誉,获得了人们广泛的情感认同与尊敬。

(4)发展型战略

世界一流企业擅长以发展型战略应对复杂多变的环境。发展型战略具有"半固定式"的战略导向特征,遵循演化性、平衡性、渐进性这三项基本原则,可以做到有意识地按照环境变化方向和节奏改变自身活动中的资源配置,并能够跟随环境不确定性信息的发展而自我调整、自我匹配、自我强化,避免大型企业组织故步自封于既定战略的陷阱中。

(5)业务架构转型

业务架构转型是世界一流企业的发展常态。任一行业或领域的卓越企业要想保持基业长青,都必须根据自身资源和能力变化以及外部环境的变化适时实施业务调整与优化,不断推进转型。一流企业擅长于围绕核心资源来搭建与调整业务架构,其主要产品或服务,始终建立在核心能力的基础上。许多长期持续创造价值的企业集中精力发展一类、最多两类核心业务,并成为这些核心业务领域的行业领导者或强有力的追随者,其绩效远远领先于多元化经营、没有清晰核心业务的竞争者。有的一流企业的核心能力与业务架构的关系很明晰,也有的一流企业拥有多领域貌似不相关的业务,但其实这些业务能形成良好的战略协同,各业务之间能相互支撑、相互促进,这种不同业务板块之间的协同能力恰恰就是该企业的核心能力。在新技术经济条件下,有的企业打造的是商业生态系统,联合参与商业生态系统的关联企业,与其他对手开展竞争。世界一流企业的关键性的业务架构转型,往往是由极具卓越经营才能的企业领导人来主导推进的。

(6) 全球化资源配置和管理的能力

不经历国际化与全球化考验的大企业,称不上是世界一流企业。世界一流企业一定是在全球具有竞争力的企业,它们需要在容量大和增长快的市场布局,以保持自身的成长性;也需要在有战略性资源(包括优质的人力资源)的国家布局。因此,全球化配置资源,是世界一流企业的优势资源、能力和商业生态在全球市场延伸的需要,同时也是企业为了获得、掌控资源,培养、获取和强化核心能力的必然选择。

(7) 公司治理

世界一流企业优秀的公司治理体制,能为企业可持续发展提供坚实的制度保障。在全球公司治理实践中,一方面,越来越强调商业伦理、企业社会责任等现代社会议题与传统公司治理体制之间的互动与交融;另一方面,在高度不确定的国际市场环境中,越来越重视风险控制与防范。世界一流企业公司治理实践中的共性元素是,强调对短期与长期以及经济与非经济的多维价值导向的平衡;强调多个治理主体之间的相互制衡与多方利益相关者共同参与治理;强调中长期激励机制;奉行透明度原则和重视信息披露。

(8) 集团化管控

世界一流企业普遍推行紧密化的集团管控。集团化,可谓是大企业迈向世界一流企业历程中的必经之路。世界一流企业的集团管控与组织创新重在解决四个方面的问题:一是打造紧密管控的集团组织,避免集团总部的功能虚化或"控股公司化";二是适度的多元化经营,始终确保企业内部能力的变化和外部市场机会的变化趋向相匹配;三是在主要的业务领域,追求通过垂直整合来推进全产业链一体化经营；四是构建集团内部资本市场，提高资本在多业务领域的最优配置。

(9) 创新管理

世界一流企业拥有强大的创新管理能力，能够把握住重大的机遇，又能克服组织惰性。一方面，能把握住不同时代产业技术突变的重大机遇，在决定企业存亡命运和行业竞争范式选择的战略性问题上有所创见，做出独特的价值贡献。另一方面，能不断克服大型企业组织的弊端和惰性，使各种形式的创新活动得以在企业内部的日常经营中不断涌现出来。

(10) 人力资源管理

世界一流企业的人力资源管理重视激发员工的奉献精神与创造力。这些企业以尊重员工、信任员工为核心理念，将员工视为可以增值的资本而不是成本，其管理目标在于造就积极主动、有专业能力又能够解决问题的员工队伍，创造各种条件，鼓励员工发挥潜能和提高能力，为企业创造价值。其实践要点包括：首先，"选人"胜于"育人"；其次，在"育人"时，重视员工的品质、态度，胜于培训员工的技能和能力；再次，重视为未来长远发展而不断积累人才，愿意与员工共建长期信任关系；最后，创造更多使员工参与企业事务的机会，赋予员工充分的工作自主权。

(11) 战略与价值导向的财务管理

世界一流企业推行战略型与价值型的财务管理。其实践要点包括：一是财务管理与战略管理趋于融合，围绕公司战略来设计公司财务体系，构建符合战略特性的财务管理框架；二是提供财务共享服务，将企业内部的财务管理功能集中起来，高质量、低成本地向各业务单元与部门提供流程化和标准化服务；三是倡导业财整合和精细化的财务管控，使财务体系与企业业务流程能紧

密结合起来,既强化财务监督职能,实现财务管理"零"死角,又拓展财务管理服务功能,挖掘潜在价值。⊖

### 2. 我国大型能源企业面临的管理挑战

改革开放 40 余年来,我国国有企业改革经历了从国营企业到以现代企业制度为核心的公司制企业的巨大发展跨越,企业规模和竞争力大幅度提升,部分企业在一些产品和技术方面达到了世界一流水平,但在人才、品牌、文化、商业模式等软实力方面,特别是创新能力、标准话语权、国际公认度等方面距离世界一流企业还有明显差距。就我国大型能源企业而言,主要存在以下方面的差距。

(1) 国际化程度不高

多数能源企业融入国际分工、走向国际市场的意愿不强,主要在国内市场开展业务,在国际资源配置中发挥的作用以及话语权都不够,有时在能源的国际定价体系中处于比较被动的地位。

(2) 技术优势不够

主要表现在缺少关系能源转型和效率提升的战略性、前瞻性领域的关键核心技术,创新能力和创新力量不足,燃气轮机等一些核心技术对外依存度较高,还未形成引领未来能源科技变革方向的系统优势。核心技术是强国之钥。实践反复告诉我们,关键核心技术是要不来、买不来、讨不来的。只有把关键核心技术掌握在自己手中,才能从根本上保障国家经济安全、国防安全和其他安全。中国核心技术的相对落后可以归因为三个方面——资本、关键技术人才和政策,虽然近年来各方面已取得较大进步,但仍存在优化空间。

---

⊖ 黄群慧,余菁,王涛. 世界一流企业管理:理论与实践 [M]. 北京:经济管理出版社,2019.

(3) 管理特色不明显

世界一流企业都有自己特色鲜明的管理体系和管理优势,例如,丰田的精益管理、通用的六西格玛管理等,我国能源企业管理体系的系统性、稳定性不高,多数未形成可以传承的管理基因和管理智慧。就创新管理方面而言,我国国有企业目前存在以下一些短板。

①缺乏创新管理体制和机制。具体表现为:强调研发、忽视创新;尚未具备创新战略管理闭环;创新考核体系尚未健全;创新研发筛选与商业化流程尚未完善;全员创新文化缺失。

②缺乏协同创新理念与经验。在科技创新顶层设计过程中,推动创新平台能力建设是最为重要的环节之一。但在当前阶段,我国大部分企业在创新平台的搭建上还处于初期阶段;很多企业在创新协同的初期阶段仍无法识别出共赢的合作机会——大企业缺乏意愿,小企业则缺乏能力;我国创新平台在建设上往往有明显的政府主导基因;在政策引导下建设的各类创新平台往往对盈利模式的设计和专业化服务能力的构建不够重视,当缺乏资本的持续支撑时,创新平台的迭代与更新往往难以为继;知识产权保护与运用尚存短板,难以保证企业间有序、高效合作;大数企业缺乏国际通用的创新管理体系和机制。

③创新缺乏质量意识。创新服务于实体经济而非资本市场。如果企业一味追逐表面上创新的热点概念、模式,而不着力提高创新的质量,这实则是一种没有创新意识的模仿,也创造不出真正具备高价值的产品。

④缺乏创新激励机制,技术人才流失严重。能源企业的专业技术人员结构存在不合理的现象,其中从事一线生产的采、掘、机、运、通的专业人才相对较多,而战略管理、市场营销、资本经营等方面的管理人才和技术人才相对匮乏。这也是造成企业的创新能力

不足、科技转换效果低、内外部创新协同难以落地的原因。

（4）盈利能力不强

一些能源企业大而不强的问题突出。据《财经》杂志文章，2018年《财富》世界500强前十大公司中，有五家是石油公司，分别为中国的中国石化、中国石油，荷兰的壳牌公司，英国的英国石油公司和美国的埃克森美孚公司。从利润指标来看，中国石化、中国石油利润水平远不及壳牌公司等三家国外能源企业。我们要深刻认识到这些差距和不足，坚持问题导向，立足企业实际，在解决问题中推进具有全球竞争力世界一流能源企业的建设[一]。

## 中国能源企业的创新能力及特点

在全球能源持续转型和中国能源创新驱动高质量发展的大背景下，准确全面评价中国能源企业的创新能力能够为提高中国能源企业的全球技术领导力提供指引。2019年中国人民大学企业创新课题组发布"中国企业创新能力百千万排行榜2019——能源企业榜单"。排行榜首次对全国40000余家能源企业的创新能力进行全覆盖、全方位的评价，是目前国内规模最大、理念最新的能源企业创新能力排行榜，有助于增强社会各界对中国能源企业创新能力的认知。

从该榜单可以看出，当前中国能源企业的创新能力具有一些特点。第一，能源企业的创新呈现多领域、多维度的特征。2019年新入围的35家企业分布在煤炭、石油、电力、新能源等多个领域，呈现出发散特征。第二，创新能力在能源产业链各个环节

---

[一] 孙劲飚，孙文. 如何建设具有全球竞争力世界一流能源企业 [J]. 中国电力企业管理，2019（4）.

的分布整体均衡，能源生产与传输环节的创新能力优势进一步突出，有37家入围企业的主营业务集中在能源生产与运输环节。第三，能源企业创新的规模化特征明显，排名靠前的企业多为规模、市场份额和行业地位居于前列的企业。

鉴于此，未来能源企业创新要注重以下方面：第一，继续围绕能源技术革命的新方向提升创新能力，实现不同能源品种利用能力和技术水平的积极创新；第二，进一步优化能源产业链的创新能力，在能源技术服务、能源工程、能源生产与运输和能源装备制造的各链条上实现协同创新；第三，优化技术创新资源配置，科学平衡好规模优势与技术扩散之间的相互关系，实现全行业创新能力的整体提升。

资料来源：中国人民大学发布"2019中国能源企业创新能力百强榜单"［EB/OL］.［2019-12-25］. http://economy.gmw.cn/xinxi/2019-12/25/content_33429400.htm。

### 2.3.3 "六个力量"定位与国企创新发展

创新驱动发展战略实施以来，我国国有企业的创新能力持续提升，在参与核心技术标准制定、拥有有效专利、新技术应用等方面取得显著成绩，在部分技术领域实现了从跟跑到并跑的跨越，并逐渐领跑行业发展。但是，与世界一流企业相比，我国企业处于创新前沿的较少，科技创新的质量和效率有待提升，存在原始创新能力不足、部分行业核心技术受制于人、创新成果转化率不高等问题。国有企业实现高质量发展，需要在优化要素投入方式、强化创新发展的体制机制激励等方面下更大功夫。

（1）以高附加值战略引领高端技术布局

高附加值战略的核心是通过高强度研发驱动高增长，提高企业的全要素生产率。国有企业应结合自身资源和技术优势，为向全球价值链高端攀升进行战略布局,为转型升级进行技术储备;在引进高端技术的同时,通过消化吸收再创新、集成创新和原始创新相结合的方式努力掌握关键核心技术;加快运用互联网、云计算、人工智能、大数据等现代技术发展实体经济,促进传统产业转型升级;通过提供差异化、定制化、专业化服务,加速由单一产品提供商向综合方案解决商转变;利用颠覆式创新、军民融合协同创新等方式,打造自己主导的新兴全球价值链和产业链,发展高附加值新兴产业。

(2) 打造全球化开放式创新平台

当今时代,创新日渐复杂,仅仅依靠国有企业内部资源已经很难实现突破,需要在更大范围整合经济资源和要素,形成全球化开放式创新平台。国有企业应围绕行业和企业创新短板,聚焦具有决定性、枢纽性、通用性、前瞻性的重大关键技术进行研发;与国内外知名科研院所、高校形成"产学研用"技术创新战略联盟,实现各自在运行机制、组织结构、技术发展、人才培养等方面的优势叠加;打造涵盖技术、工程、产业、市场、管理全链条的一体化创新模式,实现创新链与产业链的有效衔接。

(3) 构建以市场需求为导向的创新体系

企业创新是一个包括新思想或新发现产生、概念形成、研究与开发、试制评价、生产制造、首次商业化和技术扩散的过程,其意义在于创造价值。应建立以企业为主体、市场为导向的创新体系,充分发挥市场对国有企业创新的导向作用,重视研发前客户需求调研,促进技术创新与商业模式创新深度融合,提高创新成果转化率;面向主要市场,充分利用当地研发资源,开展满足产品功能和性能差异化要求的本土化研发,形成属地子公司与母公司技术与市场知识互补、共同发展的机制。

(4) 着力吸引、培养和留住创新人才

创新驱动从根本上说是人才驱动。有条件的国有企业可以积极稳妥地实施员工持股，完善薪酬分配制度和人才培养机制，制定有效的激励政策，完善对创新失败的容错机制，激发员工的创新积极性。同时，加快吸引和集聚有利于企业创新发展的各类人才，尤其是国内外相关领域的技术领军人才。将创新精神作为市场化选聘和管理企业领导人员的重要考核内容，着力激发人才创新创造动力，带动企业创新发展㊀。

##  国外先进能源企业的创新借鉴

### 1. 法国石油与新能源研究院

法国石油与新能源研究院通过与工业合伙人签订定制合同或与几家公司成立财团共同开发研究项目，分别满足研究机构与工业企业对于研究成果转化的需求，实现项目成果转化。通过控股的方式投资各领域公司，推广研发成果。通过对创新中小企业的孵化投资，一方面加强科研力量，另一方面通过技术投资实现收益转化。通过培训公司、学术交流等机会与同行建立密切联系，推广科研成果；建立了一支跨学科的研发团队，研发人员从地质工程到动力总成系统工程，涉及了 50 多个专业，涵盖了能源领域、运输领域和环境领域，成为世界炼油领域的"领跑者"之一。

法国石油与新能源研究院在创新能力培育方面有以下几点值得我国能源企业借鉴：第一，丰富和拓展成果转化路径；第二，主动寻求合作，注重成果共享、合作共赢；第三，注重人才培养和沟通交流。

---

㊀ 程鹤. 创新驱动国有企业高质量发展 [N]. 人民日报，2019-09-16 (08).

### 2. 美国雪佛龙公司

美国雪佛龙公司的技术创新体系有力地支撑着雪佛龙的创新战略发展。通过设立综合的能源技术问题解决平台——能源问题解决中心,集中力量对生产过程中遇到的技术问题进行攻关研究和处理,并负责推动技术的商业化应用;注重前瞻技术研究,设立专业的技术风险投资公司,对具有前景的世界前沿技术进行风险投资,进一步扩大技术创新源,推动创新速度,为雪佛龙公司新技术积累提供可靠的创新平台。

雪佛龙公司在技术创新体系方面有以下几点值得我国能源企业借鉴:我国能源企业应拓宽科技研发和科研人才培养渠道,通过与高校、科研院所在专业技术发展、实际业务需求、世界前沿技术研究与应用等方面搭建多层次、全方位、专业化的技术创新问题解决平台,充分利用外部专业机构的现有力量和优势,学会站在巨人的肩膀上解决问题;持续关注对科技研发与创新的投资力度、创新企业内部财务和经费运用机制,拓展创新资金的外部来源,引进社会民间资本,全力保障科研、创新的有效投入。

资料来源:赵三珊,齐晓曼,李永. 能源企业创新现状分析及持续创新动力机制模型研究 [J]. 电力与能源,2019,40 (3).

## 2.4 勇于创新是国有企业干部干事创业的基本要求

### 2.4.1 勇于创新对国有企业干部干事创业的重要性

#### 1. 勇于创新是时代发展对领导干部的客观要求

从国际层面来看,进入 21 世纪以来,世界政治经济形势乃至其他许多领域都一直在发生着剧烈、深刻而重大的变化。一方面,世界多极化和经济全球化在艰难曲折中有力地推进着,政治与文化的重大矛盾和冲突、综合国力日益深度的交锋与较量、更加激烈的市场竞争和争夺、更加严峻的生存与发展，正在以新的形式和程度发生着、进行着，并深切地影响着世界全局。另一方面，科技进步日新月异，全方位创新正在加速进行，世界文化交流与融合的崭新态势初露端倪，和平与发展更是坚定地主导着世界的力量。这一切为新世纪的国有企业领导人员提供了新的环境和条件，要求新世纪的领导者必须创新。

从国家层面来看，国有企业领导人员是建设创新型国家的核心力量。作为党在经济领域执政骨干的国有企业领导人员，是中国特色社会主义事业的组织者、领导者和推动者，其创新能力直接关系党和国家事业的发展。过去40余年改革开放的成功经验之一就是解放思想，其核心实质就是不断创新。可以说，我国在改革开放道路上的每一次进步都得益于思想解放实际进程中的不断创新与拓展。中国特色社会主义事业发展的历史，从一定意义上说就是一部在实践基础上不断进行理论创新、制度创新和其他各方面创新的历史。当前，国企改革已进入关键阶段，机遇前所未有，挑战也前所未有，特别需要通过开拓创新"解放思想"去破解新难题，实现新突破，用创新促改革，用改革促发展⊖。

从企业层面来看，创新的时代需要创新型的企业和组织，创新型的企业和组织需要创新型领导者。而我国企业——包括国有企业和大中型民营企业，都面临从规模经济、要素驱动和投资驱动向创新驱动的转型。回顾企业发展模式与管理的历史可发现，从20世纪70年代到21世纪初，随着市场关注点不断从强调价格到对质量的更高要求，从多样性需求到当前个性化需求，企业的

---

⊖ 李朝智. 贯彻落实科学发展观 提升领导干部的创新力 [J]. 行政与法，2009（10）：61-64.

发展动力也在不断演变：从最初的成本驱动到质量驱动，到以灵活提供多品种产品驱动企业发展，再到现在的以创新为核心驱动力，满足用户对更多个性化和新颖性的要求。企业的管理焦点也逐渐从成本控制转向质量管理，再到对企业灵活性和柔性的加强，以及现在对创新活动的推进（见图2-1）。有些行业领先企业正处于从跟随者向引领者转变的过程中，逐渐聚焦于原创性、前瞻性创新。这意味着创新不再是单兵作战、一时一势、随机而为的行为，而应是企业的系统任务和核心能力，需要明确的创新战略作为指引和系统化创新体系作为平台，需要先进的创新模式和合理的治理架构作为保障，更需要了解创新、喜欢创新、追求创新的创新型领导者来推动。对于国有企业领导干部而言，提升个人创新力和创新管理能力有利于系统推进企业的创新发展和争取更大的资源支持，解决一些制约创新的关键问题和障碍，如鼓励企业上下合作，有效克服自上而下的思维模式以及突破高层领导和基层员工各行其是的混乱局面，有利于企业迅速提升创新管理水平，加快创新能力建设等。

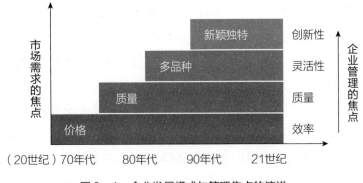

图2-1　企业发展模式与管理焦点的演进

创新的时代需要创新型企业，而创新型企业需要创新型领导者。以能源国有企业为例。能源国有企业在我国现有国有企业中占有非常大的比重,是国企改革的重点领域。新时代下能源国有企业面临新的问题:先污染、后治理的发展思路不可延续;建设社会主义生态文明的需要日趋迫切;人们对环境污染的容忍程度逐渐下降;等等。旧的思维模式、领导方式和领导作风,已无法有效支撑国有企业有效应对挑战。要在复杂变化的环境下做出合适的决策、带领能源国企做大做优做强,需要国有企业领导人员具备创新精神、创新思维、创新意识,并掌握创新方法论,充分发挥创新能力,以无畏的胆识、强烈的开拓精神和果敢刚毅的品格做出科学的决策。

### 2. 创新精神是企业家精神的核心

习近平总书记曾指出:"市场活力来自于人,特别是来自于企业家,来自于企业家精神。"[一]。2017年4月召开的中央全面深化改革领导小组第三十四次会议通过了《关于进一步激发和保护企业家精神的意见》。这对于弘扬企业家精神、发挥企业家示范作用、造就优秀的企业家队伍具有十分重要的意义。在此,我们首先要明确两个问题:什么是企业家精神;为什么今天要强调培育壮大企业家队伍、进一步激发和保护企业家精神。

"企业家"这一概念由法国经济学家理查德·坎蒂隆在18世纪30年代首次提出,原意带有"冒险家"的意思。后来英国人又将其提升为使资源创造价值的企业主。经济学家马歇尔注意到了企业家和组织作为生产要素的作用。经济学家熊彼特进一步提出创新是经济发展的原动力,企业家是创新的组织者。管理学家德鲁克认为,企业家就是具有创新精神的人。可见,创新是企业家的一个原生特质。而"企业家精神"最初由经济学家、芝加哥学派创始人富兰克·奈特提出,是指企业家的特

---

[一] 习近平. 谋求持久发展,共筑亚太梦想 [N]. 人民日报,2014-11-09.

殊才能，还包括战略性思维和前瞻性。进入 20 世纪，企业家概念开始延伸，企业家精神也随之扩展到行为学、心理学和社会学领域。如今，中国特色社会主义进入新时代，企业家精神也随着一代代中国企业家的努力而变得更加丰富。2017 年 9 月中共中央、国务院发布的《关于营造企业家健康成长环境 弘扬优秀企业家精神 更好发挥企业家作用的意见》（以下简称《意见》）①给出了企业家精神的内涵。《意见》用三个"弘扬"勾勒了新时期优秀企业家精神的核心内涵：弘扬企业家爱国敬业、遵纪守法、艰苦奋斗的精神；弘扬企业家创新发展、专注品质、追求卓越的精神；弘扬企业家履行责任、敢于担当、服务社会的精神。

培育壮大企业家队伍、进一步激发和保护企业家精神，是由我国新发展阶段的改革发展形势和企业家担负的历史使命决定的。当前，我国改革特别是供给侧结构性改革正在向纵深推进，对外开放面临推进"一带一路"建设等重大任务，急需改造提升传统产业、培育发展新动能，促进经济社会可持续发展。企业家作为现代市场经济中的一种特殊的要素资源，作为企业"创新者"群体中的领头者，对企业发展具有引领作用。没有企业家的"头羊效应"，企业就难以焕发蓬勃生机、担当改革发展重任。创新、使命感和承担风险，是企业家的核心特征。相比民营企业家，国有企业家的使命感更重。

一个企业最大的隐患，就是创新精神的消亡。而创新精神正是企业家精神的灵魂。国有企业要在激烈的市场竞争中掌握战略主动、赢得比较优势，一个关键点就是企业领导人员必须具有强烈的创新意识和创新自信，敢闯敢试、敢为人先，勇于变革、开

---

① http://www.gov.cn/zhengce/2017-09/25/content_5227473.htm.

拓进取,善于推进企业产品、技术、商业模式、管理、制度、文化等各方面的创新㊀。这也是《中央企业领导人员管理规定》在选拔任用中央企业领导人员的基本条件中突出强调"勇于创新"的原因。

### 3. 创新是领导职能的内在要求

首先,领导者只有创新才是胜任的"领导者"。由于领导就是领导者站在大家前面和时代潮流前头引导、率领大家不断向前奋进和夺取胜利的活动或过程,因此领导天然包含不断创新的实质。而企业领导者只有不断创新,才能给领导客体和整个事业带来新的生机和活力、新的前途和希望,才能激发并创造出新的生命力、创造力、竞争力和发展力,才能确保先进,带头和率领群众取得胜利,也才能真正胜任"领导"二字。

其次,领导的本质充满了创新的精髓。领导者不仅有带头创新的工作责任和内容,而且有促进自身革新的需要和要求。这是因为社会要发展,经济要增长,企业要生存和做大,科技要突破和超越。创新不仅给全社会的进步与发展带来不竭的动力,而且直接形成核心的生产力和竞争力,形成直接而丰硕的现实成果。也就是说,领导的本质决定了领导者必须努力创新。

最后,创新是现代领导的本质属性。领导不同于管理。管,在我国古代指锁钥,引申为管辖、管制的意思;理,本意指的是治玉,后来被引申为整理或处理。从现代意义上讲,管理是指为了实现一个确定目标,对人力、物力和其他资源进行整理和处理的过程。而领导是领导者为实现一定目标,统御和指引被领导者

---

㊀ 仲祖文. 激发和保护中央企业领导人员企业家精神 [N]. 人民日报,2018-10-03.

的社会管理活动。从广义的角度看,领导与管理具有相等性,但是从狭义的角度看,领导与管理有本质区别。简单地讲,领导就是决策,侧重于推动企业的变革;管理就是对决策的执行,侧重于维持企业的生产经营秩序。决策是领导者的核心职能,贯穿于企业生产经营活动的全过程。而决策是创新性的活动,总是以变革现状为前提。可以说,没有创新,就没有决策,创新是领导决策的需要。领导者要与思想僵化、因循守旧、无所作为等保守思想彻底决裂。然而,并不是每个领导者都能及时正确地做出决策。因为决策是一种重要的思维活动和认识活动,是为了实践活动有效而顺利地进行所开展的一系列思维与认识活动,是认识向实践转化的中间环节,是运用思维与认识指导实践的宏大的创新。因此,现代领导的本质属性要求领导者必须不断创新。

### 2.4.2 国有企业领导干部的创新使命与职责

#### 1. 国有企业领导干部的创新使命

创新本身是一项复杂而富有风险性的工作。国有企业领导人员的创新使命主要体现在以下几个方面:定义创新目标与战略,即全面负责企业的创新管理建设任务,促进创新管理水平的提升,并在此基础上推动企业的创新目标制定和创新战略路线图开发;提升创新能力,即不断提升和优化企业的创新能力;激发从个体到团队、再到整个组织的创新动力和活力(见图2-2)。上述几个方面相辅相成:创新目标和战略指明了创新方向和期望结果;创新能力确保创新活动执行和创新目标实现;创新活力和动力是实现创新目标的重要保障和支撑;而以上都需要科学高效的创新管理体系和管理实践来推动。国有企业领导干部不一定从事具体的创意工作,但部分或全部地肩负着诸如为企业的创新之旅指明航向,建设一套有效的创新流程和可行的模式,打造一支强大的创新组织力量,以及提供必要的各种创新资源和环境的使命。

图2-2 国有企业领导干部的创新使命

## 2. 国有企业领导干部的创新职责

简言之,国有企业领导干部的工作职责是对其使命的具体化,涉及以上提到的创新战略和目标制定、创新流程管理、创新能力提升、创新活力激发等方面,肩负着全面的创新管理职责。国有企业领导人员必须发挥强大的领导力,对整个组织的创新活动产生重要影响——包括直接的和间接的。图2-3列出了国有企业领导干部的九项主要创新职责,每项职责还可以细分为多项任务。九项创新职责之间具有内在的逻辑关系,相互协同,分别从不同的角度满足和服务于创新实践成功的三要素:创新领导力、创新执行力和创新活力。在实际工作中,企业领导干部的创新职责范围不一定能够覆盖所有领域,一般是根据需要涵盖其中部分领域或某些职责领域的部分任务,或者说这些职能被分配给多个领导者去履行。

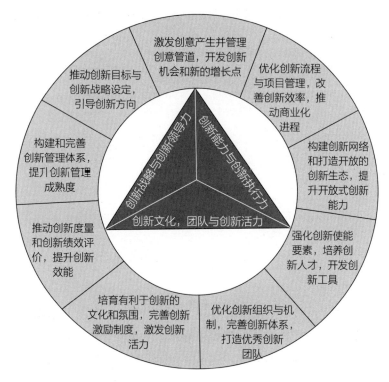

图 2-3 国有企业领导干部的创新职责

(1) 推动创新目标与创新战略设定,引导创新方向

通过对未来的洞察和研究预见,推动产生富有感召力的创新愿景和创新方向指引,组织力量制定可行的创新战略模式和创新路线图、创新组合等,并确保公司的创新活动与战略目标一致。

(2) 激发创意产生并管理创意管道,开发创新机会和新的增长点

基于合适的创意流程、洞察市场和用户需求,拓展创意来源,激发和促进更多更优创意的产生,确保合理的创意能够被支持进入下一阶段,不断发展形成新的创新机会和增长点。

(3) 优化创新流程与项目管理,改善创新效率,推动商业化进程

建立满足创新需要和适应创新活动特点的各种流程和策略,并不断优化完善,包括新产品开发、平台建设、项目管理、商业模式开发等,以优质的创新平台来支持创新,以强大的执行力确保创新实现。

(4) 构建创新网络和打造开放的创新生态,提升开放式创新能力

推动实施开放的创新模式,为企业打造一个开放的创新生态,与内外部创新伙伴建立广泛的合作关系,形成创新网络,从而提升企业创新能力和创新效益。

(5) 优化创新组织与机制,完善创新体系,打造优秀创新团队

不断完善和优化创新治理模式和组织架构,以合理清晰的权责和机制设计去激发新动力和活力,打造富有创造力和执行力的创新团队,并组建和领导一个专业的创新管理团队,服务和支持企业的创新活动。

(6) 强化创新使能要素,培养创新人才,开发创新工具

巩固和强化创新的"基础设施",包括知识管理、知识产权管理与经营、创新人才培养、先进创新理念和创新方法工具的引入,以及创新资金的投入和配置等,形成有利于创新的环境和平台。

(7) 培育有利于创新的文化和氛围,完善创新激励制度,激发创新活力

以持续的投入不断完善和培育有利于创新的文化和氛围,包括宽容失败、追求改变的创新价值观,充满信任和有利于沟通与协作的创新环境,以及各种创新激励制度等,提供一片持续创新

的沃土。

(8) 构建和完善创新管理体系，提升创新管理成熟度

从企业创新管理的角度，构建和完善企业创新管理体系，形成内部共同的创新语言，学习引入最佳创新实践，促进内部对创新的共识和合力，逐步推动企业创新管理成熟度的提升，打造创新型企业。

(9) 推动创新度量和创新绩效评价，提升创新效能

推动建立合理实用的创新度量标准和方法，并加强基于创新度量的沟通，实现对创新方向的有效引导和对创新绩效的不断优化。[一]

---

[一] 陈劲，宋保华. 首席创新官手册：如何成为卓越的创新领导者 [M]. 北京：机械工业出版社，2017.

## 第 3 章
# 如何提升国有企业领导干部的创新力

2019年11月，国务院国有企业改革领导小组第三次会议将国企改革的主要目标从原来的"国有经济活力、控制力、影响力、抗风险能力明显增强"调整为"全面增强国有经济竞争力、创新力、控制力、影响力、抗风险能力"，强调了国有企业创新力建设的重要作用。勇于创新是动力指标，是高素质国有企业领导人员的内生素质，这是由企业市场属性和企业家精神所决定的，国有企业首先是企业，这就要求国有企业领导人员在中国特色社会主义市场经济条件下，牢固树立企业思维，弘扬企业家改革创新精神，不断通过商业模式创新、技术创新和管理创新塑造比较优势，增强核心竞争力，赢得市场主动权[一]。

## 3.1 国有企业领导者的素质构成

企业领导者是一个企业的核心，掌握着企业所有的资源，决定着企业具体的发展战略、经营策略、组织方式、激励机制和企业文化，影响着企业的方方面面。《中共中央、国务院关于深化国有企业改革的指导意见》中指出，国有企业是我们党和国家事业发展的重要物质基础和政治基础，在完善和发展中国特色社

---

[一] 吴广星. 深入把握高素质国企领导人员标准 [J]. 企业研究，2017 (4)：58-59.

主义制度、实现中华民族伟大复兴的进程中,肩负着重大历史使命和责任。大力提高国有企业领导干部素质、提升国有企业领导干部水平,是推进国有企业深化改革的关键环节,在当前深化国有企业改革背景下,加强国有企业领导素质建设尤为紧迫。

领导者素质是鉴别领导人才的重要依据,是影响领导效能的关键因素,也是领导人才培养、领导者队伍建设的具体对象和主要内容。国有企业是推进国家现代化、保障人民共同利益的重要力量,是我们党和国家事业发展的重要物质基础和政治基础。当前,一些国有企业还存在着现代企业制度不健全、市场竞争能力不强、国有资本运行效率不高、内部管理混乱等问题,这些已经严重阻碍了国有企业的顺利发展。国有企业领导者作为企业正常运作和发展的带领者和推动者,肩负着企业发展的重大责任。在经济日益全球化,市场竞争日益加剧的情况下,国有企业面临着越来越大的转型升级的挑战与压力。在生态环境日益恶化,能源消耗量逐渐扩大的情况下,能源行业国有企业作为我国能源行业的领头企业责任重大,这对企业领导者的能力素质要求也随之提高,加快、加强国有企业领导干部素质建设尤为紧迫。为此,必须面向未来,把握时代大势、回应时代要求,适应市场化、国际化新挑战,把大力提高国有企业领导干部素质、提升国有企业领导干部能力水平作为推进国有企业深化改革的关键环节,才能为坚定不移地做强做优做大国有企业奠定坚实的领导干部基础和保证。㊀

### 3.1.1 领导者素质的内涵

所谓素质,是指人的体质、品质和素养。《辞海》的定义为:

---

㊀ 张宜刚. 现代国有企业领导者素质研究 [J]. 现代国企研究,2017 (6).

素质是人的生理上的原来特点；是事物本来的性质；是完成某种活动所必需的基本条件。素质是在人的先天生理的基础之上，经过后天的教育并受到社会环境的影响，由知识内化而形成的相对稳定的心理品质及其素养、修养和能力的总称，又称"能力""资质""才干"等，反映的是通过不同的方式表现出来的个体的知识、技能、个性与驱动力等。素质是人的一种较为稳定的属性，能对人的各种行为起到长期的、持续的影响甚至决定性的作用，也是判断一个人能否胜任某项工作的起点，是决定并区别绩效差异的个人特征。素质是一个复杂的系统体系，素质一般是指人在一定的先天基础上通过后天修养而形成的内在特质，它是人从事一定活动必备的主体条件，包括生理素质、心理素质、知识素质、能力素质和思想政治素质等。领导素质这个问题自古希腊柏拉图的"哲学王"开始，一直以来都是一个热门话题。诸多哲学家、管理学家、心理学家都试图找出是哪些因素决定着一个领导者成为一个成功的领导者，这些探索的结果逐渐趋同。现在，人们基本都认为领导素质包括性格、品质、知识水平、工作能力等方面。这里，我们将这些方面的因素归纳为这样三个基本素质：感召力、意志力和学习力。领导素质中的感召力包括诚实、正直、坦诚、谦逊、关爱等。诚实、正直、坦诚、谦逊这样的品质是一种普适的价值观，对于领导者尤其具有重要的意义。有良好个人品质的可信赖的人，比缺乏这些良好品质的人更有可能成为领导者。颇受《经济学人》和《时代》杂志推崇的管理思想家斯蒂芬·柯维就认为，真正的领导能力来自于让人钦佩的人格。关怀和支持下属也是领导者不可或缺的一项基本素质。在人性化管理的理念中，关怀下属被认为是建立良好工作关系的基础。意志力包括勇敢、坚毅、顽强、果断、自信、自控、灵活、进取等。对于领导者而言，勇敢、坚毅、顽强、果断不仅是其性格特征,更是其领导力的基础。怯懦、犹豫不决、摇摆不定是领导力的天敌。自信和自控是领导者需要具备的素养,缺乏自信和自控会使问题和局面复杂化,更加难以处理。在具体问题的处理上,高明的领导者总是表现出灵活的姿态,灵活意味着不顽固、不僵化、不拘泥于成规,意味着策略上的弹性。进取心也是成功领导者的特质之一,他们对生活、对未来尤其是对事业和工作总是充满激情。学习力是提高领导能力的关键。良好的学习力意味着强烈的好奇心、旺盛的求知欲、丰富的想象力,意味着融会贯通、举一反三、为我所用、有所创新,意味着理性和客观,善于从他人的角度来全面观察事物,意味着以自己为竞争对象,永不满足自己已有的知识、才能。

所谓领导者素质是指领导者在先天生理和心理基础上,经过后天学习和实践经验积累而形成的,在从事领导活动工作中决定领导干部能否很好地履行领导职责、发挥特定影响、发挥领导作用所必须具备的个性特征。领导者素质具体包括政治素质、品德素质、知识素质、能力素质、心理素质、身体素质等。领导者的政治素质包括政治意识、政治信仰、政治知识、法律意识等;品德素质包括领导者的伦理知识、责任感、服务意识等;知识素质包括知识深度和知识面等;能力素质包括组织协调能力、综合分析判断能力和决策能力等;心理素质包括性格、气质、意志等;身体素质是物质基础,不仅包括身体的健康情况、还包括身体的活动能力、适应能力等。能源行业国有企业领导者素质应该具备时代性、动态性及实践性等三个特征。时代性是指领导者素质的构成具有鲜明的时代特征,所处时代不同,面临任务不同,对领导者的素质要求也不同,不同时代赋予了领导者素质不同内涵。动态性是指素质是一个不断发展着的动态概念。一方面,随着自我学习和实践经验的积累,领导者自身素质会不断提高;另一方面，随着社会进步，领导者素质也必须有质的变化，才能有效适应外界变化。实践性则是指领导者素质不是停留在理论上，而是要用之于实践，在实践中接受评价与考验。能源行业的国有企业领导者必须具备以上三种特征的素质，紧紧跟随时代发展需要和社会发展趋势，清晰定位企业的贡献点，全力发挥能源国企在新一轮的世界能源变革与社会主义生态文明建设中的重要作用。

### 3.1.2 国有企业领导者的素质构成

#### 1. 过硬的政治素质

国有企业的领导者不仅是企业的领导者，更是一名党员干部。因此，国有企业领导者应具备过硬的政治素质，这是中国特色社会主义事业兴旺发达的政治保障和重要前提。能源行业的国有企业领导者首先是一名国有企业领导者，要时刻谨记，作为一名国有企业的领导者，要满足以下两个政治要求。一要具备坚定的政治方向。在形势错综复杂的今天，要牢固树立正确的政治观，坚定社会主义信念、坚持正确的政治方向，增强党性和法纪观念，提高社会责任感、政治使命感和大局意识、整体意识，强化全心全意为人民服务的思想，把个人理想和企业发展统一起来，始终坚持在思想上、政治上、行动上与党中央保持一致，努力进取，尽职尽责。二要具备较高的政治理论水平。国有企业领导干部自身要具备较高的政治理论水平，才能在工作中正确理解和执行党的路线、方针、政策，做好政策宣传、精神宣贯，教育好党员、干部和广大职工，正确贯彻落实党和国家的有关部署，发挥党对国有企业的领导核心作用和政治核心作用，保证国有企业改革发展的正确方向。

#### 2. 良好的道德素质

思想道德素质不仅决定着领导者自身的发展方向，而且也关系到企业发展的前途和命运，是领导者素质的根本和核心。德是指人生的德行和品行。《荀子·劝学篇》中讲道："学而乎礼而止矣，夫是之谓道德之极"。习近平总书记讲过："德是为官之魂，要用共产党人的道德观和社会主义的荣辱观教育干部，引导大家培养良好的生活作风和健康的生活情趣，始终保持道德品行的纯洁性。"高尚的道德不是与生俱来的，也不是一劳永逸的，而是要通过后天学习和修养实践而成的。

作为能源行业国有企业的领导者，必须要树立高尚的品德。一要有良好的道德操守。国有企业领导者必须牢固树立正确的世界观、人生观、价值观、权力观、地位观和利益观，正确处理个体利益和集体利益、个人发展和企业发展、责任与权力的关系，讲党性、讲原则、讲大局、讲整体，以身作则、以诚待人，树立求真务实、谦虚谨慎、大公无私、责任至上、勇于进取、敢于担当的思想作风和工作作风。二要有知法守法的观念。在工作中要时刻具有法纪意识，自重、自省、自警、自励，自觉抵制歪风邪气的诱惑，自觉接受员工群众的监督，廉洁奉公、率先垂范。在进行决策时，认真对照国家法律法规，不随意拍板企业重大事项及涉及员工切身利益的重大决策，严格按照三重一大程序进行民主决策，保证企业的健康运行，保证企业职工的切身利益。

### 3. 卓越的业务素质

与一般党员领导干部不同的是，国有企业领导者除了是党员领导干部之外，还是企业的带头人，肩负着做大做优做强国有企业的重要职责。由此，国企领导者还必须懂经营、善管理、熟悉市场规律和先进理念，具备较高经营能力和业务水平，善于在市场竞争中应对复杂局面，推动国有企业持续有效发展。

面对全球变暖的趋势和日趋恶化的生态环境，能源行业国有企业的领导者必须要具有较高的业务素质。一要有科学决策能力。决策是领导能力素质的重要组成部分,能源国企的领导者必须具备较强的观察、分析、判断和决策能力,应对复杂局面能够透过现象看本质,科学判断、把握时机和发展机遇,做出正确决策。二要有组织协调能力。能源国企的领导者要精于组织协调,使企业各个环节高效衔接、有效利用各个要素,提高管理效率。三要有知人善任的能力。能源国企的领导者要牢固树立"人才是第一资源"的观念;坚持以德为先、以能为本,善于发现人才、尊重人才、使用人才,用人所长,避人所短,使人尽其才、才尽其用。四要有开拓创新能力。随着全球经济一体化的发展和激烈的市场竞争,创新成为推动国有企业深化改革的必然要求,为此要求能源国企的领导者也必须要敢于开拓,勇于突破,解放思想、创新理念,不断完善管理思路和举措、大力推进国有企业现代企业制度建设,为社会主义生态文明建设贡献一份不可替代的力量。

### 4. 开放的学习能力

随着知识经济时代的到来和科学技术的飞速发展,现代企业面临着日新月异的发展环境和形势,能源国企的领导者必须具有开放的学习心态和能力,才能把握住时代脉络、紧跟上时代步伐。世界能源消耗加剧,能源危机日益严重,我国是能源消耗大国,能源国企的任务十分艰巨。因此,能源国企的领导者必须具备开放的学习能力,时刻关注世界能源消耗的局面,把握先进的技术动态。为此,能源国企的领导者要满足以下两个方面的要求。一要有与时俱进的学习精神。经济全球化的深入发展,对能源消耗提出了新的要求,面临着全新的发展环境,要想适应新时代的潮流,能源国企的领导者必须及时更新观念,坚持解放思想、与时俱进,主动培养勇于学习、敢于探索、勤于理论联系实际的学习态度和学习精神。二要有全球化的国际思维。当前国际竞争日益激烈，能源国企的领导者还必须具有国际视野，善于学习国外先进经验，通晓国际市场"游戏规则"，把握国际形势与时代潮流，抓住有利时机，开拓国际市场，充分利用国际资源，才能顺应我国经济深度融入世界经济的趋势，抓住机遇，提高企业参与全球经济合作与竞争的能力和水平。

### 5. 勇敢的创新素质

创新是改革发展的第一动力，作为能源行业国有企业的领导者，必须要具备勇敢的创新品格，面对全球化创新的大趋势，领导者要能够顺应事物发展规律，对下级单位和部门，能及时做出符合实际情况，经过努力完全可能实现的指令性决策；能够积极地、创新性地贯彻执行上级领导下达的各项正确决定；对于在实现目标的过程中遇到的各种阻力和障碍，能够机敏地判明情况，及时加以排除或克服；能够运用自己的聪明才智，妥善解决复杂问题，开创工作的新局面；能够对各类人才产生强烈的聚合作用，充分调动员工的积极性和创新性，从而获得显著的社会效益和经济效益；在经济体制改革中，能够及时发现新情况，提出新问题，抓住新典型，总结新经验；在没有已有经验的条件下，通过自己的大胆实践，勇于开拓，为后人摸索出一套行之有效的改革办法；在整理的过程中，能够由浅入深，由表及里，去伪存真，既有忠实的继承，又有大胆的创新，既有规律性的总结，又有自己的创见。⊖

能源国企的领导者要敢于挑战危机，善于探索新知，以履职担当和创新作为个人和团体的价值取向。在当前的政治新常态下，领导者要有勇于担当的品格和敢为人先的气魄，有所作为，如《左传》所言，用"政如农工，日夜思之，思其始成其终"的

---

⊖ 李建生. 当代领导创新研究 [D]. 郑州大学, 2004.

敬业精神履职尽责，在继承和出新上下足功夫，要发扬善做善成，善始善终的精神，要有"功成不必在我"的境界，像接力赛一样，一棒一棒接着干，要有"明知山有虎，偏向虎山行"的劲头和韧性，在危急关头化险为夷，真正成为组织可以信赖、职工群众可以依靠的主心骨和火车头，真正肩负起习近平总书记提到的"干在实处永无止境、走在前列要谋新篇"的新使命。○

### 6.高尚的人格素养

除了具备政治、道德、技术等各方面的素质，作为能源行业国有企业的领导者，还需要具备国企领导人普遍应该具有的人格素养。作为领导者，其一言一行都会对企业和员工产生重要的影响，高尚的人格素养对于开发企业员工的创造力以及建构企业的创新氛围至关重要。对于能源行业的国有企业领导者来说，必须做到有信仰、顺谦逆奋、知人善用。

习近平总书记曾指出："信仰就是共产党人精神上的'钙'，没有理想信念，理想信念不坚定，精神上就会'缺钙'，就会得'软骨病'"。对于能源国企的领导者来讲，要时时刻刻将对党的忠诚和对共产主义的信仰放在首位，尊崇党章，遵守党规党纪。信仰就是心中有党。

作为领导干部，关键时刻要敢于拍板负责，最重要的是出于公心，要有"功成不必在我"的境界。敢闯敢试，勇于担当。按照习近平总书记的要求，做到"四四四一"。第一个"四"，担当需要行动，要亲力亲为，做到"四个抓"。一是要抓思路；二是要抓调研；三是要抓推进；四是要抓落实。第二个"四"，担当需要魄力，要顶住压力，做到"四个敢于"。敢于在关键问题上

---

○ 申永善. 国有企业领导干部应具备的七种素养 [EB/OL]. www.cneo. com.cn/article-25981-1.html.

拍板；敢于直面问题、拿出有棱角的决策方案；敢于旗帜鲜明、坚持到底；敢于为基层的改革探索撑腰。第三个"四"，就是用"四个精准"让各项工作落地见效。一是精准契合实际；二是精准一抓到底；三是精准抓好协同；四是精准调动积极性。一个"一"，就是担当需要智慧，要统筹安排，学会"一盘棋"推进各项工作。

事业因得人而兴，因失人而衰。人才是企业改革发展的"第一资源"。作为领导干部，特别是主要领导，要当好企业的"伯乐"，不仅能善于发现人才、识别人才，还要用好人才、管好人才；必须学会用辩证的，发展的、全面的眼光考察人才、评价人才、使用人才。识别人才、管理人才是一个系统工作，既不要掺杂主观成见，戴"有色眼镜"看人，更不能以偏概全、因暇废玉。⊖

以上六种素质不是孤立存在的，它们之间有着内在的、本质的、必然的联系，是互相影响、互相作用的。时代在变化，国际形势、行业发展趋势日新月异，作为能源国企的领导者，必须要具备上述六种领导者所必须具备的基本素质，并且要结合企业发展实际，积极培育新的素质。由于领导干部应具备的素质是高层次的，而且是全方位多方面的综合素质，因此能源国企的领导者还需要在今后的工作学习实践中不断锤炼磨砺，在不断升华中进行自我提高。

### 3.1.3 能源国企领导者素质的提升途径

（1）构建科学的能源国企领导干部能力素质模型

按照国有企业深化改革、建立现代企业制度的时代要求，借

---

⊖ 申永善. 国有企业领导干部应具备的七种素养［EB/OL］. www.cneo.com.cn/article-25981-1.html.

鉴人力资源管理理论和国内外先进经验，设计构建科学的国有企业领导者素质模型。在此基础上结合能源行业的特点，构建科学的能源国企领导干部能力素质模型，并根据中国经济社会发展需要和能源行业发展态势适时调整，完善能源国企领导干部培养选拔、评价使用的依据。

（2）建立科学的能源国企领导干部能力素质测评体系

要按照中央深化国有企业改革的有关精神和国有企业领导干部能力素质模型，逐步完善符合科学发展观要求的能力素质评价体系。建立符合能源行业国有企业领导者特征、坚持德才兼备、注重实绩的"评价标准"和"评价工具"，客观、公正、科学地评价能源国企领导干部素质，为国有企业领导干部选拔使用、推进能上能下确立科学依据和客观标尺。

（3）加大能源国企领导干部教育培训力度

完善能源国企领导干部培养制度，制定优秀干部人才培养计划，积极拓宽培养渠道，强化国有企业领导干部教育培训和实践锻炼。一方面，健全能源国企领导干部培训学习制度，对不同层次、不同类别、不同行业、不同岗位的企业领导干部，要根据实际工作需要选派到国内外高校等接受分类培训，帮助企业领导者尽快掌握市场经济、法律法规、先进管理理念等，不断提高政治觉悟、优化知识结构，提升知识素养，掌握经济发展形势、了解国内外市场变化动态，提高经营管理水平。另一方面，要强化实践培养，注重实践锻炼，增强实战经验，在实践中培养能源行业国有企业的领导干部。通过选调、轮岗等方式，选派一批优秀的年轻领导干部进行跨区域、跨行业、跨领域的交流锻炼，使其在实践中磨炼意志、开阔视野、丰富阅历、积累经验。

（4）完善能源国企领导干部管理制度

要加快能源国企现代企业制度建设，完善法人治理结构，强化国有企业领导干部管理。坚持德才兼备的原则和标准，采取选任、委任、聘任等方式，将内部培养和外部引进相结合，广开渠道，严格程序，坚持公开、公平、公正，加大市场化、竞争性选聘力度，大力推进职业经理人制度，按照备用结合、动态管理、竞争选拔、统一使用的原则，为优秀人才能够脱颖而出提供制度保证；大力推行资格准入、考任分离，将国有企业领导干部的资格准入和提拔使用从时间和空间上分割开来，根据具体工作需要，从具备资格的人选中择优任用；完善激励约束机制，加快建立退出机制。大力推行企业经理层成员任期制和契约化管理，明确责任、权利、义务，严格任期管理和目标考核，加大竞争性考核奖惩力度，推进国有企业领导干部能上能下、能进能出，从制度上约束和激励国有企业领导干部立足本职工作，居安思危，不断提高自己的管理能力和文化水平，自觉学习现代企业管理制度，不断提升自身素质和能力。

(5) 强化能源国企领导干部主动学习的理念

帮助能源国企领导干部树立终身学习、自主学习、主动学习的观念，根据实际工作需要、自身素质结构调整和提高的需求，通过自我主动学习，及时了解企业发展环境变化、掌握企业发展未来趋势、持续提高思想政治素质、科学文化素质和领导管理决策能力。

## 3.2 创新领导者的素质和能力体系

### 3.2.1 创新领导者的界定与素质要求

**1. 创新领导者的界定**

作为一名创新领导者，首先必须深刻理解创新的内涵和认可创新的价值，并掌握创新规律，成为先进创新理念的倡导者、创新活动的引导者,这包括从战略、组织、资源和文化的视角理解创新;基于整个创新价值链了解不同创新阶段的不同特点和运作策略;明白不同的创新类型意味着不同的创新来源和创新方式方法,需要不同的资源投入方式和能力、条件;等等。只有这样,才可能更好地规划创新活动、明确创新重点,更加顺利有效地推动创新,满足企业的创新需要。创新领导者不是一个头衔,也不局限于一个职能部门的管理者,而是一名领导者,不仅能够领导公司的创新工作,而且能够发挥创新领导力的作用。他们不一定是最有创造力的人,也不一定从事具体的创意工作,但是部分或全部地肩负着诸如为企业的创新之旅指明航向、建设一套有效的创新流程和可行的模式、打造一支强大的创新组织力量以及提供必要的各种创新资源和环境的使命,更善于成功推动一个大型的复杂组织在创新的道路上不断前进,引导组织创新更好地适应经营战略的需要。

### 2. 创新领导者的素质要求

对创新领导者的上述表述决定了创新领导者的素质要求:始终对创新充满激情,积极宣导创新的价值和意义,让更多人投入创新事业中,为他们提供健康的创新环境;用行动表明自己是真正的创新领导者,坚持追求改变,以宽容失败的心态和勇于突破障碍的毅力,保护和推动项目从创意阶段进入商业化阶段,为企业不断寻找和打造新的增长引擎;具备卓越的创新领导力,体现在具有卓越的战略视角和洞察力,面对风险和挫折总能保持积极的心态和感召力,并通过超强的沟通协调能力与网络连接能力推动组织的信任和协作,激发组织的创造力,打造富有创造力的多样化创新团队;拥有坚强的企业家精神,成为企业内部企业家精神的典范,包括具有敏锐的商业悟性、不断探索的创新精神、追求价值创造、强调执行和速度、保持创业精神和激情等；具备深厚的专业素养和广泛的领域知识，一专多能甚至多专多能，既要对专业技术和业务有深入的见解，又要有宽阔的知识面、过人的管理技能和人文素养。可以说，创新领导者需要集营销专家、技术专家和战略家于一身，将人际能力、科技才智和商业领悟力充分结合——这似乎有点理想化，并不是能够轻松获得的能力，这也是真正成为创新领导者面临的重要挑战。

对此，能源国企领导干部可从以下四个方面努力。第一，通过积极沟通和协调各方资源，逐步理顺各方关系，改善整体创新机制、文化和环境，让企业的创新和自己的工作实践进入良性循环。第二，推动创新成为企业的战略选择和文化主体。创新成功的关键在于领导力和文化。让创新成为公司的战略主导方向和内生动力，并形成良好的创新氛围；让创新成为一个可重复的过程，使企业的创造力逐步得到释放，作为创新领导者的工作也将变得更加合理和可预期。第三，与企业管理层建立良好的沟通协作关系，因此创新领导者的重要职责之一就是确保创新工作得到管理层的支持和得到明确的聚焦，尤其是和各业务单元的决策者进行高效沟通，成为创新同盟。第四，不断挖掘企业的创新需求与张力。创新的动力来自创新需求，适当的创新张力会激发公司上下积极投入创新中去。要有意识地深挖公司的创新需求和挑战，让公司的创新压力和张力显现，带领员工，尤其是那些中高层管理者进入非舒适区，刺激他们寻求创新方案的激情和斗志。建立共同的创新语言，及时沟通创新进展。在公司范围达成对创新活动的统一理解，包括建立公司创新管理体系，制定一套客观清晰的创新度量标准，保持积极有效的沟通并透明化，将有助于消除误解，建立信任，确保创新项目顺利推进。总之，不管是客观的困境和挑战，还是主观的怀疑和抵制，创新领导者都将适应企业的持续创新发展需要,在这个创新时代拥有自己的一席之地,为企业的创新驱动发展发挥独特的、历史性的价值和作用。⊖

### 3.2.2 创新领导者的能力体系

《现代汉语词典》里对领导的定义是"率领并引导"。由此可见,领导的内涵是"领"和"导",也就是带领和引导大家朝着一个方向前进。"领"是领方向、领目标、领路径;"导"则是引导、辅导、督导和教导。"领"求方向,是决策力;"导"聚力量,是影响力。任何成熟的领导者或领导团队,总是先"领"后"导"。在西方的研究中,有关领导本质的定义很多。西方学者对领导本质的看法可以总结为:①领导是一种能力及过程;②领导包含对他人(下属)的影响力;③领导者通过自己的行为、人格魅力、沟通技巧等来产生影响;④领导者需要带领他人朝着一个目标共同努力。搭班子是管理的首要问题,它包括选人、形成领导核心、塑造企业文化、建立班子的工作机制等工作,是一个长期的、循环往复的过程。定战略就是建立远、中、近期战略目标,并制定战术步骤,分步执行。带队伍就是通过规章制度、企业文化、激励方式最有效地调动员工积极性,保证战略的实施。综上所述,从本质上来讲,领导是一个过程,是一个影响下属的过程,是影响下属朝着一个目标努力工作、实现这一目标的过程,因此领导可以这样定义:领导是影响他人的过程,是促使下属以一种有效的方式去努力工作,以实现组织共享目标的过程。这样定义实际包含了两个方面的意思,一个就是确定目标,另外

---

⊖ 陈劲,宋保华. 首席创新官手册:如何成为卓越的创新领导者 [M]. 北京:机械工业出版社,2017.

一个就是影响他人,或者说是带领自己的下属朝着这个既定目标努力的过程,这就是对领导本质的理解。○

国有企业是中国特色社会主义的重要物质基础和政治基础,是我们党执政兴国的重要支柱和依靠力量。能源国企掌握着我国能源行业发展的命脉,关系到国计民生。能源国企的领导者必须具备能够驾驭复杂局面的坚强领导力,能够带领团队和广大职工,坚定贯彻新发展理念,不断增强学习的本领、政治领导的本领、改革创新的本领、科学发展的本领、依法执政的本领、做群众工作的本领、狠抓落实的本领、驾驭风险的本领;坚持战略思维、创新思维、辩证思维、法治思维、底线思维。不断提升政治能力、专业能力、专业精神,不断增强适应新时代中国特色社会主义发展要求的能力;以在党的领导下,深化国企改革、做强做优做大国有资本、培育具有全球竞争力的世界一流企业为己任○。

具体来讲,能源国企的领导者应具备的领导力包括学习能力、表达能力、抗压能力、决策能力、组织协调能力、市场判断能力、人际关系能力等。对于能源国企来说,其领导人都是经过多年的打拼一步步成长起来的,基本上都具备一定的实战经验,有较好的学习能力、抗压能力、组织协调能力、驾驭安全生产能力、应付内部困难和处理一般危机的能力,但由于国企长期处于计划体制下,当前能源国企的领导者在市场思维、全球眼光、创新能力和规则意识等方面的表现略显不足。因此,为了更好地完成国企改革的任务,推进能源国企健康发展,企业领导者应该着重培养以下几个方面的能力。

---

○ 王冬莹. 国有企业领导力培养研究 [J]. 中国矿业, 2019, 28 (S1): 37 – 39.

○ 顾铁民. 新时代国企领导干部的核心胜任能力 [N]. 学习时报, 2018 – 09 – 21.

**1. 理解、贯彻党和国家大政方针的能力**

作为国有企业,能源国企的发展必须符合国情,符合国家的整体发展方向,能完成国家交付的任务,这就要求能源国企的领导干部首先能够正确领会国家的意图,掌握国家的大政方针,并且保证这些大政方针在所管企业中得到坚决贯彻和落实。当前主要任务是准确把握国企改革的方向、目标、主要任务和重要途径,正确处理推进改革和坚持法治的关系,正确处理改革、发展、稳定的关系,正确处理搞好顶层设计和尊重基层创新精神的关系。作为能源国企的领导干部,必须能够坚持和坚决服从党对企业的领导,发挥企业党组织的领导核心和政治核心作用,保证党和国家方针政策、重大部署在国有企业贯彻执行;明确党组织在决策、执行、监督各环节的权责和工作方式,使党组织发挥作用组织化、制度化、具体化,牢牢把握党组织对国有企业选人用人的领导、把关权;除此之外,还应能够正确处理党组织与其他治理主体之间的关系,把企业党组织内嵌到公司治理结构之中,明确和落实党组织在公司法人治理结构中的法定地位,做到组织落实、干部到位、职责明确、监督严格㊀。

能源国企的领导干部要提高思想政治素质,把握创新的方向。思想政治素质决定着领导者自身的发展方向,决定着领导者有没有创新意识和开拓精神,影响着所进行的领导活动的性质。思想政治素质的高低,直接反映出领导者的理论水平、党性原则和人民公仆精神及创新意识。思想政治素质优良的领导者,势必从维护党和人民的最高利益出发,置个人私利于不顾,激发和萌生出强烈的创新意识,自觉地在自己所在的领导岗位上从事领导

---

㊀ 顾铁民. 新时代国企领导干部的核心胜任能力 [N]. 学习时报,2018 – 09 – 21.

活动的创新。

### 2. 不断学习的能力

知识经济时代对领导者提出的最大挑战就是学习。时代日新月异，领导者的创新力、判断力和执行力等一切能力，主要不再靠实践经验的积累。在知识爆炸的时代，领导力归根到底取决于学习力。随着知识经济的发展，领导干部的领导力已不局限于地位和级别的权力因素的控制力，非权力因素正在逐步上升为主导因素，管理对象也从管理人、财、物涵盖到管理知识和信息资源。知识经济时代，学习才是应对变革和挑战最有力的武器。领导的创新力、决策力、选择力、执行力等都取决于学习力。创新能力的提高源自不断地学习，科学的决策来源于不断地学习，正确的选择也来源于不断地学习。只有认识到领导角色的本质是学习，领导力的核心是学习力，才能从根本上提升领导力。领导力还体现为领导促进和指导组织学习的能力，领导力水平的高低决定了领导对组织学习指导作用的大小，领导最重要的责任就是要在组织中积极营造学习氛围，不断促进组织学习。所有这一切都有赖于学习，有赖于在学习中不断完善领导角色，有赖于在学习中不断提高领导水平和在学习中不断引领组织向共同愿景前行。

学习力是把知识资源转化为知识资本，以获取和保持持续竞争优势的状态和过程。学习力是创新力和领导力的基础，只有不断提升学习力，才能不断提高创新力和领导力。第一，学习力是创新力和领导力的基础。学习力是最可贵的生命力，它体现了一种勇于开拓、与时俱进的时代精神和进取精神。能源国企应该注重培育一种鼓励学习、倡导创新的企业氛围，从整体上提升领导干部的学习力、创新力，使学习、创新成为领导干部的基本生存状态和行为准则。当代社会科技发展日新月异，知识的更迭速度越来越快，传统的"一次性学习时代"已告终结。各级领导干部只有不断提高自己的学习能力，才能使企业永葆可贵的生命力；只有保持强盛的学习力，才能产生活跃的创新力。只有以最快的速度、最短的时间从各种内外资源中学到新知识，获得新信息，并以最快速度、最短时间把学习到的新知识、新信息应用于实践领域的变革与创新中去，才能真正形成较强的领导力。第二，领导力是学习力、创新力的综合体现。在领导力的结构层次和要素中，最基础的部分是其中的学习理念、学习速度和学习能力，最核心的部分是其内在的创新意识、创新精神和创新能力。可以说，学习力是领导力之根，创新力是领导力之魂，领导力则是学习力和创新力的综合体现。反过来说，学习力不仅体现着一个人的文化知识基础，还体现着一个人的价值观，更是一个人诸多能力的集中体现。发现问题、分析问题、解决问题是领导干部履行职责的基本内容，学习力的内化层面决定着一个人发现问题、分析问题的水平，而学习力的外化层面则决定着一个人解决问题的能力。而这一切，又决定着一个人影响力的大小。领导者的领导力展现过程，实质上也是学习力释放的过程⊖。

### 3. 市场判断及决策能力

中国经济已经进入社会主义市场经济时代，资源的配置由市场决定，企业要发展必须遵从社会主义市场经济规律。这就要求企业领导人必须掌握市场经济的特点、规律和法则，及时捕捉市场信息，通过分析，判断出市场的发展趋势，适时调整自己的生产组织和战略安排。当前，关键是要以市场为导向，通过改革解决好企业内部不适应市场的问题，在开拓市场、提高企业市场竞

---

⊖ 尚久悦. 以学习力打造领导力和创新力 [J]. 黑龙江史志, 2006 (3): 55-57.

争力上下功夫，推动企业向价值链高端跃升；要想办法走出去，在全球布局，加强国际交流合作，不断拓展新的开放领域和空间，提升企业的跨国经营能力和国际竞争力。

能源国企领导干部进行市场判断，是为决策做准备。决策就是拿主意，定方向，做决定，决策能力是领导力的重要内容。国企领导者必须领悟上情，全面增强谋略力。能源国企的领导干部提高科学决策能力，要从以下几个方面着手。第一是要加强理论学习，要学会透过现象看本质，把握事物的内在联系，避免盲目、片面、被动地进行决策，避免仅凭经验武断做出决策。第二是要有政策依据，在决策重大问题的时候，一定要坚持依法依规。第三是要有深入的调研，没有调查就没有发言权，重大的问题必须听取职工和群众的意见，并认真听取专业人员的建议，不能拍脑袋做决策。第四是要对风险有较为准确的判断，在充分听取多方意见后，对决策的风险进行评估，不能武断冒进，将企业置于风险之中。

### 4. 创新能力

知识经济时代，唯有持续不断地创新才能使企业获得长久的竞争优势，只有注入新技术、新管理、新模式，才会焕发企业的生机和活力。这就要求企业领导人必须有创新能力，体现存在的价值，具备竞争力。企业领导者能否创新直接关系到企业的兴衰成败。创新是企业家的天职，是企业家最深刻的职业特征。从企业外部要求看，经济工作最根本的问题是谋求社会资源效益的最大化，这必须通过社会资源的优化配置才能实现。社会经济系统的开放性和动态性，决定了资源配置优化工作永无止境。此外，社会主义生产的目的是最大限度地满足人民群众日益增长的物质文化需要，因此，企业家必须不断创新，不断推出新产品，提供新的服务。从企业内部压力看，创新是企业家推动企业发展的必然选择。美国经济学家熊彼特对经济领域的创新进行了深入的研究和论述。他假定经济生活中存在一种"循环流转"的"均衡"状态,这种情况下,企业没有创新,没有发展,总收入等于总支出,企业利润为零,企业领导者只是维持企业简单再生产的"守摊人"。然而企业要发展、要盈利,就必须打破原有的"均衡'状态,通过创新改变生产要素和生产条件并使之重新优化组合,建立新的"生产函数"。在市场经济条件下,企业领导者是市场发展的推动者,企业创新理所当然落到了他们身上,因而企业家必然是创新者,企业家的贡献在于对旧的"均衡"体系进行"创造性破坏"和跨越原有范围的开拓创新。

我国国有企业领导者尤其需要具备创新能力,这是由我国国有企业性质、地位和作用决定的。国有企业是我国经济的脊梁,金融、铁路、电信、航空、石油、电力等关键领域基本都掌握在国有企业手中,在能源、交通、邮电等基础部门和冶金、石化、化工、汽车、机械、电子等重要原材料行业和支柱产业中,国有经济占支配地位。国有经济控制国民经济命脉,对于发挥社会主义制度的优越性,增强我国的经济实力、国防实力和凝聚力具有关键性作用。改革开放以来,我国国有企业也涌现出以张瑞敏为代表的勇于创新、富有远见卓识的一批优秀企业家,带动了一批国有企业的蓬勃发展。然而,由于各种原因,我国精通经营之道、懂得现代企业管理方法,能从战略角度把握企业发展方向的企业家还非常稀缺,企业家缺乏创新意识、创新动力、创新能力,思维狭隘、因循守旧、故步自封,这与当前不断变化的形势是不相符的,成为制约我国国有企业竞争力提升的最大因素[一]。

---

[一] 董守彦. 论国有企业领导者的创新能力 [J]. 集团经济研究, 2005 (16): 10-11.

创新力是领导力的重要标志。创新是知识经济的本质特征，创新的根源是学习。知识的竞争，根本上讲是创新的竞争。而创新的竞争，本质上又是学习力的竞争，是学习速度的竞争。国有企业领导者要用创新的精神、创新的思维指导创新的实践，从而实现各项建设事业更大更快的发展。衡量一个领导班子和领导干部是否具有活力的一个重要条件，就是评判其学习能力和创新能力。当前，各个企业都非常重视领导者的队伍建设，但也存在一些问题，特别是整体的学习力和创新力不足，影响了领导班子的建设质量㊀。目前，在我国能源行业，无论是煤炭、石油、天然气，还是电力，无一例外都是国有企业占据着重要的地位。并且，在2018年中国能源500强榜单中，国企数量占比超9成。能源国企对于国家利益、人民幸福而言都发挥着举足轻重的作用，因此能源国企的领导者必须要培育持续创新的能力。能源国企的各级领导班子和领导干部都要认识到各个领域的竞争从根本上看是核心竞争力的竞争，也就是学习力、创新力的竞争。因此，要形成崇尚学习、参与学习，勇于创新、宽容失败的良好氛围，通过提高学习力和创新力，进而增强领导力。

### 5. 管理能力

企业是一个独立的组织，而组织运行有其自身的规律和特殊性，如何使组织运行有序有效，是一个很重要的课题。当前企业管理方面最关键的问题有以下两个。一是解决选人用人问题，要把人才作为构建产业新体系的根本保障，建立健全科学合理的选人、用人、育人机制；搭建人才公平竞争的舞台，公开招聘、竞

---

㊀ 尚久悦. 以学习力打造领导力和创新力 [J]. 黑龙江史志，2006（3）：55 - 57.

争上岗,让能者生存,庸者淘汰,达到使人才脱颖而出、合理流动的效果;要培养和吸引产业发展急需的专业技术人才、经营管理人才、技能人才,建设一支素质优良、结构合理的产业人才队伍。二是解决积极性不足的问题。要建立既有激励又有约束、既讲效率又讲公平、既符合企业一般规律又体现国有企业特点的分配机制,努力形成企业有前途、工作有效率、个人有成就的管理局面⊖。

因此,能源国企领导干部必须具备控制与管理企业的能力,即战略决策力、市场经营与人力资源管理等方面的驾驭力、财务分析与资本运营等方面的运作力。除此之外,领导者还必须具备组织管理能力、计划管理能力和战略管理能力。组织管理能力要求领导干部平衡权力与责任之间的关系,既要统一指挥,又要合理设计管理幅度,根据权责和专业化进行分工,并在分工的基础上进行部门化。计划管理能力要求领导者权衡目标和资源之间的关系,充分结合企业拥有的内外部资源定好企业的生产及发展计划,实现企业的不断成长。战略管理能力则要求领导者独具慧眼地去发现企业的核心竞争力,在洞悉市场需求及发展方向的基础上,合理制定企业的发展战略,使企业获得持续的竞争优势。

### 6. 战略思维能力

所谓战略思维,就是指思维主体为了达到一定的战略目标所进行的全局性思维,是思维主体在实施战略谋划时所特有的思维方式、思维理念和思维活动的总和,是战略主体对关系全

---

⊖ 梁国斌. 浅谈国有企业领导人的能力建设和担当精神 [J]. 北京石油管理干部学院学报, 2017, 24 (1): 16 – 18.

局性、长远性、根本性的重大问题进行分析、综合、判断、预见的理性思维过程，是对社会经济变化发展的运动规律的思考与把握，是领导者思维能力、思维水平、思维成果的高度体现。战略思维能力，就是洞察全局、思考全局、谋划全局、指导全局、配合全局的思想方法和工作能力，其核心是能够把握住事物运动变化发展的趋势，做到"运筹于帷幄之中，决胜于千里之外"。

能源国企领导的战略思维能力是指领导者运用马克思主义的基本观点观察问题，从方向、全局去思考问题，既要准确地对问题内部的诸多复杂要素进行排序和分类，又要从中分辨出主要因素和总体性质，并能判断发展趋势以及提出解决问题的创新思路。战略思维既是一个理论问题，也是一个实践问题，是否具有战略思维关系到领导干部能否顺应时代潮流，担负起时代责任，驾驭复杂环境，抓住机遇，取得比较优势，从而获得发展的主动权。领导者战略思维能力的强弱，不仅直接制约着领导者观察、分析、判断事物变化发展的立场和观点，而且直接制约着领导者的领导方法、领导艺术和领导绩效。领导者要做好领导工作，应具备下列战略思维能力：统揽全局、兼顾四方的全局性战略思维能力；立足现实、着眼长远的超前战略思维能力；协同竞争、共求发展的和谐战略思维能力；超越经验、开拓创新的创造性战略思维能力。从领导者视角看，战略思维实际是一种能力、一种境界、一种思维方式、一个认识基点，体现了领导者认识问题的角度、幅度和深度，是领导者谋大局、议大事的深入思考，是最高层次的思维活动，是每个现代领导者必须选择的思想方法和领导艺术。因此，处在改革开放前沿的现代领导者，应该准确地掌握科学发展观的科学内涵，努力增强战略思维能力,并在践行科学发展观的战略实践中,创新提升战略思维能力的途径——这具有重要的理论意义与现实意义。[一]

## 国有企业领导者的核心能力模型

国有企业兼具社会性和企业性双重特性,既负有经济责任,保证国有资产保值增值、创造效益,又负有政治责任,保证国有企业沿着社会主义市场经济的方向发展。因此,国有企业领导者需要兼具企业家素质和政治家素质,具备政治判断力、形势把握力和政策运用力。面对瞬息万变的市场环境和竞争日趋激烈的全球市场,能源国企的领导干部要有创新能力,能够推陈出新、与时俱进,包括在制度和技术等方面的创造力、不断提高和更新知识的学习力、创造性地适应外部环境的应变力等。此外,领导者需要注重自我提升,不断提高自身素质和修养。领导者需要具备能够及时发现自身的不良行为并保持头脑清醒的自省力,能够抵挡金钱等各类诱惑和防止个人私欲膨胀的自律力,能够及时改造自我、战胜自我、超越自我的自纠力。中国石化集团的国有企业领导者核心能力体系对领导者的学习能力进行了科学化、系统化分类,并将领导者培养与领导背景联系起来。领导者通过准确认识不同情况下所需要新技能、应采取的行为或秉持的态度,承担自身发展责任,理解和承认个人优势和不足,反思自己的学习过程,努力发展核心能力。如果将领导力发展流程与领导者背景结合起来,将更能促进领导者的发展(见图3–1)。

---

[一] 陈志龙. 科学发展观理念下的领导战略思维能力 [J]. 中共太原市委党校学报, 2009 (2): 22–24.

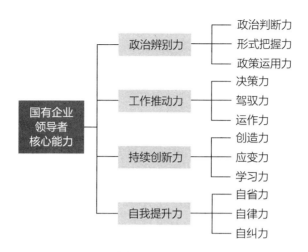

图 3-1 国有企业领导者核心能力体系

资料来源：王冬莹. 国有企业领导力培养研究 [J]. 中国矿业, 2019, 28 (S1): 37-39.

## 3.3 创新领导者的思维

### 3.3.1 创新思维的基本特征

（1）首创性

创新的根本要求是新，本质特征是超越。创新思维的首创性特征，反映了该思维的三个作用因素——怀疑、自信和自变。怀疑表现为敢于对现行状况和领导工作的问题提出怀疑，或者质疑人们习以为常的现状，提出更高的理想目标；自信体现在有坚定信念和信心，相信坚持不懈地努力定能成功；自变体现在能够随着客观事物的发展变化，及时改变自己的立场、观点和方法，使之适应新的发展趋势。

（2）能动性

创新是资源的转换器,它能把潜在资源转化为现实的资源,把资源转化为财富。创新不仅包括对自然资源和人工资源的开发利用,而且包括对人这种生产资源的开发利用。人是创造资源的资源,最根本的资源是人本身。只有不断塑造人的新素质,不断激励人的各种潜能,才能使人的创新效率最大化。

（3）开放性

创新思维是一个广泛的开放系统,它不断地吸收人类创造的一切文明成果,不断更新创新思维的基本要素"知识",而不是闭关自守、故步自封。创新思维是以大量新的信息、知识、观念和能力为前提,以敢于否定过时、陈旧的知识、观念、技术和成果为基础的。只有推行广泛的开放,有了大量新的知识和信息的涌入和碰撞,人们才能够及时看到自己在某些方面的落后,才会产生危机感并鼓足勇气奋起直追。

（4）灵活性

创新思维没有固定不变的框架,没有现成的程序可以遵循。创新思维的方式、方法和程序、途径都是根据具体的环境与情况因地制宜、因时制宜的结果,创造出的都是一个个具有独特风格的范例。

（5）综合性

在认知客观真理的过程中,单一的模式、认识、概括、材料或者智力往往都存在明显的片面性和缺陷性,唯有对组成事物的各要素加以综合整理、思考,才可能产生新的思路,获得理想的智慧结晶。

(6) 探索性

创新思维活动从现实的活动和客体出发,但它的指向不是现存的客体,而是潜在的、尚未被认识和实践的对象。创新思维针对人类还不太清楚的、潜在的实践对象或者是刚刚进入人类的实践范围但尚未被人类所认识的客体,或者是人们虽然有了一定的认识,但认识尚不完全,还可以从深度和广度上加以进一步认识的客体,这两类客体无疑都带有探索性。

(7) 超常性

从既有现实出发生出理想,在实践中将理想转化为新的现实,新的现实又使人生出新的思想,人类的进步和发展就是一个不断超越既成现实、追求和实现理想的过程。超常性使人的思维和行为往往表现出偏离社会或现存事物运行的常规,具有大胆探索客观世界精神和行为的人,往往成为触犯传统和权威的"越轨者"。然而,要想使世界进步,创新主体必须具备超常创新的特性,因为正是这些创新者的超常性体现着人类创新的超常特征。

(8) 风险性

由于创新思维活动是一种探索未知的活动,因此要受到很多因素的限制和影响,如事物的发展程度、客观的条件、认知的水平等都会影响创新活动的效果。创新思维活动并不是每一次都会取得成功,具有极大的风险性,但是风险与机会并存。

(9) 实践性

思维引导实践,实践又推动思维的发展。实践方式是思维方式产生的根源,实践方式的优化程度决定思维方式的科学化程度。实践的不断变化催生出创新思维,但创新思维又要通过实践

来检验。创新思维必须根植于客观实际，必须通过不断实践，才能结出丰硕的创新之果。㊀

### 3.3.2　创新思维的培养与运用

培养创新思维的具体方法主要有：①溯本创新法，即从追寻事物本质中创新认识，善于透过现象看到本质，从根本上把握事物的本质及其发展规律；②全局创新法，即从全局着眼，全方位、立体化和多角度地分析事物，从而得出对事物的科学认识；③正反结合创新法，即从历史的经验教训中谋划现实和未来。历史是现实和未来的一面镜子。英国历史学家汤因比曾说，人们从文明衰落所造成的痛苦中学得的知识可能是进步的最有效的工具。这里的"进步"是指在历史经验教训基础上实现的"创新性发展"。党的十八大以来，习近平总书记不仅从正面深刻总结中国特色社会主义的成功经验，而且还从反面思考苏联解体的教训，正是在这样的正反结合中得出一系列的创新性认识㊁。

创新是创新思维的物化过程，是在一定知识、经验和智力的基础上，灵活运用各种思维方法，创造新的思维成果的活动，是多种类型的思维在创造活动过程中的一种有机结合。国有企业领导干部应具有创新思维，带领企业向创新型企业转型。

（1）灵活运用信息，激活思维空间

能源领域的市场竞争日趋激烈，如何及时充分地掌握和利用信息显得尤为重要。互联网技术的迅速发展使得信息已经渗透到世界的每一个角落。企业领导者如果缺乏信息意识和信息素质，

---

㊀ 陈尤文. 领导者的创新思维：从理论到实践 [M]. 上海：上海人民出版社，2006.
㊁ 王刚. 深刻理解创新思维 [N]. 光明日报，2019 – 07 – 16.

那么很快会被时代抛弃。信息是创新思维的基础，是创新思维产生的原材料，为创新提供了可能。这是因为，思维是在感性认识的基础上产生的，没有相关信息就无法出现思维，信息为思维提供了感性认识的基础。信息的广泛性有利于拓展创新思维的广度，信息的真实性决定了创新思维的准确性，信息的精确性关系到创新思维的深刻性，信息的含蓄性可以激发灵活的创新思维，信息的系统性保证了创新思维的系统性，信息的综合性有利于促进产生立体的创新思维。可见，信息对创新思维的产生具有重大影响。能源国企领导干部必须重视信息，灵活运用信息，激发创新思维。

（2）综合运用多种创新思维

①扩散思维与集中思维。扩散思维是一种沿着不同的方向、不同的角度思考问题，从多方面寻找解决问题答案的思维方式。这种思维不拘泥于一个方向，不封闭于一个框架，要求思维开阔、想象丰富、视野广阔。而集中思维与扩散思维正好相反，它以某个思考对象为中心，将各种信息重新进行组织，从不同的方面和角度将思维集中指向这个中心点，从而达到解决问题的目的。要学会集中思维，常常是先扩散后集中、再扩散、再集中，直至最后解决问题。另外，还须排除干扰，对与要解决的问题无关的事要放得开，以便集中精力解决问题。

②逆向思维与侧向思维。逆向思维是有意识地从正向思维的反方向思考问题的思维方式。逆向思维可以启发人们按照事物发展固有的曲折性认识事物、解决问题，把正反两方面的认识结合起来，坚持前进性与曲折性的统一。而侧向思维是指在运用正向思维或逆向思维找不出解决问题的方法的情况下，从另一个角度或从离其很远的领域获得启示的思维方法。在领导决策中，侧向思维具有举一反三、触类旁通的作用，它对于领导者拓宽视野、

启迪思想、获取解决问题的理想效果显得尤为重要。

③动态思维与超前思维。动态思维是一种运动的、调整性的、不断择优的思维方式。现代领导工作是一个动态过程,而且每个工作环节的自身也都是一个复杂的动态系统。如果领导者不运用动态思维考虑领导工作问题,必将脱离实际、一事无成。而超前思维是指对事物发展进行预见性推理,进而对将要发生的事情做出科学预测,并调整对眼前事物认识的思维方式。超前思维是面向未来的思维,是人类思维能动性的表现。面对能源供需格局新变化、国际能源发展新趋势,对于能源国有企业领导干部而言,超前思维显得更为重要。

# 第 4 章
## 如何践行勇于创新

针对 2.4 节提到的国有企业领导干部的创新使命和职责，本章从创新战略的开发、创新组织的搭建、创新人才的管理和创新文化的营造等四个方面，阐述国有企业领导干部如何做好创新管理工作，践行勇于创新。

## 4.1 创新战略的开发

制定创新目标和创新战略是一项富有挑战性的工作。一个具体问题（如产品优化、质量提升等）可以基于过往成功经验、严谨的数据分析或已知原理来解决，一项市场营销策略也可以基于当前的市场分析和用户研究来制定，但是面向未知的未来制定创新方向和行动路线则具有极大不确定性和高度风险，尤其是中长期创新战略和愿景开发，无论市场还是技术的发展都是不可准确预知的，过往的经验和数据不但价值不大，甚至会带来负面效果，这是创新本身的特点决定的。因此，在创新战略制定中，首先需要明确创新战略到底是什么，它应包含什么内容、应具备哪些特点和要求，然后要明确创新战略开发具体包括哪些任务、有哪些具体的规则和方法可以遵循和借鉴。

首先，创新战略设定了创新角色和创新方向，主要包含几个关键要素——创新目标、创新内容以及创新形式和模式。创新目标指明企业的创新方向和未来期望；创新内容进一步描述了企业定位，具体在哪些领域或方面（如技术或技术能力、市场、产品、客户群等）取得突破或赢得竞争力；创新形式和模式则明确了企业通过什么方式、手段和途径达到上述目标，如可通过前瞻性技术创新获得未来的技术优势，也可通过产品创新充实产品组合应对当前市场需求的变化。

其次，创新战略是创新实践的路标和决策依据。对于追求创新的企业来说，如果没有清晰的创新路线图，企业的创新努力很可能陷入那些令人眼花缭乱、热血沸腾的具体创新战役或创新项目中，最终却因看不到期望的结果而迷失方向。虽然这些创新活动本身也许并没错，但由于缺乏明确的创新目标和战略，因此企业很难做出正确决策，选择真正适合自己的创新项目和抓住最佳的市场机会。

其实，创新战略是企业上下对未来创新发展的一个契约。它不仅要获得企业和高层的承诺，而且需要基层的认可和自觉配合，让各方面达成一致和共识。没有统一的创新战略和目标作指引，企业各部门的创新行为往往各行其是，甚至会相互冲突，从而导致创新难以成功或效率低下。

创新战略的开发基本上包括四个方面的重要任务：一是对技术、市场等未来发展趋势的分析和情景规划，形成对企业创新愿景和创新机会的深刻洞察，制定企业未来中长期创新目标；二是制定可行的创新战略，包括创新类型、创新战略类型以及战略行动计划和路线图，明确创新的重点和策略；三是创新战略的落地执行，包括具体的创新组合、创新项目启动和相应战略资源分配、管理；四是创新战略的定期评估和调整，需要建立一套机制对战略执行情况进行跟踪和分析，实时评估内外部环境变化，定期更新创新战略。其实，上述四个方面也基本概括了创新战略开发的完整过程。总的来说,在开发创新战略时需要认真考虑以下五个方面的问题:①创新战略应为企业描述出一个令人期望的未来,并能真正激励企业各级员工;②创新战略需要表现出足够的野心,超越和击败当前的竞争对手,开拓新的增长空间(蓝海);③创新战略开发应是一个开放的过程;④创新战略应包含明确具体的创新路线图,找出相应能力、技术和资源存在的不足,以及具体的创新策略;⑤创新战略应该具有适应性,随时进化和发展。

基于创新战略开发的实践需要,下面分别从创新愿景和目标定义、创新战略制定、创新战略实施和创新战略评估与优化调整四个方面,为国有企业领导干部创新提供可以遵循的方法。○

### 4.1.1 创新愿景和目标定义

一家企业创新战略的制定来自对未来发展趋势的探索和预见,其重要意义在于发现影响企业未来发展的重大创新机会,并据此定义创新愿景和创新目标。这是关于为什么创新和创新什么的根本性问题。创新愿景和目标基于对外部环境未来变化趋势的基本判断,而创新战略是为实现创新目标而制定的切实可行的策略路线。图 4-1 解释了从趋势分析到战略制定的整个过程。首先,要识别出影响外部环境改变的关键驱动要素或驱动力量。然后,根据这些驱动力量可能带来的变化,设想未来可能的具体情景(如未来产业场景等),形成深刻洞察或预见。进而结合企业自身的核心能力和资源、关注领域、价值追求等,确定未来企业应该聚焦于哪些方面、达成什么愿景、存在哪些创新机会,以及

---

○ 陈劲,宋保华. 首席创新官手册:如何成为卓越的创新领导者 [M]. 北京:机械工业出版社,2017.

为实现愿景应具体在哪些方面做出创新努力,抓住这些机会能为企业未来发展带来的价值和意义,形成所谓的创新目标。最后,一旦明确了未来的愿景和创新目标,就可反观当前的状态和形势,定义现实与未来目标的差距,规划如何缩小这种距离,形成最终的创新战略,包括具体的创新策略、步骤和路线图。

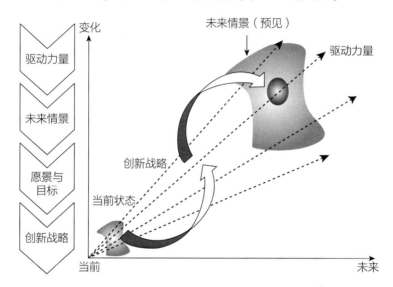

图 4-1 创新战略开发:从趋势分析到愿景和目标制定

资料来源:陈劲,宋保华. 首席创新官手册:如何成为卓越的创新领导者 [M]. 北京:机械工业出版社,2017.

## 趋势分析方法

### 1. 针对外部宏观环境的 PESTEL 分析法

PESTEL 分别代表政策(Political)、经济(Economic)、社会(Social)、技术(Technological)、环境(Environmental)和法律(Legal)六个方面的影响因素,它为我们提供了对外部环境变化系统分析的方法。这里的政策因素包括政府政策、税制改变、外贸以及可能的政策风险等；经济因素包括商业周期、利率变化、消费者可支配收入、汇率以及失业率、GDP 变化趋势等；社会因素包括人口结构变化、收入分布、生活方式变化、文化与潮流等；技术因素包括技术新发现及其开发、各种新技术创新、技术失效率、研发投入等；环境因素包括环保法规、能源消费、全球变暖、废物处理和循环利用等；法律因素包括竞争法、健康和安全法规、雇佣法、知识产权法等。通过分析这些因素，我们可实现对外部环境变化的系统理解。此外，我们一般还要基于目标产业和市场的特点，选择那些具有关键影响的因素，探索外部环境的变化趋势，判断其带来的机会和威胁。要说明的是，PESTEL 分析法更多用于企业战略或短期创新战略的开发，对于中长期的创新探索，应修正或选择那些影响未来的 PESTEL 具体因素进行分析，其中技术因素的作用更值得重视。

### 2. 大趋势分析法

大趋势（Megatrends）分析法用于分析未来的中长期趋势。大趋势分析是对地球以及全人类带来重大而长远影响和冲击的、具有全局性的力量及其演变模式的分析总结。这种大趋势是驱动我们生活中各种改变的根本性力量，是具有根本性和全局性的重要变化——对未来几十年将产生重大影响或冲击。它们推动全球变革，给我们的未来带来挑战，也蕴涵着重大机遇。它们不但决定着未来的商业战略和公共政策，而且能改变政府、公司、组织和每个人的做事方式。这些具有根本性和全局性的重大变化已成为很多组织制定未来创新愿景和探索创新机会以及进行决策的重要依据。

### 3. 预见未来的方法

预见未来有很多方法，具体分析方法可以是定性的（基于直觉和观点、想象），也可以是定量的（基于数据和数学、建模等），可以是探索式的（基于过去，立足现在，预见未来），也可以是规范式的（从期望的未来开始，回溯到现在，如何才能到达未来）。整体来看有三种预见未来的基本方式——探索式、不确定式和规范式。

探索式预见，即预见我们将去向哪里，在事情发生前看到未来，假设未来可预测，持有比较积极的态度，认为我们可以去适应、去准备，可以降低坏的影响但不改变未来。它是基于这样的理念：未来只是过去和现在的延续。相应的预见方法包括外推法（基于时间轴、趋势发现、S 曲线等）、预测法、分析法（因果模型、解释系统）等。

不确定式预见，即接受未来的不可预见性和不确定性。重点是去管理这种不确定性和变化，可能是反应型的（如危机管理），也可能是积极型、战略型的。具体方法包括分析判断（德尔菲法、专家观点、内容分析、交互法、扫描法）和管理（风险管理、冲击评估、角色扮演、情景法）等。

规范式预见，即立足发现或创造全新的未来，它强调创造，是积极型的。这种预见方式先产生对未来的想象（期望或渴望的未来），然后问为什么，再进行反推，这其中想象力至关重要。主要方法有政策制定法（问题解决、决策规划法、逻辑步骤、回溯法、战略定义法、路线图法）、投机法（科学小说想象、推理文学）、想象法（头脑风暴、未来工作坊、愿景法、创造性想象）。

不管用什么方法，都是基于我们对现在与未来之间关系的想象。而选择什么方法，关键是要基于当前的情景以及考虑为什么要使用这种方法。在预见未来趋势和规划愿景的实际工作中，很多创意需要综合运用多种方法。例如，西门子创造的"未来之窗"（Picture of Future）方法就是综合了大趋势分析法、情景法、外推法、德尔菲法等方法。

### 4.1.2 创新战略制定

定义了创新愿景和目标,只是创新战略开发的开始,下面需要确定能够实现这一愿景的行动路线图并遵循它。这意味着需要制定切实可行的创新战略,具体包括定义战略机会、明确战略定位、选择创新类型和创新战略类型、制定具体的创新行动路线图等。

**1. 创新机会地图与战略定位**

机会地图制定也被称为战略定位分析,即基于对外部环境变化驱动因素的分析,识别出真正具有潜在市场需求的机会,对它们进行定性描述和定量分析,将机会清晰地列示出来,并对它们的规模、增速和潜在收益等进行定量评估,以找到可以聚焦的目标机会。

对于企业而言,一般的战略定位在于市场定位,即打算聚焦的具体市场和产品领域。而创新战略定位更多的是基于前期对未来创新愿景的设定,确定未来聚焦的市场范围和技术领域。美国制药公司百时美施贵宝(BMS)公司在早期战略重新定位时,决定将癌症治疗药物作为其医药业务的关键部分。在认识到基于生物技术的药品(如单克隆抗体类)很可能是一种富有成效的抗癌药品后,BMS公司决定将自己的技术能力储备从传统的有机化学转向生物技术。这种新的商业战略(聚焦抗癌市场)需要一种新的创新战略(技术能力转向生物学领域)。而这种高质量创新战略的产生,需要从一个非常清楚、明确的目标开始,确保能够为企业带来可持续的竞争优势,而不是模糊的理解和描述,如"我们必须通过创新来成长""我们需要通过创新来创造价值"或"我们需要通过创新来超过竞争对手"等,这些不是真正的创新战略,它们无法为选择创新类型和创新模式提供任何有意义的信息。

## 2. 创新类型的选择

在明确创新目标后,需要思考的是应通过什么类型的创新来创造和获取价值,以及需要什么样的资源。创新类型的选择应考量两大维度,即创新程度和创新开放度,如图4-2所示,渐进性创新与突破性创新是企业对创新程度的选择,封闭式创新与开放式创新是企业对创新开放度的选择。

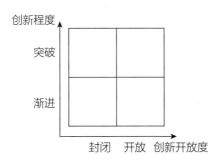

图4-2 创新战略选择框架

(1) 渐进性创新

渐进性创新是指在企业原有的创新管理轨迹下,对产品、工艺流程、服务、商业模式等进行的程度较小的改进和提升。一般认为,渐进性创新对现有产品的改变相对较小,但是却对产品成本、可靠性和其他性能等都有显著影响,这是因为虽然单个创新所带来的变化很小,但它们的累计效果常常超过初始创新。此外,通过渐进式创新,一方面能够充分发挥企业已有技术的潜能、强化企业的组织能力;另一方面,能够提高顾客满意度,增加产品或服务的功效,由此也可以产生正面的影响。

从理论上说,渐进性创新没有显著利用新的科学原理,但随着时间的推移,将逐渐产生巨大的积累性经济效果,相对于突破性创新给企业带来的巨大风险与困难,许多公司经营者倾向于采取渐进性创新模式。然而,渐进性创新只能维持企业现有产品的竞争力，当市场出现拥有突破性创新成果的竞争对手时，现有的成熟的大公司就可能丧失其市场领先地位。历史上，晶体管的出现几乎击溃了所有的电子管生产企业，而当时电子管生产企业正孜孜不倦地致力于渐进性创新。再如，当优秀的瑞士科技人员和企业家正精益求精地进行着自己的渐进性创新以提高机械表的性能时，日本石英钟技术的发展却给瑞士的钟表业带来了致命的打击，而这种技术恰是当年从瑞士流出的。由此可见，渐进性创新可以保持优势，但是这种优势很容易被突破性创新的漩涡所吞噬。对此，企业的管理者应该认识到，不断改进是获得成功的要素，无数次的渐进式创新是整个创新过程中必不可少的一部分，渐进式创新是一种有益的、不可或缺的尝试，应该予以支持。但是，缺乏前瞻性的渐进式创新最终产生的结果是企业止步不前，从而无法创造出更好的产品和提供更好的服务。

(2) 突破性创新

诚然，所有成功的企业都需要渐进性创新来满足当前客户不断变化的需求，由此实现企业的持续成长。但是这些创新还必须周期性地辅以间断性创新（discontinuous innovation）。突破性创新就是一种重要的间断性创新。纵观那些生存了数十年、上百年甚至两百年的大公司，如 IBM、通用电气、摩托罗拉、惠普、西门子、飞利浦、3M、联合技术、通用汽车和杜邦等，都会有规律地用突破性创新来取代正在进行的渐进性创新。

如果某种新产品、新工艺、新服务或者新商业模式能够显著增加企业的收入及利润，就可以将其称为突破性创新。然而，从实践角度来说很难用具体增加了多少收入去衡量什么是突破性创新，因为这还取决于公司的规模和耗费的成本。因此，只能通过其自身特征来进一步理解：突破性创新需要全新的概念与重大的技术突破，往往需要优秀的科学家或工程师花费大量的资金来实现,历经8—10年或更长的时间。这些创新常伴有一系列的产品创新与工艺(流程)创新及组织创新,甚至能够带来产业结构的变革。一个突破性创新项目是否具有潜力有以下三个判断标准:①一套全新的性能特征;②既有性能指标至少实现5倍的提升;③成本的大幅度(大于30%)下降。此外,突破性发明也可能会驱动企业获得突破性的创新成果。突破性发明(如汽车、电、青霉素、互联网、万维网等)是人类向前跨越的一大步,它可能无法使某个企业获得"先入者"的优势,但往往能孕育出一个全新的行业。

但是,在重大的突破性创新方面失败往往多过成功。即使在美国、欧洲和日本等先进的发达国家和地区,突破性创新的方法也很难实施,因为该方法需要投入大量的时间和资金,还需要高层领导的关注。因此,对发展中国家来说,理解突破性创新的本质并以开放的眼光实施创新是非常重要的。对此,哈佛大学Christensen(克里斯坦森)教授提出的另一种间断性创新方法——破坏性创新(也称为颠覆性创新),不失为一种借鉴方式。

从创新的不确定性来看,突破性创新的不确定性水平显然高于渐进性创新,不仅涉及技术的不确定性(如基础科学知识的完整和更新、产品的技术规格、制造过程、可维修性等)、市场的不确定性(如顾客对产品的现实需求和潜在需求、销售和分配的方式、竞争对手的产品等),突出性创新项目研究团队还要接受来自组织和资源不确定性的挑战⊖(如表4-1所示)。

---

⊖ Leifer R., McDermott C., O'Connor G., et al. Radical Innovation: How Mature Companies Can Outsmart Upstarts [M]. Boston: Harvard Business School Press, 2000.

表 4-1 突破性创新面临的不确定性

| 项 目 | 内 容 |
| --- | --- |
| 技术不确定性 | 技术开发、应用开发、制造工艺是否可行 |
| | 什么时候可以完成 |
| | 谁能够完成 |
| 市场不确定性 | 谁会购买 |
| | 产品能够为他们创造什么价值 |
| 组织不确定性 | 如何应对企业内的阻力 |
| | 采取什么办法获得组织承诺 |
| | 谁来领导项目组,谁将参与到项目中 |
| | 如何找到合适的人才 |
| 资源不确定性 | 完成项目所需要的资金和能力如何满足 |
| | 如何找到合作伙伴,怎样处理与合作伙伴的关系 |

(3) 封闭式创新

早期传统的创新观念认为,创新是企业的灵魂,只能由企业自己独立进行,从而保证技术保密、技术独享,进而在技术上保持领先地位。内部研发因此被认为是企业有价值的战略资产,是企业提升核心竞争力和维持竞争优势的关键,甚至是竞争对手进入市场的巨大阻碍。技术和资金实力雄厚的大公司(如杜邦、IBM 和 AT&T 等)雇用了大量世界上最具创造性的科技人才,给予他们优厚的待遇和完备的研发设施,投入充足的研发经费,进行大量的基础研究和应用研究。科技人员产生了许多突破性思想和研究成果,企业内部独立开发这些研究成果,通过设计制造形成新产品,并通过自己的营销渠道进入市场,使之商业化,获得巨额利润。企业接着再更多地投资于内部研发工作,这又会促进进一步的技术突破,形成创新的良性循环。

对于这种长期以来一直发挥着重要作用的创新模式,

Chesbrough（切萨布鲁夫）将其称为封闭式创新，其主要观点是成功的创新需要强有力的控制，表现为企业主要依靠自己的力量、自己的资源进行创新，与外界的合作创新很少。因此，企业必须有自己的创意，然后通过进一步开发、研制新产品，推向市场、予以分销，并提供服务和技术支持。由于技术垄断可以带来很高的行业进入壁垒，从而为企业赢得垄断地位。如果想要使强者"让座"，竞争对手们就必须拿出足够的资源来打造自己的研发能力。

（4）开放式创新

随着20世纪末期环境的快速变化，封闭式创新模式受到了越来越多的挑战，多种因素共同瓦解了封闭式创新的基础。随着知识创造和扩散的速度加快，高级人才的广泛流动及风险资本的盛行，公司越来越难以控制其专有的创意和专业技能，这迫使企业不得不加快新产品开发及商业化的速度。否则，研究人员可能会利用风险资本创业，自行开发他们的研究成果，使之商业化，而不再像以前那样，在企业内部等待开发人员把他们的研究成果开发设计成新产品。如此一来，企业内部的知识和技术免费地流动到了企业外部，企业在研发上的巨大投入将不能产生任何价值，打破了原有的良性循环。因此，在知识经济条件下，以前盛行的使许多企业获得竞争优势的封闭式创新范式已不再适合，一种与之完全不同的创新范式随之兴起并越来越受到关注，那就是开放式创新。

开放式创新模式是指企业同时利用内部和外部相互补充的资源实现创新并最终转化为商业价值的过程。在开放式创新模式下，企业边界是可渗透的，创新思想主要来源于企业内部的研发部门或其他部门，但也可能来源于企业外部。企业内部的创新思想可能在研发的任何阶段通过知识的流动、人员的流动或专利权转让扩散到企业外部。一些与企业当前经营业务不匹配的研究项目，可能会在企业进入新的市场时展现其巨大价值，也可能通过外部途径实现商业化。公司不再锁住其知识财产，而是通过许可协议、短期合伙等方式，设法让其他公司利用这一技术，自己从中获利。

开放式创新要求企业在研发以及项目控制的过程中，同步观察市场与技术的瞬时变化，把创新发展成为一种全局性、并行性甚至是灵机一动的有趣活动。实际上，国际上有许多著名企业成功地推行了开放式创新，并由此取得了持续的竞争优势。像诺基亚、苹果、IBM、默克、宝洁等公司，虽然它们的研发能力很强，但也注重充分利用外部创新力量，通过有效整合内外创新资源进行创新。下面举几个能源行业企业开放式创新的例子。[一]

成立于1946年的法国电力集团是一家在核能、热能和可再生能源方面具有世界级工业竞争力的大型发电企业。与大学、科研机构及产业伙伴开展研发合作，是其创新战略的重要组成部分，为它在行业内保持科技领先地位提供了重要支撑。在获取外部创新资源方面，法国电力集团主要有以下做法。一是以共建实验室为平台，联合开展基础性研究。法国电力集团与学术机构合作在法国建立了12个联合实验室，围绕重要科学和技术问题开展基础性研究，研究领域覆盖太阳能发电、环境、核能、能源经济、材料科学、输配电网等方面。二是逐步推进研发国际化，吸收世界顶尖科技资源。在英国，与爱丁堡大学、曼彻斯特大学等多所大学开展合作。在美国，专门选派研发团队与美国电力科学研究院开展核能、智能电网等领域的研究合作，并与麻省理工学

---

[一] 石书德，张勇，葛旭波，等. 跨国公司对外部创新资源的获取策略——基于国际领先电力企业的案例研究 [J]. 中国科技论坛，2012（10）：150–155.

院等大学开展合作。在德国、波兰和中国等地,也在进一步加强与这些国家的顶尖能源科技机构的研发合作。三是与资源互补企业分工协作,实现产业链各方共赢。2010年,联合阿尔斯通、威立雅环境公司共同承担了一项燃煤电厂碳捕获示范项目,获得法国政府的资助。

西班牙电力将集团创新定位为一个开放式的过程,通过各种方式与学术机构、产业技术伙伴开展合作,逐步建立技术跟踪和探寻体系,为公司识别机会和挑战。在获取外部创新资源方面,西班牙电力主要有以下做法。一是利用产业技术平台,跟踪未来发展趋势。这些产业技术平台是由政府、企业和科研机构等组成的论坛,共同商讨产业特定领域的创新政策,制定中长期研发战略计划。西班牙电力在国内先后加入了能效、光伏技术等8个技术论坛,在欧盟层面先后加入了智能电网技术、风能技术等6个技术论坛。二是实施创新网络计划,发展合作研发项目。针对公司面临的技术挑战问题,聚集产业、大学和科研机构技术伙伴,分享创意并提出研发合作建议,最终目的是设立实际的合作项目,与技术伙伴开展研发合作。西班牙电力先后建立了电力保护和供应质量、分布式能源等5个技术领域的网络分支,形成包含全球50多家机构组成的创新网络,产生了100多项创意,推动形成了20多个研发合作项目。三是实施大学合作计划,转化和利用学术研究成果。从2009年起实施该项计划,西班牙电力先后与萨拉曼卡大学等建立了合作框架,在可再生能源等领域开展研发合作,并与英国爱丁堡大学、帝国理工大学建立了碳捕获与存储技术领域的研究联盟。四是设立风险投资基金,以投资于行业的颠覆性创新技术。每年提供600万欧元,在全球范围内投资能源行业的颠覆性创新技术项目。目前,西班牙电力在海上能源、太阳能、碳捕获及生物能源等4个领域先后各投资了2个项目。

德国意昂公司是欧洲最大的电力和天然气公司之一，非常重视对学术机构的支持，科研资助是意昂公司获取外部创新资源的重要途径，近年来每年均投入了大量的资金用于支持大学研究和项目论证。意昂公司在外部创新资源获取方面主要有以下做法。一是依托大学科研资源，建立能源研究中心。2006年，意昂公司在德国亚琛工业大学建立了意昂能源研究中心，计划在10年内投入4000万欧元，用于开展发电与存储系统、未来能源消费需求与行为等领域的研究。二是推行国际研究资助计划，建立前瞻性技术全球知识网络。确定前瞻性技术研究主题，邀请全球范围内的研究机构和大学提交研究申请，择优给予资助。意昂公司从2007年起先后推出能源存储、纳米技术在能源领域的应用等主题，投入了1800万欧元，资助了24个研究项目。2012年的研究主题是未来智能家庭，该项目为意昂公司提供了接触全球最新研究成果的通道，加深了其对能源行业发展的理解，并促成了新的商业创意。三是加入科研机构的研发项目，分享顶尖机构的知识和技术成果。意昂公司先后加入了英国能源技术研究院、美国电力科学研究院等国际能源科研机构的研发项目，提供经费支持，并承担部分工作（如产业化实验），以达到分享研究成果的目的。

### 3. 创新战略模式的选择

在选择了合理的创新类型组合后，需要明确具体的创新战略模式，即通过什么方式实现、具体进入时机是什么。创新战略围绕企业经营目标，依托于职能部门战略，是企业对于创新方式与创新程度的选择。根据自身条件和外部环境的不同，不同的企业会选择不同的创新战略，即使同一家企业也会在不同的发展阶段和市场环境下采取不同的创新战略。目前关于创新战略和模式的分类很多。例如，按照企业在市场中竞争地位的不同，可分为领先型创新战略和跟随型创新战略。

(1) 领先型战略

具体而言，领先型战略是指企业在相关的技术、产品和服务领域占据领先地位，不断率先推出新技术、新产品、新理念、新的商业模式等，开拓新的市场，引领相关领域发展，成为行业发展先行者。选择领先型战略意味着企业的创新以原创性为主或以原创性为基本特征，企业对未来发展趋势的把握能力强，善于进行高风险性探索和有能力进行大量早期投入。当然，处于领先地位的企业往往能够因抢占市场先机而获得高额利润。

(2) 跟随型战略

具体而言，跟随型战略是指企业以跟随和模仿再创新为主，在市场、技术相对明确的条件下发挥自身优势，快速推出富有竞争性的产品，从而赢得市场机会和一定的市场份额。采取跟随型战略的企业可以不必像领先企业那样投入巨量资金到风险性较高的技术和市场进行探索，这样可以少走弯路，有效降低企业的研发投入和市场风险。同时，成功的跟随型企业往往具有较强的学习能力和持续创新能力，加上在诸如成本、生产、市场开发等方面的竞争力，同样可获得可观的市场机会和利润收益，甚至多于相对领先者。

以上两种创新战略还可以进一步细分为进攻型、积极型、被动型和消极型四种创新战略模式。其中，进攻型属于典型的领先型创新战略；积极型可能是领先型，也可能是跟随型创新战略；被动型是典型的跟随型创新战略；消极型战略几乎不能称之为创新战略。

### 创新战略模式类型

1. 进攻型

采取进攻型创新战略的企业一般具有很强的研究能力，包括：经常具有先发优势,是技术市场领导者;能从各种资源中获得知识,可以承受很大的风险。

### 2. 积极型

采取积极型创新战略的企业具体如下特点:保护现有技术和市场,一旦新市场和新技术出现,企业可以快速反应;企业通过内部研发部门进行持续性创新;企业有丰富的知识资源,并有采取低风险展示创新成果的手段;倾向于避免风险。

### 3. 被动型

被动型主要被跟随者类型的企业采用,主要聚焦于运营方面,一般采取等待观察然后寻找低风险机会的方式,模仿已被证明的创新。

### 4. 消极型

采取该战略的企业要等到其客户提出改变产品或服务的要求时才会行动。

资料来源:Australian Institute for Commercialization: Innovation Toolbox, 2010.

创新战略的选择主要取决于企业的发展阶段和内外部环境、行业特点和发展阶段,以及其未来发展方向和期望通过创新得到什么,即所谓的创新目标。然后看要实现这个创新目标,采用什么样的创新战略更可行、可靠。

### 4. 制定创新路线图[一]

创新战略不能仅停留在宏观的目标和模式上,更需要反映到具体产品(及服务)和技术创新上。创新路线图是对战略目标和

---

[一] 罗伯特·哈尔,克莱尔·法鲁克,戴维·普罗伯特. 技术路线图——规划成功之路 [M]. 苏竣,译. 北京:清华大学出版社,2009.

机会的进一步规划，是对创新战略细化实施的重要支持。所谓创新路线图，就是多个利益相关者关于如何实现创新目标所达成的共识，目的是帮助企业在合理时间内运用相应的能力和资源来实现自身的商业目标。可以说，它在创新战略的制定与执行之间建立了桥梁，把市场需求及机会与产品性能及技术创新联系起来，将企业内部的业务发展需求与外部市场的技术演化趋势紧密结合。

  标准的路线图规划以四个研讨会为基础，如图4-3所示。前端为规划准备工作，旨在明确创新需求与目标，明确分析单元，即选择具体针对的是产品领域，还是产品线、产品平台、业务单元，直至企业层面。第一场研讨会的主题是市场，需要综合考虑各方面因素，即确认外部市场与企业内部驱动要素并分析排序，尤其考虑战略性因素，明确知识差距。第二场研讨会聚焦产品，找出产品的特征概念并进行分类，评估其对市场和企业驱动因素的影响，考虑其他替代性产品的发展战略，找出知识差距。第三场研讨会聚焦技术，找出替代性技术方案并分类，评估其对产品功能的影响并确定关键知识差距，界定两个内部相互关联的演进图，用来分析技术路线图的分层结构，并对产品功能和技术解决方案进行优先排序。第四场研讨会是完成制图，将市场、产品和技术整合到技术路线图中，找到里程碑性质的节点，绘制产品演进图及考虑技术层面可能的反应，找出知识差距和下一步方案。虽然不同企业的创新路线图规划过程和最终结构形式都不相同——这与具体的企业需求、行业特点有关，但最终形成的创新路线图应具有简洁的形式、支持关键问题的沟通，并能将业务需求以一种高度浓缩的观点反映出来。

规划准备 → 研讨会1 市场 → 研讨会2 产品 → 研讨会3 技术 → 研讨会4 制图 → 执行

图4-3 创新路线图开发流程

### 4.1.3 创新战略实施

创新战略的落地和路线的实施需要具体的创新行动（计划和项目）、必要的资源保障、明确的执行团队。换句话，从相对抽象的创新战略到具体的创新行动，需要一个科学的规划工具和平台。创新组合管理（innovation portfolio management）就是一种将战略性创新目标和策略转换为一系列项目等具体创新行动的重要工具。组合管理的价值在于：提供了一种直观的架构，将原始的创意转换为真实的投资机会，并基于一定的标准（如战略方向）实现不同项目的合理配置，便于管理和优化；通过合理的投资比例分配来确保一定的投入有最大的效益产出，降低风险，同时也确保投资战略的实现；确保整个组合与公司战略尤其是创新战略相一致，让创新战略真正得到贯彻执行。

一般来说，除了按照短期、中期和长期的时间阶段划分，创新组合还可分为战略性组合部分和运营性组合部分。战略性组合管理的目的是确保正确的创新计划得到执行（"做正确的事"），包括得到资源支持；运营性组合管理则是规划出具有可操作性的项目，目的是使这些选择的项目得到成功执行（"正确做事"）。未来的不确定性和复杂程度的加深使得企业几乎不可能精确判断未来。最近有研究（Rita，2013）⊖表明，所谓"可持续的竞争优势"的概念可能要被抛弃了；今天的战略需要与多变的商业环境相适应，需要足够灵活以适应不断变化的外部和内部情景。

在这种高度动态性和内部相互关联的市场中要取得成功，有

---

⊖ Rita Gunther McGrath. The End of Competitive Advantage：How to Keep Your Strategy Moring as Fast as Your Business［J］. Harvard Business Review Press，2013.

两个关键问题。第一，需要不断地将战略开发、提升优化与战略执行充分融合，以确保有效产出。很多企业不是没有行之有效的战略，而是没有将战略转化为一系列创新计划并融入整个组织的行动中。第二，将关键的资源和资金分配到系列创新计划中，确保价值最大化，并尽可能降低风险。受资源限制，大约只有5%~10%的项目的资源需求能够真正满足。创新组合管理就是要解决以上两个问题，它就像定性战略定义与可衡量项目执行之间的传送带，真正确保战略性和运营性目标都能实现。

创新组合管理开发原理如图4-4所示。

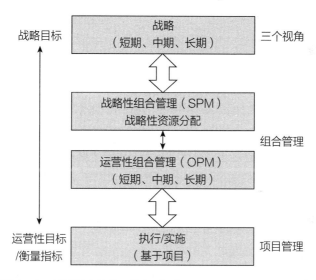

图4-4 创新组合管理开发原理 （Ralph& Kevin，2013）

另外，创新组合管理还需要注意以下事项。第一，涵盖短期和长期创新计划，取得平衡但不是均衡。实践证明，综合考虑短期、中期和长期三个阶段的创新需要是创新管理的重要内容。另外，还需要在持续性创新和突破性创新项目上确保平衡。第二，既要不聚焦重点，又要尽量涵盖不同的创新计划。第三，基于战略性和优先级进行资源分配。创新组合优先级规划应与资源管理（战略层面）完全协调一致，核查各种决策和优先排序是否有相应资源支持的可行性是必需的。战略性资源管理是指在充分考虑资源供应限制因素的情况下分析并确定项目组合。如果项目组合中的某些项目超过资源承受能力，则会影响整个项目组合，此时应对这些项目延期或放弃。为了确保战术性资源分配的成功，战略性资源分配应该和战略性组合管理过程紧密协调。第四，系统持续地推动战略沟通。战略的价值在于执行，而执行的关键在于沟通，使各方达成一致。沟通需要明确沟通的渠道、方式、力度、前后一致性和明确性，由高层主动参与，最好制订一个沟通战略或计划。同时，战略沟通应该是一个长期持续的循环过程，这也是学习型组织的重要特征。第五，适时启动和推出创新计划。选择新的战略性创新计划需要进行充分的尽职调查。尤其是在混沌时期或危机时期，这是必须做的，不能为了做事而做事。由于各种影响因素、相关性以及不同利益相关方的存在，组合管理具有高度复杂性。为了使企业利益的最大化，企业集团内部的项目管理部门需要确保各种因素都被考虑到，能够基于相关的最新标准评估创新计划，及时终止那些不再有吸引力或不成功的计划。必要的约束不但不会扼杀创新，反而有利于激发创意。具有约束性的筛选可以帮助我们聚焦和向前推动创新事业发展。

我们应让战略真正成为组织的自主行为和原动力，将美好的创新使命与组织行动结合起来。在这个过程中，还应基于战略需要不断开发引入创意和创新项目，并充实到创新组合中，需要高效的创新流程和强大的创新资源生态的支持。○

---

○ 陈劲，宋保华. 首席创新官手册：如何成为卓越的创新领导者 [M]. 北京：机械工业出版社，2017.

### 4.1.4　创新战略评估与优化

创新战略尤其是创新组合需要定期评估，包括从目标定位、投资和风险的角度进行分析，很多时候要用到打分方法。基于评估标准，项目会被重新进行优先级排序，甚至被终止。很重要的是，这些评估和优先级制定都要在透明和一致性标准的情况下进行。同时，评估程序应该允许那些没有达到通过标准的项目因为特殊理由仍可能继续被投资。这些经过深思熟虑的决策应该通过公开透明的沟通产生。另外，从实践的角度看，优先评价最好采取分组的形式，如前五个、中间组等，而不是采取顺序号的形式。随着外部环境的改变，优先排序和评估的标准也应随时改变，因此经常评估有于调整企业的探索方向。

对于创新组合的优化管理，应建立创新战略评价和调整工作机制，对战略执行情况进行跟踪、对标、预测及评价；定期或适时分析、评估计划与实际的偏离，并考虑内外部环境的变化，对科技战略和目标及其实施计划进行调整；基于所收集的相关数据和信息，运用适宜的科学方法和工具，对创新战略、目标及其实施计划进行预测，验证公司的创新战略、目标制定的合理性，并指导未来创新战略的制定。总之，在制定创新战略的过程中，我们应先问我们的企业或组织能为这个世界带来什么、与别人有什么不同且这些不同是否重要、其中有什么是独特的和难以模仿的、为此今天我们需要做什么事情，尤其是要完成以下四个关键任务。

①回答"我们期望通过创新如何为客户和企业创造价值"这个问题，然后将答案解释给公司上下，形成上下一致的理解。

②制订一个高阶计划来分配资源到不同种类的创新上，即搞

明白钱、时间和精力花在哪里。

③进行各种权衡。整个创新战略的开发过程就是一个不断进行分析判断和权衡决策的过程。这包括在不同创新类型之间、不同创新战略模式之间、不同创新项目之间的平衡选择。

④创新战略需要不断演进发展。任何一个战略都是在一定假定的条件下才是正确的,这种假定是基于市场、技术、规则和竞争者等直接的真实情景。一旦这些因素发生改变,创新战略就需要验证、调整。⊖

### 4.1.5 创新战略的领导责任

对于领导者来说,在制定创新战略的过程中,首先应明确创新战略的3W1H特征。领导者通常表示自己想要创新,但其前提在于应首先明确为什么、在哪里、如何以及与谁一起创新。也就是说,明确创新战略的四大特征是制定创新战略的重要前提。在此,3W1H特征包括创新目标、创新重点、创新强度和创新边界。具体来说,创新目标即为什么要创新(Why)。从广义上来讲,创新目标有两个:在现有市场中巩固和拓展现有业务;创造全新的业务。创新重点,即在何处创新(Where)。根据创新的侧重点不同,创新战略可以分为以下几类:产品或服务创新、商业模式创新、业务系统创新等。创新强度,即创新的程度如何(How)。根据创新强度的不同,可以将创新分为渐进式创新和激进式创新。渐进式创新即指对现有产品、服务或流程进行渐进地改变;而激进式创新则指开发全新的产品、技术或商业模式。创新边界,即和谁一起创新(Who)。根据内外部边界的不同,可以通

---

⊖ 陈劲,宋保华. 首席创新官手册:如何成为卓越的创新领导者 [M]. 北京:机械工业出版社,2017.

过两种方式进行创新：内部创新和外部创新。内部创新即指利用本公司的能力和资源进行的创新行为实践；外部创新即指通过与合作伙伴、供应商、客户甚至竞争对手合作进行创新。

这四大特征可以较为全面地描述创新战略，并据此明确领导者在某一战略类型中所应承担的责任。具体来说，可以将由这四大特征所区分的创新战略类型总结如下。

（1）推出新的（改进的）产品、流程或服务

企业推行此类创新战略的目的通常在于通过扩大产品范围、提高质量、改进性能等方式，为客户提供更优质的产品、流程或服务，以获取竞争优势。这种创新通常以自下而上的方式进行，由营销人员、产品经理及研发工程师共同驱动，此时并不需要领导者的授权。但当企业正经历由于其产品或服务竞争力迅速下降而导致市场份额的惊人下降时，领导者有义务予以干预，启动并强制执行此类创新战略以做出改变。此时，领导者需要对从概念到产品的整个跨部门活动和战略决策进行整合，此时更需要创新领导者具有奉献精神和勇气，做到在必要时强制开放所有分离的功能和组织，并使流程上的每个交叉部分充分发挥其作用。

（2）推出全新的产品门类或服务

此类创新战略可对应于前述章节中所介绍的突破性创新。此类创新战略通常以自上而下的方式进行，管理层的愿景以及将企业带入全新市场的雄心壮志是这一创新战略实施的重要支撑。也就是说，这种创新战略通常不仅需要领导者的大力支持（包括提供资金支持、人员支持、资源支持等），还需要管理者开展全面的整合或管理工作。例如，在对此类创新项目进行人员配置时，领导者应考虑挑选善于挑战现状、有热情去创造新事物的员工。同时，为了确保全新的创新项目成功运营，领导者还需培养项目

团队内部甚至是整个公司内部的创业和风险承担文化，创造出"即使项目不成功也不会失去士气"的创新氛围。此外，鉴于这类创新活动过程中具有很高的不确定性及风险级别，因此，领导者还应掌握创新过程中的关键不确定性，并进行决策。

（3）推出全新的商业模式或业务系统

商业模式确定了企业产品或服务的面市计划、定价策略等，更重要的是盈利计划。商业模式的创新，可以巩固企业现有业务的竞争力，或是为企业跳出其所陷入的竞争僵局提供新的推动力。此外，企业还可以通过与外部供应商、合作伙伴一起创造新的集成"业务系统"，以完整的系统方式整合独立的产品和服务。这一类创新通常是自上而下的创新，往往由公司战略职能部门发起和引导，或由高层领导团队担任项目指导小组。尤其是业务系统的创新，因其涉及建立合作伙伴关系网、复杂的谈判及战略交易活动等，所以需要领导者及高管团队的积极参与。此时更需要领导者具有丰富的想象力去发现新商业模式及业务系统背后的机会；具有广阔的视野去掌握大局，而不能"只见树木而不见森林"；具有合作的心态去实施跨职能以及跨组织之间的合作。

（4）推出新的（改进的）客户解决方案

新的（改进的）客户解决方案旨在通过创新实现客户价值的重大飞跃，不仅包括调整产品线，更重要的是提供扩展的产品和服务理念。例如，设备产品解决方案通常是捆绑一台机器和一揽子服务，包括安装、培训、操作协助、维护等。这一类创新战略类型需要公司内部跨职能和跨部门的合作，以及公司同外部合作伙伴的合作，从而增加了创新过程的复杂性。因此，这类创新主要以自上而下的方式展开，并需要领导者的积极参与。

## 4.2 创新组织的搭建

### 4.2.1 创新的过程管理

由于产品生命周期缩短,技术、竞争环境及顾客需求快速变化,企业需要对创新过程进行最优化管理。具体包括以下几个方面。

**1. 创意管理**

创新的产生依靠好的创意——创意不仅仅可以促使企业通过一系列活动改变现状,也可以为组织创造新的机会。因此,领导者需要不断思考如何促进创意的产生。其中,模糊前端作为一种基本方法而被广泛应用。

模糊前端的概念最早出现于1985年。一般来说,产品创新过程分为三个阶段[一]:模糊前端阶段(Fuzzy Front End, FFE)、新产品开发阶段(New Product Development, NPD)以及商业化阶段(Commercialization),如图4-5所示。模糊前端即在产品创新过程中,在正式的和结构化的新产品开发之前的活动。在模糊前端阶段,企业将形成一个产品概念,并决定是否投入资源去开发这个概念,这个阶段的工作包括产品概念生成、产品定义、项目计划和最初的执行研究。

进行模糊前端管理的意义体现在两个方面。首先,模糊前端对于新产品开发具有重要作用。创意的产生是新产品开发项目的

---

[一] Koen et. al. Understanding the Front End: A Common Language and Structured Picture, working paper: 2004.

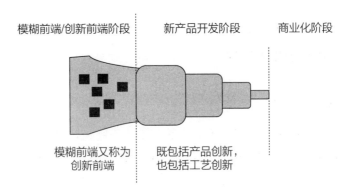

图4-5　产品创新过程模式图

最初动力。因此，以创意产生为标志的模糊前端阶段逐渐凸显出重要性。一项对制药行业新产品开发的研究表明，在模糊前端阶段产生的3000个产品创意中，只有14个能够进入开发阶段，最终能够实现商业化并取得成功的只有1个。由此可见，一方面，现阶段新产品开发的成功率是极其低下的；另一方面，产品开发失败的关键因素还在于从创意产生到产品开发这一过程。这一结论也刚好符合许多学者和企业家的观点：许多项目并不是在开发过程中失败的，而是在一开始就注定会失败。即使在产品开发阶段花费了很大的力气，但由于最初判断或研究的失误，会导致项目以失败告终。因此，新产品开发的关键还是要把握住模糊前端这一阶段，模糊前端的执行效果，实际上是产品开发成败的分水岭。对模糊前端的有效管理不仅能够提高新产品开发的绩效，也能节省约30%的新产品开发时间。

其次，通过压缩模糊前端的时间可以赢得速度。波士顿咨询公司副总裁霍特和斯托克曾指出，进入20世纪90年代后，企业间的竞争是基于时间的竞争（time-based competition），时间成为主导新产品开发战略的关键要素。而加速推进模糊前端能够大大提高新产品开发的速度。如图 4-6 所示,通过加速推进模糊前端,可以更早地进行产品开发,同样也可以使产品快速进入市场,较短的周期还可能创造更好的战略灵活性。这种优势可以为"市场领先者""快速跟随者"甚至是"追随者"带来先行优势,并带来更高的利润。在竞争激烈的市场环境下,比竞争对手更早地进入市场是很重要的,因此,必须考虑模糊前端阶段的时间节约问题。

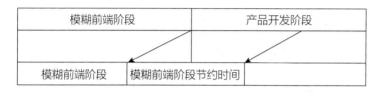

图 4-6 加速推进模糊前端能提高新产品开发的速度

Koen(科恩)等在其提出的新概念开发模型(New Concept Development, NCD)中指出,模糊前端的基本要素包括五个部分,分别是:机会识别、机会分析、创意的产生和丰富、创意的选择、概念界定。其中,创意是指一个新产品、新服务或者是预想的解决方案的最初萌芽;机会是指企业或个人为了获取竞争优势而对商业或是技术需要的认识;概念是指在广泛了解技术需求的基础上符合顾客利益的定义,具有一种确定的形式特征(如书面的和视频的)。如图 4-7 所示,模糊前端阶段可从机会识别或创意的产生和丰富开始(指向模型的箭头表示起点),以进入新产品开发阶段或技术阶段而结束(离开箭头)㊀。

---

㊀ Koen P, Ajamian G, Burkart R, et al. Providing Clarity and Common Language to the Fuzzy Front End, Research Technology Management, 2001, 44 (44): 46-55 (10).

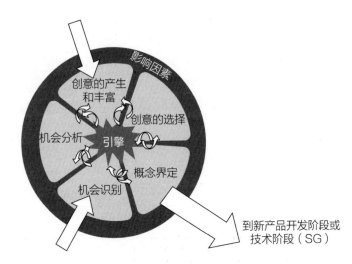

图4-7 科恩的新概念开发模型

领导者可以通过以下几种方式进行模糊前端阶段的管理：创建相应的企业文化，鼓励员工利用"空余时间"去检验和实现自己或别人的想法；建立多元化激励机制；创建易于使用的关于产品或服务改进的网络创意库；建立有限的、简单的、可度量的目标以跟踪创意的产生和丰富；在丰富创意小组中吸纳不同认知风格的员工；建立处理外来创意的机制等。

创新的源头是创意。如何挖掘创意并实现对创意的有效管理成为企业创新发展的关键。对此，Borrieci 提出了 20 周创新管理方法[一]，为企业创意的获取到创意最终转向创新提供了借鉴，如图4-8所示。

---

[一] R. Borrieci. Creating Innovative Products and Services the Forth Innovation Method, Joumal of Prodacts and Brand Management, 2012, 21 (5)：381 – 382.

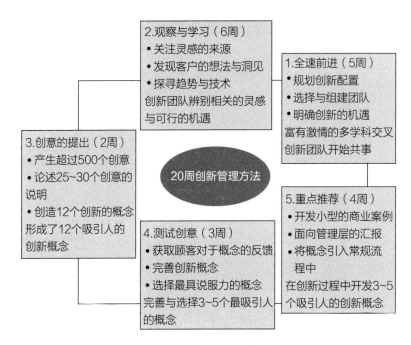

图4-8 20周创新管理方法

从实际情况来看,公司挖掘员工创意最常见的做法就是设立意见箱。实现创意收集系统(如意见箱等),相对来说是比较容易和低成本的,但这只是释放员工创造力的第一步。如今,像英特尔、3M和惠普这样的公司在开发员工潜在创造力方面要做得更好,包括对一些创造力的培训项目进行投资,这些项目鼓励管理层通过口头或非口头的信号,向员工传递这样的信息:他们的想法和自主性会得到公司的重视。例如,美国本田公司设立了员工创意系统,只要员工提出自己的创意,就可以得到获知创意执行情况的权力,而不仅仅是金钱上的奖励,这种方式塑造了企业重视创意的文化,经常会比金钱上的奖励更加有效。事实上,金钱上的奖励有时会破坏员工的创造力,这是因为金钱上的奖励会刺激员工关注指向外部的兴趣而不是自己内在的兴趣。

然而，并非所有的创意都有用。有些创意可能是多余的，或是出于创意者自私的考虑，因此没有多少价值。但是在创新能力方面有所投入的企业，以及建立了所谓"创意管理系统"以求获取新创意的企业，都认识到这种潜在的创造能力能够被激活，能够对其进行管理，甚至能将其转化为推动企业业绩增长的新工具。优秀的创新型企业把创意管理视为企业追求新收入来源的中心议题。创意系统可以帮助企业树立创新信条，帮助企业中的每个部门寻找新的商业机会，促进管理者和员工的广泛参与。

### 2. 研发管理

1867年，德国的巴斯夫（BASF）化工公司为了开发染料技术，创建了全球第一个企业专属的研发部门。产品研发，即企业在明确客户需求对应的产品概念之后通过研发使创意向产品原型转换的过程，是新产品开发流程的关键环节。研发管理是为了实现企业创新及其研发的经济效益，是企业内部管理中最重要的一个环节。Roussel（劳赛尔）等学者将研发功能的地位的演进历程划分为四个阶段，其中每一个阶段的演进，都代表了技术创新对于企业经营所起的重大关键作用。

（1）第一代研发（直觉型研发）管理

第一代的研发管理并没有明显的战略目的，研发与当前业务没有直接关联，研发活动主要由科学家与技术专家主导，企业高层不参与研发相关的决策。处于这一阶段的企业，一般将研发视为可有可无的行为，对于研发支出采取成本控制的方式，也不期待研发成果能给当前营运带来显著的贡献，因此研发部门每年都要主动向企业争取部门预算。此外，研发部门本身对于研发活动也没有一套系统化的管理方式，研发主题选择大都由技术人员自主决定，没有明确的商业化动机，研发成果的评估也都以技术产出指标为主。因此可以说，第一代研发管理是一种极为初阶的管理活动,组织仅能认知研发活动的专业性特征,但尚未认识到研发活动对于企业营运的重要性与关联性。

(2) 第二代研发(系统型研发)管理

当企业具备第二代研发管理理念时,研发与业务逐渐产生联结关系,不过大多由业务部门提出需求,研发部门被动配合。研发活动依据项目的类型,采取不同的绩效评估与管理方式。例如,基础研究的目标与方向,仍然由研发专业人员自行掌控,并无正式的项目管理,绩效衡量也以同行评估与技术指标为主。但在应用与产品开发的部分,目标、预算、进度等都需要与业务部门共同协商决定,采取较为严谨的项目管理,并以比较明确的经济效益指标来评估研发活动的绩效。在第二代研发管理阶段,虽然企业已将研发纳入营运活动的一部分,不过研发活动仍以配合公司经营方针为目的,研发创新成果并不被视为竞争优势的主要组成部分,因此研发在组织内仍属于功能性部门。技术发展较为成熟的产业,或采取技术跟随者战略的企业,大都持有第二代研发管理理念。

(3) 第三代研发(战略与目标型研发)管理

第三代研发管理将研发活动纳入整体组织的战略架构之中,研发活动开始有比较明确的战略目的,研发也与企业发展呈现紧密的关系。公司多采取跨部门的矩阵组织来从事创新活动,但对于重要的创新项目,公司也会采取独立项目小组的方式,打破部门本位的限制,由公司高层来直接领导重大的技术创新活动。这个阶段,研发创新活动开始融入公司整体的流程作业,研发部门与所有其他功能部门的关系极为密切,其地位也大幅跃升,且公司投入研发创新的经费大幅增加,同时也更加重视对研发成果的绩效评估。在这一阶段,研发、营销、生产等均站在平等的地位上来竞争企业内有限的资源配置,至于资源配置的优先程度,要视各功能对于组织战略目标的贡献程度而定。当前,科技企业大都已进入第三代研发管理的阶段,实现研发与业务的紧密配合,但投资回报率仍然是这类研发投资中的主要考量指标。

(4) 第四代研发(创新型研发)管理

第四代研发管理的根本精神是将技术创新视为创造战略性竞争优势的主要手段,并将研发管理提升至经营战略的核心层次。第四代研发管理虽然在许多作业管理层面仍延续第三代研发管理的做法,但两者的主要差异在于对技术创新的战略态度。例如,在研发项目管理与绩效评估方面,第四代研发管理更重视研发活动所带来的战略性效益,企业将研发投资视为一种知识资产投资,并认为这种知识资产投资将创造出比其他有形资产投资更高的投资回报率。第四代研发管理更多地针对未来市场发展所需要的技术,且具有非连续创新的性质,这与第三代研发管理着重于当前市场需求以及渐进创新的本质存在很大的差异,其面临的挑战在于如何提升未来市场与技术的清晰度,并采取有效的技术战略和建构创新导向的组织制度,以降低新技术与新产品开发的风险。

总体上,第四代研发管理的特色可以归纳为以下四点。第一,创新管理成为企业经营管理最重要的议题。采取第四代研发管理的企业通常具有以创新为导向的企业文化与扁平的网络组织结构,技术创新强调独立的项目团队组织,在经费运用与创新项目选择上具有很大的弹性与自主性。第二,重视技术资源管理,将技术创新相关资源视为战略性的知识资产,以此积蓄企业的核心技术能力,建构超链接形式的知识库,并大力推动知识管理与智能财产权管理,以有效地将创新成果转化为企业的智能资本。第三,以战略联盟来推动技术创新。企业能充分掌握自主的核心技术能力,并灵活运用技术合作、技术授权、技术移转、技术交易、购并战略等手段，来提升技术创新的效率与效能。第四，建构全球研发网络。能以全球化运作的观点看待研发活动，将传统总部实验室的中央控制观念转变为全球研发网络的分散架构，在全球最适合的地点设置研发单位，形成有效管理的网络组织，将知识创新、技术创新、产品创新、流程创新、市场创新等均纳入全球研发网络的活动之中。

上述发展趋势显示，研发在企业中所扮演的角色已发生巨大的变化。进入知识经济时代后，创新成为企业创造竞争优势的主要根源，知识也因为法律保障与交易市场蓬勃发展而确立了其市场价值。因此，在许多企业的营运管理活动中，知识与技术的研发创新也逐渐跃升为经营的核心层次。如何研拟具有前瞻性的研发战略，如何有效管理企业的研发活动，如何提升研发的产出绩效，将是知识经济时代领导者必须学习的新知识。

### 3. 创新的界面管理

创新的界面管理，即企业内部各部门间的沟通协调界面管理，目前已成为技术创新管理的重要组成部分。据美国技术管理专家桑德进行的界面管理实证调查，当研发—市场营销界面上存在严重的管理问题时，有68%的研发项目在商业上完全失败，有21%的研发项目部分失败。当研发—生产界面上存在严重的管理问题时，约有40%的研发项目在技术上不能成功，而在技术上获得成功的项目中，又有约60%的研发项目在经济上不能获利。我国近年来取得了大量科研成果，与一些科技发达国家相比，无论在量上还是质上都毫不逊色，但我国科研成果转化率低，商业化周期过长，这给企业提高自身在市场中的竞争力带来了很大的障碍。造成这种现象的原因是多方面的，其中最主要的是研发活动存在脱节问题，即科研与生产、技术开发与市场化之间脱节。脱节现象的产生很大程度上是由于我国企业在研发、市场营销、生产制造、工艺设计等诸环节之间存在较大的界面障碍，不同职能部门缺乏交流沟通而产生冲突，导致在新产品开发活动、产品创新活动中技术和信息流动不畅。

(1) 研发—生产界面管理

长期以来，在研发与生产部门之间一直存在严重的界面问题，主要原因有：生产部门经理不了解研发部门的目标，或对研发部门缺乏足够的信任；研发部门进行新工艺和新产品的试验影响生产部门的正常生产，造成其对技术创新的抵触；研发部门对生产部门的需求和能力缺乏足够的了解；研发目标远离现实，过于追求"高"和"新"；部门之间缺乏有效的沟通系统。

处理研发—生产部门间的界面问题的方法主要有：生产部门组织专门人员参与研发计划的制订；生产部门组队参与完成项目目标；建立两部门的工作协调机制；选择具有生产经验的人员加入研发活动中；选择具有研发经验的人员加入生产活动中；使生产部门人员了解研发部门对企业长期生存与发展的重要作用。

(2) 研发—市场营销界面管理

在新产品开发过程中，研发—市场营销的界面问题是导致其失败的最主要因素，错误的市场需求预测往往是产品创新失败的最主要原因。两者间的界面影响因素主要有以下5个。

①双方缺乏交互。主要表现在两部门之间几乎没有新产品开发的决策会议，彼此几乎不参加对方的工作例会，不交换工作文件，营销人员的需求报告和进度报告几乎不反馈到研发部门。造成这种情况的主要原因在于，双方都只关注自己的专长，看不到交互作用的重要性，不愿意花费时间和精力向对方学习、与对方建立融洽的关系。

②双方缺乏实质性的沟通。主要表现在双方虽然有一些沟通，但没有达到必要的深度，掩盖了一些潜在的实质问题。与前

述双方缺乏交互不同的是，前者只是简单地忽视对方，而后者是双方有意保持距离，不愿意进行对话。例如，对研发部门采用的新技术，营销部门直到技术的生命周期后阶段才被告知；研发部门对市场需求和新产品设计合理与否并不完全了解，等等。缺乏实质沟通主要是因为双方都认为对方的信息不具有足够的价值，也没有必要向对方提供信息。

③过于友好。主要表现在为避免冲突，双方都不向对方的判断和假设提出疑问，对细节不做争论，更不向对方的观点提出疑问，双方人员经常进行社交性的相互拜访。其主要原因在于，双方都不希望伤害与对方的感情，彼此过于依赖。

④相互缺乏积极评价。具体表现为：研发人员独立推行自己的主张，而不与关心新产品概念和设想的营销人员协商；研发人员认为营销人员的许多活动不是必要的；营销人员觉得研发人员的研究太精细，且常认为研发人员不应当访问用户。

⑤彼此缺乏信任。这是界面问题的极端情形，由缺乏沟通、缺乏积极评价演变而成。导致这种状况的原因有很多，如营销部门认为研发部门介入项目过多会使营销部门失去对项目的控制，研发人员则担心营销部门会排挤他们。此外，两部门在企业中的相对地位的不同也会产生不信任感，例如研发部门认为，如果产品失败了自己要受到批评，而产品成功了则是营销部门受到奖励等。

解决研发—市场营销界面问题的方法和措施有：双方关键人员共同参与新产品开发计划的制订，共同介入项目的早期开发工作；建立新产品开发委员会，由企业高管团队、研发部门、营销部门、财务部门的经理和项目协调者组成；明确相关人员的责任、权力、决策权限，以避免相互推诿责任，或因过于友好而使责权界限模糊，等等。

总的来说，实施界面管理过程中的关键在于，领导者应认识到互动和合作的异同[一]（如表4-2所示）。尽管二者都是实现整合的方式，然而，如果企业在创新过程中只重视互动（如召开各种会议、文档化的信息交流、相互抄送报表等），而不重视相互间的合作关系，往往不会取得好的创新绩效。已有研究指出，适当的互动对于创新绩效是必要条件，但不是充分条件。管理者应该通过会议、资料交流等形式的互动，相互了解和沟通，然后促进相互间的合作，实现较好的创新绩效。

表4-2　创新过程的部门互动及合作的异同

|  | 互动 | 合作 |
| --- | --- | --- |
| 关系 | 交易 | 持续性的 |
| 结构 | 正式的 | 非正式的 |
| 部门 | 独立的 | 相互依赖的 |
| 环境 | 竞争性的 | 合作性的 |
| 机制 | 沟通 | 共享愿景，共同的目标 |
| 衡量尺度 | 单位交易成本 | 机会获取 |

### 4. 创新的项目管理

创新项目是围绕公司创新战略的特定目标，以研发为核心，整合公司创新所需的人力、物力、财力、信息等基本资源，实现公司创新活动的重要载体。本质上，创新项目是一个系统工程，是企业创新资源与具体项目结合的过程，并为企业创造巨大的技术、经济、社会效益，提升企业的持续竞争力。

（1）创新项目的评估

随着创新项目的生命周期与过程演进，领导者应当依据创新

---

[一] Kahn, Kenneth B. Interdepartmental Integration: a Definition With Implications for Product Development Performance, Journal of Product Innovation Management, 1996, 13 (2): 137–151.

项目的过程阶段，实施创新项目的评估，从而能够在全过程的关键环节合理高效地管控创新项目的进程与发展，提升创新项目的成功率及价值回报。依据创新项目过程的正向逻辑，可以将创新项目的评估嵌入创新项目立项、过程与结果三个阶段实施开展，并围绕战略、技术、资源、经济、风险五个纵向维度进行系统衡量，即"三横五纵"。

创新项目的立项评估。第一，在战略维度，创新是为企业战略服务的，是企业获取竞争优势的重要保障。对于创新项目的立项评估应当关注两个方面的战略性问题：一是创新与研发项目是否符合企业战略定位与发展的基本要求，两者在方向上是否一致；二是创新项目的资源分配是否符合企业经营战略的基本要求与能力水平。满足这两个标准，创新项目才具有战略上的可行性。第二，在技术方面，创新项目的立项需要考虑三个问题：一是企业是否具备实施创新项目的技术硬件与软件，即特定创新或研发项目是否具有技术可行性；二是创新项目是否需要外部技术源的补充和协同，如果需要，该技术源在哪里，是否容易获得；三是创新项目的技术研发与应用是否有助于提升组织人员的技术能力、学习能力，从而通过技术积累与组织学习提升竞争能力。第三，在资源方面，创新项目是具有资源依赖性的，需要在经费、人才、设备、信息与知识、制度等方面的要素投入与协同整合，创新项目因此需要考虑资源维度的议题，譬如创新项目所需的资源可获得性、资源专属性、不可模仿性以及可替代性等。第四，创新项目需要考虑经济维度的问题，包括创新项目的投入产出比、经费来源与渠道、实际收益与潜在收益、成本管控、输出成果的价值回报等。第五，风险因素也是创新项目立项的重要审计与评估依据。相关的风险因素包括成本风险、投资风险、技术风险、伙伴关系风险、政治风险、环境风险、制度风险、市场风险、企业管理风险等。

创新项目的过程评估。在创新项目立项的基础上,创新项目的过程评估准则也应做相应的调整,如表4-3所示。

表4-3 创新项目的过程评估相关指标描述

| 评估维度 | 相关描述 |
| --- | --- |
| 战略维度 | 创新项目与国家及行业现行的法律法规是否符合 |
| 经济维度 | 创新相关的费用使用是否符合计划书的安排 |
| | 项目下一阶段所需的经费是否充足 |
| | 对下一阶段的经费使用所做计划与最初的预算相比是否合理 |
| 技术维度 | 项目阶段性成果与项目阶段目标的吻合度 |
| | 创新项目的进展与时间计划的吻合度 |
| | 项目技术路线的执行情况 |
| | 对立项阶段确定的关键技术的验证情况 |
| | 关键技术解决途径的合理性 |
| | 技术监控能力 |
| | 配套与互补性技术的完备性 |
| | 相关数据信息的完备性与可靠度 |
| | 下一阶段计划的合理性 |
| 资源维度 | 项目组人员的变动状况对项目研究的影响程度 |
| | 材料、研究设备的供应以及供方提交成果与时间计划的吻合度 |
| | 项目组内部进行正式沟通的频率 |
| 风险维度 | 出现新的技术变化给本项目带来的影响 |
| | 获得类似技术与信息的难度 |
| | 项目过程与客户沟通的紧密程度 |
| | 本阶段形成的项目中间成果的专用性 |

创新项目的输出成果评估。创新项目的验收阶段需要对创新项目的输出成果与相关绩效展开评估，主要从战略、技术、经济、资源、风险五个维度进行评估。

战略维度。创新项目输出成果的评估需要考虑与组织目标的一致性，成果市场推广与产业化应用的可行性，成果对人才培养目标的符合性，项目输出对企业核心能力建设的作用，项目对于企业知识资源积累、创新能力提升的价值，以及项目输出给产业与国家层面的社会效益输出。

技术维度。创新项目的输出成果评估需要聚焦以下细则：技术与成果输出的领先性，技术输出的产业应用价值，创新项目任务书的完成情况，技术工作的数量与质量，技术指标输出结果，研究成果的显性效应和隐性效应，项目获得的知识产权数量与质量、论文与专利数，产生的企业、行业与国家标准情况，能否给组织带来技术领先或技术专属能力等。

经济维度。创新项目的输出成果评估指标涉及项目输出的直接经济效益，项目的投资收益与回报率，项目产生的间接经济效益，项目输出成果的市场预期与成长性，项目输出的成本，项目市场化应用的投资回报率，项目的组织孵化效益等。

资源维度。创新项目的输出评估涉及项目参与人员的培养与素质提升，项目参与人员的显性与隐性知识积累，项目参与人员的学习能力、协同能力提升，项目参与团队与组织的知识与能力积累，项目内外部资源的协同效应等。

风险维度。创新项目的输出成果评估包含技术输出成果的先进性、成熟性、成长性、行业推广的效应，以及市场化应用的潜在风险等。

（2）创新项目的人员与组织结构

创新项目的关键是人。能力强的项目经理与合理的项目团队成员组合有利于创新项目的展开与项目输出成果的成功。通常，创新项目的人员组成包括两个部分：一是创新项目的负责人；二是创新项目团队成员。

创新项目经理不仅仅负责创新项目的立项与目标制定，还需负责创新项目的资源协调与人员协同，领导团队执行创新项目的实施与落地，对于创新项目具有举足轻重的作用。合格的项目经理人需要具备明朗积极的人格、强大的创新与组织目标的使命感与责任感、准确的判断力等基本素质。同时，在这些基本素质的基础之上，创新项目经理人还应具备系统化的能力，其中包括战略规划能力、组织管理能力、技术决策能力、研发活动经验与知识应用能力、业务运营能力、知识与技术探索能力、领导能力、市场分析与判断能力、逻辑思维与感性思维结合能力、组织内外关系处理能力等。这些能力的组合与系统化协调为创新项目经理人领导创新项目工作提供了重要的基础。

创新项目的人员与团队构成则是创新项目成功的重要保障。这其中，创新项目的成员包括项目发起人、系统分析师、项目管理者、技术专家、一般技术人员等。各类创新项目参与人员的定义、选择标准、对团队的贡献、潜在不足，如表4-4所示。

### 5. 创新的收益管理

(1) 制定知识产权战略

在知识经济条件下，知识产权作为产权化的知识，是知识中最活跃、最前沿的部分，已成为企业重要的无形资产、生产要素和战略资源，是企业竞争力的核心要素。一方面，知识产权对企业创新成果予以保护并给予一定时期的垄断权；另一方面，知识产权促进企业创新成果的商业化，是企业从创新成果中获益的重要保障。因此，企业应该积极探索从知识产权中实现价值的方式，并从中获利。

表4-4 研发与创新项目团队人员构成

| 角色 | 定义 | 选择标准 | 对团队的贡献 | 潜在不足 |
|---|---|---|---|---|
| 项目发起人 | 创造机会的人<br>灵活运用技术的人，最终综合客户需求，提出解决方案者 | ◆ 执行能力<br>◆ 感染力<br>◆ 机会识别能力<br>◆ 对消费者的洞察力 | ◆ 一般根据客户满意度与目标实现情况来衡量绩效<br>◆ 能与主管，系统分析师进行有效交流<br>◆ 能有效协调各类关系 | ◆ 技术若不熟练，将会影响项目成败<br>◆ 创新行为易导致其对其他成员的不敏感 |
| 系统分析师 | 深入剖析问题并迅速解决问题的人 | ◆ 技术的广度<br>◆ 快速的学习能力<br>◆ 问题解决能力<br>◆ 知识传授能力 | ◆ 向现实困难发起挑战，激发项目组进一步思考<br>◆ 帮助决策者考虑更多的开发新方法<br>◆ 将设想转化为实际行动 | ◆ 提高沟通能力（与被沟通者知识差距大）<br>◆ 加强解决问题的紧迫感 |
| 项目管理者 | 领导项目小组<br>组织结构设计者<br>进行评估量化风险的人 | ◆ 敏锐的洞察力<br>◆ 决策能力<br>◆ 表达能力<br>◆ 执行能力 | ◆ 领导项目组有效工作，创造价值<br>◆ 注重过程管理<br>◆ 推动组织学习 | ◆ 过于追求完美可能与其他成员发生冲突 |

(续)

| 角色 | 定义 | 选择标准 | 对团队的贡献 | 潜在不足 |
|---|---|---|---|---|
| 技术专家 | ◆ 在某一技术领域中的专业人员 | ◆ 技术上的洞察力<br>◆ 问题处理能力<br>◆ 积极学习能力 | ◆ 带来处理问题的一系列革命<br>◆ 提高组织知识水平<br>◆ 首席科学家<br>◆ 游刃有余地处理客户遇到的技术问题 | ◆ 解决问题可能会比较狭隘<br>◆ 容易大材小用<br>◆ 过于重视技术细节的讨论 |
| 一般技术人员 | ◆ 研究与创新工作的实施者(如工程师) | ◆ 技术上的洞察力<br>◆ 合作能力 | ◆ 完成研发与创新工作的主要力量<br>◆ 能提出新的建议和计划 | ◆ 经验不足<br>◆ 需要职业上的指导 |

知识产权是企业对智力活动创造的成果和经营管理活动中的标记、信誉所享有的权利。广义的知识产权包括专利权、商标权、商号权、商业秘密权、著作权、计算机软件专有权、集成电路布图设计专有权、遗传资源知识产权和民间文学艺术知识产权等。狭义的知识产权仅包括工业产权和版权。工业产权是指人们依法对应用于商品生产和流通中的创造发明和显著标记等智力成果，在一定地区和期限内享有的专有权，在我国主要是指商标专用权和专利权。版权是指作者对文学、艺术、科学、软件等作品依法享有的有关署名、发行、出版、转让获得报酬等专用权。

然而，我国企业存在知识和产权价值获取率较低的问题，其最直接的表现是知识产权利用率低。2015年，国家知识产权局共受理专利申请量超过200万件，其中发明专利申请110.2万件，同比增长18.7%，连续5年位居世界首位。与之不相称的是，来自世界银行的统计显示，中国专利技术应用商品化率不到20%。后果是，拥有自主知识产权的科技成果被闲置，不能转化成生产力，无法创造出社会效益和经济效益，而当初的研发投入也成为巨大的沉没成本。

但正如切萨布鲁夫（Chesbrough）所提出的，企业大量的内部专利技术处于闲置状态，没有被商业化，为企业提高知识产权价值获取率提供了条件○。作为领导者，一方面应分析导致企业知识产权的价值实现率较低的原因。可能的原因主要包括：在垂直一体化思想的影响下，企业强调对"创新成果的控制"，不重视其外部利用，同时也担心外部授权会引起可能的竞争；企业研

---

○ Chesbrough H W. Open Innovation: The New Imperative for Creating and Profiting From Technology [M]. Harvard Business Press, 2006.

发过程和商业模式的"脱节",导致成果在企业内转化困难;现有研发考核激励机制存在缺陷,研发人员申请专利以报奖、应付考核为主要目的,而不重视成果的市场化;知识员工的流动和社会学习周期的缩短使得知识价值悖论变得越来越明显,知识外溢让别人获得了创新成果,企业因此蒙受了巨大的研发投入损失以及未来可能的竞争性损失。另一方面,领导者应重视尚未被充分利用的资产,积极探索如何从知识产权中实现价值、获取收益。对此,制定知识产权战略便是主要方式,如微软正在有计划地实施"知识产权输出战略"。

知识产权战略的定义是:运用知识产权保护制度,为充分维护自己的合法权益,获得与保持竞争优势并遏制竞争对手、谋求最佳经济效益而进行的整体性筹划和采取的一系列策略与手段。知识产权战略可以分为知识产权的商标战略、专利战略、著作权战略及商业秘密战略,如图4-9所示。

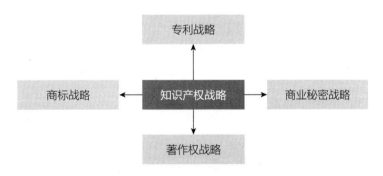

图4-9 知识产权战略的分类

企业知识产权战略是企业为获取与保持市场竞争优势,运用知识产权保护手段谋取最佳经济效益的策略与手段⊖,是创新绩效与竞争优势提升的重要基础。根据这一战略,领导者应注重建

---

⊖ 冯晓青. 企业知识产权战略[M]. 北京:知识产权出版社,2008年。

立内部有效的激励机制，保护知识产权，促进知识产权的合理利用，特别是通过知识产权的转让、交叉许可，以及排除其他企业专利等措施，实现知识产权资源的合理配置，获取企业利润的最大化。具体工作中，就是要建立健全企业知识产权的管理机制，设置知识产权管理错位负责企业内部有关专利申请和维持、许可证贸易以及商标管理等日常事务，企业内部职工有关知识产权方面的培训、教育，企业知识产权战略制定以及有关规章制度的制定完善等工作。知识产权保护是一把双刃剑，在强调保护好本企业知识产权的同时，应掌握相关领域的知识产权状况，防止侵犯他人的知识产权。

（2）知识产权的商业化模式

知识经济时代高度发达的信息和技术为知识成为有价商品提供了环境，知识成为财产是以其可交易为条件的，而知识进入市场又是以知识产权的确立为前提的。所以，知识产权的外部商业化将是企业提高知识产权利用率的有效途径，这也是企业从封闭转向开放的有效实践○，如图4－10所示。

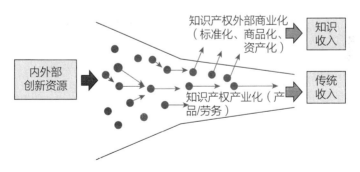

图4－10　开放式创新模式下知识产权外部商业化

---

○　Henry Chesbrough, Open Innovation: The New Imperative for Creating and Profiting from Technology, Harvard Business School Press, 2003.

知识产权外部商业化是指知识产权通过知识产权实施以外的途径在企业外部实现其经济价值。参考郑小平提出的技术扩散模型[一]，可以建立如图4-11所示的知识产权商业化模式选择模型，根据企业知识产权使用率和所有权占有率情况的不同，知识产权的商业化模式也不同。具体包括以下7种。

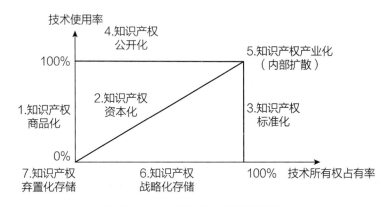

图4-11　知识产权商业化模式选择

①知识产权商品化。以知识产权的资产属性所蕴含的资产价值为依据，以自身为商品，通过知识产权所有权的转移而获得直接的经济收益。此时该知识产权使用率为100%，而所有权的占有率为0。

②知识产权资本化。以知识产权的资产属性所蕴含的资产价值为依据，在市场中变现资本或进行资本市场的运作，如知识产权入股、信贷、抵押等。根据不同的情况，该项知识产权的所有权占有率和使用率都在0~100%之间变化。风险投资和知识产权中介市场的兴起使得知识产权资本化成为可能。知识产权的资本化，往往能够利用知识产权的创新属性和资本属性的杠杆作用，

---

[一] 郑小平，刘立京，蒋美英．企业开放式创新的产权欲望研究 [J]．科学管理研究，2007（3）．

使企业实现较大的收益。

③知识产权标准化。这一类型是指利用知识产权的法律属性所蕴含的竞争规范作用，通过知识产权支撑的标准、品牌等进一步推动知识产权标准的产业化，构成市场竞争的壁垒，获得超额收益。此时知识产权的所有权占有率为100%，而使用率根据市场的不同情况而不同。

④知识产权公开化。当企业把一项知识产权免费公开时，虽然该实施产权的所有权还控制在开放式创新企业，但其使用率已为100%。这种知识产权的使用模式即达兰德（Dahlander）和甘（Gann）总结的外向—释放型开放式创新，虽然免费释放的方式并不能够带来直接的经济利益，但是可以给企业带来的间接的利益。免费释放有助于形成联智发明（collective invention）——企业与其竞争对手都互相公布其研究创意和成果，有助于形成企业合作的非正式化网络，从而实现成功的渐进性创新，提升整个产业的生产力[一]。

⑤知识产权产业化。这一类型是指利用知识产权的创新属性，通过知识产权的产业化融入物资性产品中，并经市场营销而获得超额的收益，这也是企业利用知识产权的传统途径。此时，知识产权的所有权和使用率都为100%，即传统创新中的"此地销售"。

⑥知识产权战略化存储。当一项知识产权被企业战略性储备时，其所有权为100%，而使用率为0，即知识产权的休眠式垄断。虽然战略性存储的知识产权暂时没有实现盈利，但其所隐含的选择权让企业可以在不确定的情况下拥有较多的选择权，从而

---

㊀ Dahlander L, Gann D M. How Open is Innovation? [J]. Research Policy, 2010, 39 (6): 699-709.

根据具体的市场环境做出灵活的决策选择。当企业形成有竞争规模的、与自身发展相适应的知识产权储备时，这对企业的发展具有战略性作用。

⑦知识产权弃置化存储。当一项知识产权被企业弃置（既没有战略储备意义，也没有实现其经济价值时），其所有权和使用率都视为 0。知识产权的闲置对于企业而言是极大的浪费，企业应积极评估其价值，并把闲置的知识产权推向其他的途径，以实现其经济和战略价值。如宝洁公司就确立了一项标准：如果公司的某项专利技术在 3 年之内没有被公司内的任何部门采用，那就将其出售给别人，甚至包括竞争对手。

（3）创新收益的决定要素

蒂斯（Teece）于 1986 年提出，决定创新者收益的要素包含专属性体制（appropriability regime）、互补性资产（complementary assets）、主导设计（dominant design）。

专属性体制包含创新中支配创新者获取收益的环境要素（除去企业与市场结构要素），可划分为技术本质与法律保护机制两个维度，如图 4-12 所示。

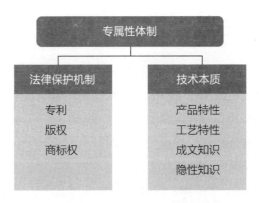

图 4-12　专属性体制要素构成

决定创新者收益的第二个要素是互补性资产。拥有互补性资产的企业不一定是最佳创新者，但是相对于其竞争对手而言，它在商业社会中一定具有不可替代性。创新的成功商业化不仅仅依赖于企业自身的专有技术或知识，同时依赖于专有技术或知识与其他能力和资产的联结，如图4-13所示。拥有互补性资产的企业往往能从创新的商业化过程中获取收益。

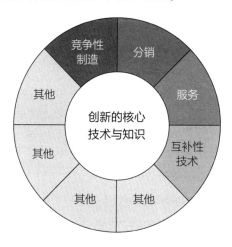

图4-13　创新商业化所需的互补性资产

决定创新者收益的第三个要素是主导设计。主导设计是美国麻省理工学院的詹姆斯·厄特巴克（James Utterback）教授提出的，其基本含义可概括为：主导设计是特定时期融合了许多单个技术创新并以一个新产品的形式表现出来的技术与市场相互作用的结果，是技术可能性与市场选择相互作用之下的好产品。其特征包括以下几点。①领先性。主导设计不一定拥有最尖端的技术，但"技术一流确实是许多主导设计的特征"。②主导性。这是主导设计最核心的特征。主导性特征主要是指主导设计对市场的支配力量或对市场控制的内在基因，体现在三个方面：一是主导技术轨道方向（与技术本身的特性相关）；二是主导消费领域的市场偏向；三是主导生产领域（制造商与运营商）效率方向。③综合性。这是主导设计的形成特征。主导设计是特定时期多种因素综合形成的结果，除了技术因素外，还包括一系列非技术因素。例如，表现厂商特质的涵盖市场渠道、商标品牌和顾客转换成本等内容的附属资产，行业法规和政府干预，以及厂商与用户交流的方式等因素，对主导设计的确立都有着重大的影响。

以远景能源发布的国内首个光伏电站风险评估评级产品——阿波罗评级为例。阿波罗评级是一个系统性、多维度、全流程的光伏电站风险评估体系，通过获取广泛的数据信息，将光伏电站面临的政策风险、限电风险、补贴风险、合规风险、项目技术风险等因素纳入现金流分析过程中，对光伏电站的发电量和现金流进行风险修正，从而评估光伏电站的真实收益水平，帮助其实现资本与资产的顺利对接。

### 4.2.2　企业创新生态系统

企业创新系统是指企业的创新者借助于技术上的发明、管理上的发现、市场中的机遇等，通过对生产要素和生产条件以及有关的资源配置方式进行新的变革，并使变革成果取得商业上的成功的一切活动所依赖的条件、规则、流程、方法等的总和。[一]

从演化视角看，企业创新系统经历了以下几代的发展：第一代为封闭式企业研发体系；第二代为整合研发、制造和市场的开放式创新体系。我国学者陈劲等人进一步梳理企业创新系统的演化与阶段属性，在此基础之上提出，第三代企业创新系统为基于战略管理导向的创新体系，第四代为企业创新生态体系。

---

[一] 李垣，乔伟杰. 基于价值管理中的企业创新系统构建 [J]. 中国软科学，2002（12）.

基于战略管理导向的创新体系强调创新战略在企业战略中的核心作用,以及创新战略与企业领导治理决策系统的紧密关系,认为企业战略的主导性有效实现了创新所需的各项管理职能(包含研发、制造、设计、营销等)相关协调匹配关系的顶层设计。而创新生态体系则进一步打破企业边界,整合了与企业创新活动相关的利益主体的资源,实现企业与其他创新主体的互利共生、协同共演,从而实现整个生态系统的优化与演进。陈劲教授对企业创新系统的演化规律、特征属性与阶段过程进行了总结,如图4-14和表4-5所示㊀。

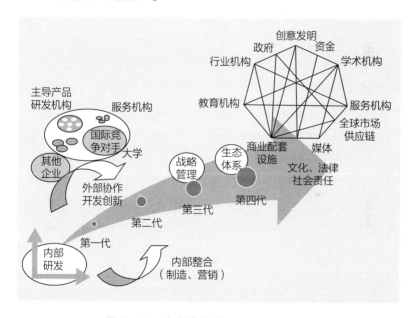

图4-14 企业技术创新体系演化示意图

---

㊀ 陈劲,黄淑芳. 企业技术创新体系演化研究 [J]. 管理工程学报,2014 (4).

表4-5　各代企业创新体系的特点

| 代际 | 名称 | 特点 |
| --- | --- | --- |
| 第一代（20世纪50年代—60年代中期） | 以研发为中心的创新体系 | 内部、自主 |
| 第二代（20世纪60年代中期—80年代中期） | 基于协同/整合的创新体系 | 互动、开放 |
| 第三代（20世纪80年代中期—90年代） | 高度基于战略管理导向的创新体系 | 战略、治理 |
| 第四代（20世纪90年代开始） | 创新生态体系 | 生态、核心 |

### 1. 企业创新生态系统的结构

新经济时代的到来，极大地改变了企业的运营环境，进而导致企业行为方式和竞争理念发生了根本性的变化，企业战略行为由工业经济时代的竞争垄断转变为竞争合作。同时，网络信息化和经济全球化趋势增强，产业边界不断融合与变动，市场、制度、顾客需求的多样化成为当今世界的主要特征，企业经营环境表现出极强的动态性和复杂性。在这样的背景下，任何组织都无法拥有发展所需的全部资源和技术，外部资源依赖性越来越强，独立创新变得更为困难[1]。正是在这样的背景下，基于美国经济学家詹姆斯·摩尔（James Moore）提出的"商业生态系统"（business ecosystem）的概念，学者们进一步提出了创新生态系统的概念，认为创新生态系统本质上是一种协同机制，企业利用这种协同机制在个体与他者之间建立联系，并提供面向客户的解决方案，输出价值[2]。哈佛大学教授莫斯·坎特认为，创新生态系

---

[1] Chesbrough H W. Open Innovation: The New Imperative for Creating and Profiting From Technology [M]. Harvard Business Press, 2006.

[2] Adner R. Match Your Innovation Strategy to your innovation ecosystem [J]. Harvard Business Review, 2006, 84 (4): 98.

统主要表现为：通过人力、设备、资金、知识、技能、关系、品牌等资源的开放共享，来降低研发成本、分散市场风险以及实现规模效益。

企业创新生态系统内各要素相互联系、作用的方式，是系统存在与发展的基础，也是系统稳定性的保障。由于生态系统中的一个企业与若干类企业或组织之间均存在着相互联系、作用，而这个商业链的成员同时又可能是另一个商业链的成员，且这些成员会因市场需求和其他环境因素的变化而更新，所有这些相互交织在一起形成了企业生态系统多维的复杂网络结构。因此，与完全规则的网络有所不同，企业生态系统具有复杂性、动态性和交叉性。在《硅谷生态圈：创新的雨林法则》中，学者们指出，传统创新网络的创新主体之间若有 $(n-1)/2$ 个协作节点⊖（如图4-15所示），那么创新生态网络的创新主体之间就有可能产生 $n \times (n-1)/2$ 个协作节点（如图4-16所示），因此创新生态系统的网络节点数是传统创新的网络节点的 $n$ 倍，这就是创新生态系统的网络节点解释。

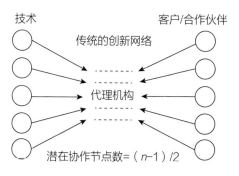

图4-15 传统的创新合作节点图

---

⊖ Hwang V W, Horowitt G. The Rainforest—The Secret to Building the Next Silicon Vallay [M]. Liqhting Source Inc., 2012.

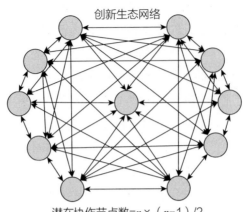

潜在协作节点数=$n \times (n-1)/2$

图4-16　创新生态网络合作的节点图

## 2. 企业创新生态系统的资源硬件和文化软件

创新生态系统中的资源硬件主要包括创新人才、专业组织、物理环境以及政策支持。而文化软件则包括在领军人物领导下的系统多样性、外部激励、社会信任、生态规则以及关于规则的解释等（如图4-17所示）。

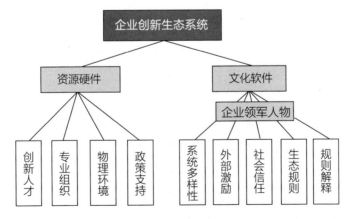

图4-17　企业创新生态系统的资源硬件与文化软件

在文化软件中，我们可以看到企业领军人物在整个生态系统中发挥着重要作用。他们像"桥梁"一样将不能直接联系的组织连接起来，彻底消除创新网络中的"孤岛"，通过非线性放大的增值效用充分发挥创新网络的价值创造功能，使得各个组织能够通过协同效应充分发挥各自的功能。具体来说，在创新生态网络的节点处，需要一批具有跨组织协调能力的领军人物，将原本难以直接联系和交流的不同部门通过特殊的"桥梁"连接起来。正如《硅谷生态圈：创新的雨林法则》所述，这些领军人物（或是组织者）就像亚马孙热带雨林中的一些"关键物种"一样，他们在整个创新生态系统中起着承上启下的重要作用，一旦失去他们就可能造成整个生态系统的崩溃。

从创新生态系统组织架构的多样性来看，不难发现这样的组织者需要具备多层次、多领域的知识能力，比如战略意识、市场洞察力、科研水平、组织沟通能力、领导力等，其中很大一部分的能力与"人的因素"息息相关，这些非纯粹知识性的"软能力"在系统协调过程中发挥的作用是难以估量的。这些能力可以抽象成以下三个方面。

第一，主动开放。这些组织者必须具备积极联系其他组织的特质，将本来陌生的个体（如创业家、投资者、科学家等）通过"黏合剂"联系起来，突破传统的组织边界，建立便于彼此沟通的机制。

第二，说服力。组织者往往站在创新系统长远利益的角度，在跨组织沟通过程中给双方提供一些建设性意见，并且有能力说服不同的组织采纳最有利于整个系统发展的想法。这种通过回归人性本质（对长远利益的追逐）的沟通策略往往能够起到事半功倍的作用。

第三，执行力。很多创新想法往往能够在短时间内声名鹊起,但是却难以通过实践的成功得以维系和延续。创新生态系统所需要的组织者,正是那些能够将想法和点子落实的人。他们能够促成真实的经济交易行为,形成系统效应,而不是追求"三分钟热情"。他们也许难以详细预测和评估最终的创新成果,但是却能够在每一次协同可能实现的价值创造中逐步明晰系统发展的愿景,把握创新大势⊖(如图4-18)。㊁

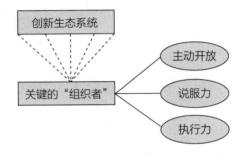

图4-18 创新生态系统领军人物必须具备的素质和能力

## 4.3 创新人才的管理

人才是创新之本。所谓创新型人才,就是具有创新意识、创新精神、创新思维和创新能力并能够取得创新成果的人才。创新型人才应该是个性自由、独立发展的人。

### 4.3.1 创新型人才的特征

(1)创造性

相比于一般员工来说,创新型人才更喜欢做前沿性、挑战性

---

⊖ Hwang V W, Horowitt G. The Rainforest—The Secret to Building the Next Silicon Vallay [M]. Liqhting Source Inc., 2012.
㊁ 陈劲. 企业创新生态系统论 [M]. 北京:科学出版社,2017.

的工作。他们的求知欲很强,从事的不是简单的重复性的工作,而是在易变和不完全确定的系统中充分发挥个人的资质和灵感,应对各种可能发生的情况,推动技术的进步,不断使产品和服务得以更新。

(2) 自主独立性

真正富有创造力的人一般都具有独立的思想,只有这样,他们才能忍受创新过程中可能存在的不被理解,才能忍受人们对新思想的不理解。相应地,他们不喜欢管理者将每一件事都安排得非常细致和明确,他们更倾向于拥有一个自主的工作环境,强调工作中的自我引导不愿意受到限制,更无法忍受高层管理者的遥控指挥。

(3) 很强的学习愿望

追逐专业前沿,不断学习,有与最新知识保持同步的强烈愿望。技术人员的工作能力依赖于知识而非其他外在工具,知识是创新型人才赖以生存的技能。随着行业技术的日新月异,创新型人才必须不断学习,与专业前沿同步,才能使自己的观念技能、行为习惯适应技术革新的要求。因此,创新型人才跟踪新技术、学习新技术的愿望很强烈。

(4) 成就意识强

与一般员工相比,创新型人才更在意实现自身价值,并强烈期望得到社会的承认与尊重,不满足于被动地完成一般性事务,做事情都尽力追求完美。因此,创新型人才热衷于具有挑战性的工作,渴望辉煌的成就,愿意参与重大项目,把攻克难关看作乐趣,感受由此带来的成就感。

(5) 需求个性化尤其明显

由于创新型人才在受教育程度、工作性质、工作方法和环境等方面与众不同,使得他们形成了独特的思维方式、情感表达和心理需求。特别是随着社会的不断进步，知识员工的需求正向个性化、多元化发展，需求层次正变得日益无序。

（6）具有开拓精神

创新型人才不墨守成规，喜欢做有挑战性的工作，敢于冒险。有事业心的创新型人才勇于突破现状，在借鉴前人优秀成果的同时，不拘泥于他们的条条框框中。创新这种有挑战性的工作具有风险，创新型人才可能做了几年甚至更长时间的研究，换来的却是失败，这就需要创新型人才有足够的勇气。

（7）有好奇心，能够拼搏

心理学研究表明，好奇心能产生强大的推动力，并且使人发挥出超常的创造力。创新型人才的性格特征中，应该有强烈的好奇心，这样才能引起对未知事物的好奇，研究出优秀的科技成果。此外，同时具有独创精神和团队合作精神，也是创新型人才应该具备的非常重要的素质。

在一个创新型组织里，应该有各种类型的人才，包括创新的领导者、支持者及专业人才。①创新的领导者应了解创新的未来价值，不断提出新的创新需求，并善于把不同类型的人组织起来完成创新的工作。②创新的支持者，即具有创新精神的内部企业家，善于推进创造性工作，具有广泛的兴趣，重视创新成果应用，有能力且果断，适合于传播和推广新思想、新产品。他们比具有创造性的科技人员更富有推广和创业的热情。他们有时也是较有经验的项目领导人，或是以前进行过开创性工作的人，往往是组织中的高级人员，熟悉企业的现实情况。他们平易近人，是良师益友，能指导与辅导组织内的一般成员，而且他们还可以同高层领导进行对话。③创新的专业人才即一些具有创造性、善于产生新思想的创新人员，他们往往是某一两个领域中的专家，喜爱创造性工作。这类人才需加以培养并用特殊方法来管理。例如，在安排任务时，不要在时间方面卡得过死，要给予充分的时间，应给他们分配较高级的创造性工作，并且让他们独自去推进。创新的专业人才也包括技术和市场桥梁人物。技术桥梁人物（也叫信息明星）既是连接外界科技信息的纽带，又是研发部门内部科技信息传输的纽带。市场桥梁人物是连接市场方面信息的纽带，担负这种功能的人可以是工程师、科学工作者，也可以是受过技术基础训练的营销人员。实践表明，很多企业不能有效地开展技术创新，其重要原因之一是在组织内缺乏能发挥上述重要作用的人才。

### 4.3.2 创新型人才的激励

在人才竞争日益激烈的今天，有效的激励成为企业留住创新型人才的法宝。对创新型人才的激励，要综合考虑他们的性格特征及反映其特征的需求，尤其要注意以下几点。

（1）搭建施展才华的平台

这个平台由开发项目、资金设备、团队配合、交流论坛等组成，重要的是要让创新型人才通过适度的公平竞争成为开发项目的主持人，相应地也获得其他资源的支配权，还可以通过邀请他们参加企业发展目标的确定、战略规划的制定、新产品开发的计划研究等重大活动，充分重视并发挥他们活跃的思维以及鲜活的创意。

（2）提供具有适当挑战性的工作

对于重要的、前沿性的项目，应鼓励创新型人才积极参与或承担相应的责任。然而，对于项目所要达成的目标应具有适当的挑战性，即目标不能太低，当然目标也不能过高，否则会使创新型人才产生严重的焦虑感。领导者需要具备良好的观察能力，不断洞察组织内部创新型人才的内在需求，科学合理地设置创新型人才的工作目标。

(3) 营造自由自在、包容性强的文化氛围

允许创新型人才自由选择创新领域，或者保持一定程度的自由选择权。大量的事实证明，在新的想法未完全成熟和被证明有效之前，保持它的神秘性，不让批评者过早了解，能够激发创新。另外，还可以为创新型人才量体裁衣，设计有别于普通员工的弹性工作制度，使他们的工作不拘泥于时间和地点。

组织文化对创新型人才的发展极为重要。领导者在打造组织创新氛围时应注意以下几点。①勇于创新，敢为人先。只有敢于打破陈规、标新立异，才能获得真知灼见。相反，因循守旧、墨守成规都与创新无缘，无法激发创新型人才的工作斗志。②包容失败的文化。创新充满着失败、失误，因此，容忍失败的组织氛围是十分重要的，它有利于创新型人才缓解创新失败后的紧张感、愧疚感。③竞合的文化。竞争与合作是矛盾的统一体。没有竞争，科学发展与技术创新就失去了一个重要的原动力。同样，没有合作，科学发展与技术创新又会走入机械和僵化的末路。唯有形成竞争中的合作与合作中的竞争，创新才能保持强大的生机与活力。

(4) 构建畅通的交流渠道

领导者应注意打破创新人才与管理层之间的等级障碍，开展平等的、面对面的交流，例如，经常举行高管与创新人才共同参加的午餐会、无主题讨论会等。直接对话可以使大家开诚布公，增进对共同目标的认识，对彼此能力的信任。更为重要的是，一个信息资源共享的环境会使人才感受到被尊重和信任。

(5) 给予更多的理解和宽容

创新型人才在创新活动中表现出的一些优秀的性格特征，在其他场合可能被认为是缺陷。例如，一个很执着的人在生活中可

能被认为是固执；竞争意识很强的人会被认为是"好出风头"；自信心强有时也会被认为是傲慢。作为领导者，应留意那些个性强烈、不拘小节，以及因直言不讳而令人不快的人，并能耐心听取他们的意见。

（6）提供有竞争力的薪酬，打造利益共同体

创新型人才不仅需要获得劳动收入，而且要获得人力资本的资本收入，即需要分享企业价值创造的成果。因此，领导者要为创新型人才铺就一条与企业同发展、共命运的成长道路，企业要营造积极学习的氛围，根据企业及其环境的发展变化，为创新型人才提供及时的知识更新培训，使他们的创新能力长盛不衰。

此外，创新型人才的绩效考核与评估机制应在科学合理的基础上，突破组织现有的薪酬机制，成为组织分配制度改革的"特区"。企业可对创新型人才实行年薪制，让他们的薪酬与绩效挂钩，给他们提供具有竞争力的薪酬。除物质激励外，也可采用树立榜样、带薪休假、资助参加会议等形式多样的精神激励，充分调动人才的积极性。一般而言，创新型人才的薪酬水平应略高于同类组织的平均水平。

### 4.3.3 研发团队的管理

新产品开发日益成为企业成功经营的核心。持续推出新产品将使企业立于不败之地，而新产品开发的效果如何取决于是否拥有优秀的研发团队。"有什么样的研发团队就有什么样的新产品"，这可以说是一条定律。

1. 研发团队的组织形式

研发团队的组织形式是由新产品开发项目的性质决定的。研发团队的组织原则是：研发项目越复杂，对企业的意义越重大，

研发团队就越独立,越需要减少企业日常工作对其工作的影响。一般来说,研发团队有以下三种类型[一],如表4-6所示。

表4-6 研发团队的类型

| 新产品项目性质 | 团队类型 | 团队特点 | 管理要素 |
| --- | --- | --- | --- |
| 新平台产品研发 | 独立的专职团队 | 独立于企业日常运营 | 保持独立性财务目标 |
| 完善现有产品线 | 跨部门临时团队 | 开发工作与其他日常工作并行 | 部门协调机制 |
| 产品技术改进 | 技术改进团队 | 范围最小,方式灵活 | 把握项目运行的时机 |

跨部门临时团队的组织形式是在新产品研发中最常见、最基本的组织形式。其他两种团队类型在早期,经常以跨部门临时团队的形式出现。说它"难于管理",是因为部门之间存在着观念和信息的"壁垒",这些壁垒很难打破,而打破这些"壁垒",恰恰是新产品研发管理的关键。在很多高新技术企业,技术研发团队多采用独立的专职团队形式。研发人员被"关"在一个舒适的、"与世隔绝"的空间里,在特定的时间内展开"科研攻关"。

### 2. 研发团队的工作机制

建设研发团队的工作机制,其目的在于沟通信息、明确责任、协调进度。工作机制可以分为两种:正式机制和非正式机制。正式机制多体现为团队会议,非正式机制则是不同部门研发人员之间的随机交流。通常,研发团队的工作机制首先是研发及市场两个部门的协调机制,然后才是由这两个部门主导的团队工作机制,如表4-7所示。

---

㊀ 长城战略研究所. 研发团队管理 [J]. 中外管理, 2001 (8).

表4-7 研发团队的工作机制

| 会议制度 | 参与部门（人员） | 主要内容 | 关键 |
| --- | --- | --- | --- |
| 研发—市场部门联席会议 | 市场部、研发部 | 定期交流所有项目情况，确定开发方向，产生新项目 | 长期坚持 |
| 项目运行会议 | 项目组所有成员 | 在项目阶段性节点完成后评估项目运行情况，做出下一步的安排 | 完成情况的可靠性 |
| 项目回顾会议 | 项目组所有成员 | 项目完成或终止后对项目整体运行的总结 | 真正明确项目成功或失败的原因 |
| 总结报告制度 | 市场部或研发部项目经理负责 | 项目每一阶段结束后汇总项目运行情况，并告知每位项目组成员 | 保证决策信息的真实性 |

非正式的团队工作机制则在很大程度上受到团队文化的制约。研发团队的团队文化既具有企业文化的共有特性，又有它的独特性和自身要求，如表4-8所示。

表4-8 研发团队文化

| 研发活动的特点 | 研发团队的文化要求 |
| --- | --- |
| 创新性 | 鼓励原创性的工作 |
| 协同性 | 鼓励随时随地进行通畅的交流 |
| 风险性 | 重视细节和不同意见 |
| 时间性 | 有强烈的时间观念和责任意识 |

### 3.领导者的作用

对于领导者来说，应具备塑造优秀的研发团队文化的能力，而塑造团队文化的最好方法是领导者的率先垂范和团结一致。因此,领导者在管理研发团队时应注意以下几个方面。

(1) 容忍创新的"健康失败"。

所谓"健康失败"是指那些付出了真诚努力后的失败。创新的历程从来都不是一帆风顺的,某一点的改变可能会引起连锁反应,"牵一发而动全身",甚至会有失败的可能。因此,领导者对创新的影响首先在于培育一个鼓励创新、即使失败也不气馁的环境。

(2) 培养"专家意识",减少对研发细节的干涉。

专家首先是那些敢于对团队创新项目负责任的人,其次才是拥有丰富创新经验的人。由于企业的领导者或高管团队不可能洞悉一切风险,因此,领导者需要明确责任,鼓励和培养负责任的勇气,在企业内部培养专家意识,以更好地进行决策。

(3) 打破技术部门的壁垒,重视专业的横向交流。

技术部门的管理在国内企业中一向是"管理黑箱",只看到投入产出,看不到里面发生了什么。因此,领导者应鼓励技术部门与市场、采购、财务等部门建立交流机制,使技术部门看到他们的工作对其他部门产生了怎样的影响,同时也会看到研发创新的广阔机遇。

(4) 给研发人员开阔视野的见习机会。

创新经常来自于换一个角度看问题,来自于找到正确的基准。一年到头埋头于实验室的开发人员的创新精神一定是不活跃的。给研发人员参观、学习、研讨的机会,回过头来审视自身,往往会产生新的认识。而好的创意就蕴含在这些新的认识当中了。○

---

○ 陈劲,郑刚. 创新管理——赢得持续竞争 [M].3版. 北京,北京大学出版社,2016.

## 4.4 创新文化的营造

### 4.4.1 创新价值观的树立

企业是技术创新实施的主体。在世界高新技术革命和产业革命的机遇面前,我国不少行业和企业在核心技术上还受制于人,凸显我国企业自主创新能力的不足,从而大大降低了我国企业的国际竞争力。对此,提高我国企业的技术创新能力,要从培育企业技术创新文化、提高自主创新能力入手,打造以创新为荣的理想信念与价值追求。

从技术层面来看,技术创新的核心是技术发明,是科学原理向其应用的延伸和拓展。技术创新的目标是大力发展原始创新和自主创新。技术的创新首先是技术范式的创新,是观念和价值体系的创新。无论是新技术的自主研发还是技术的引进移植,都需要合理的技术选择和理性的技术评估,都需要考虑新技术与环境的文化相容。在新产品、新工艺的开发中,知识和技术的产生、流动和应用各个环节都会受到文化的影响[一]。企业要想在技术创新中取得成功,占据优势,根本上还是要解决技术创新主体的价值观和创新意识问题。用技术创新文化中的企业家精神、创新精神、执着精神和合作精神开展企业培训,激励员工大胆地去创新实践。另外,要鼓励员工敢于冒险、敢于向既有的规则和权威意见挑战,这同样需要在技术创新精神的激励下完成。

自主创新主要指企业依靠自己的力量独自完成创新工作,要

---

[一] 林慧岳,郭素芳,陈万求. 技术创新的文化考量 [J]. 自然辩证法研究, 2007, 23 (2).

求创新的核心技术或主导技术必须是企业通过独自开发而获得的,并能在一定时间内在新技术上形成较强的壁垒,使企业在激烈的市场竞争中占据有利的地位。这一模式的缺陷在于对创新资源的要求较高,投入太大,具有较高的技术和市场风险,因此,没有高度的创新认同和创新信念,自主创新是难以进行下去的。也就是说,打造以创新为荣的理想和信念不是简单地把某种现成的文化精神灌输或强加给创新主体,以作为指导人们行动的理论教条,而是以技术创新的内在变化为基础,引导人们的自我启蒙和自我教化,促使不同文化在企业中交汇和整合,从而使理性的、契约的、创造性的文化精神在生活世界的根基上生成,以作为企业的基本生存理念,并作为技术创新各个活动层面的内在运行机理的基础。

### 4.4.2 创新文化氛围的创造

由人的价值观念等组成的人们的意识形态是主导人的思维方式、生活态度,指导人们的行为模式和养成行为习惯的先导。在一定的社会文化背景下,人们在社会普遍接受的价值观念指引下的行为表现,大多会演化为社会群体的行为习惯,这种习惯无论是否与现代社会某些先进制度、理念相吻合,都容易被公众所认同或宽容。因此,技术创新文化建设必须要建立起有利于技术创新的社会文化氛围。

第一,创新文化环境的建设必须基于观念更新和体制改革。需要建立竞争机制、开放机制、激励机制,使得创新人才的作用得以充分发挥。因此,我们需要把创新文化环境建设作为精神文明建设的重要内容,深化改革,扩大开放,为创新文化建设创造良好的政治基础。企业、科技、教育、文化等社会各界都要全面地提倡创新精神、创新方法和创新态度。在这方面政府不仅要调动社会各界的积极性，还要树新风、立榜样、推广好的经验和做法，做创新文化建设的倡导者和引路人。

技术创新文化建设归根结底要落实到技术创新主体的思想文化素质的提高上来，从而促使技术创新活动向更高的层次发展。应该说，技术创新文化强调的是技术创新的社会文化属性，技术创新价值的社会文化赋予。技术创新文化为人们勾勒出一幅通向美好幸福生活的生动画面，它要求人们自觉追求科学，关注文化，整合文化传统，创新文化内容，明确文化方向，从而在人们的精神世界确立起创新文化理念，引导人类活动朝更科学、更人性化的方向发展。因此，应该在技术创新文化的引导下，设立技术规范与人文关怀两重性的目标，即将技术创新文化所提供的合理性提升为人类行事的行为目标。倡导多样性，鼓励对话，促进合作，使人类的行为方式多样化，实现技术规范与人文关怀的协调发展。建立基于现在，面向未来，体现技术的理性与人文的关怀相结合的技术创新文化。

第二，通过提升创新品牌的价值，获得持续的技术创新优势。一是要提升自主创新品牌的文化价值。品牌的文化内涵是品牌的灵魂，是品牌保持顽强生命力、获得价值提升的关键。因此，通过自主品牌的创新，广泛吸收各种文化元素，实现传统文化和现代文化的结合创新，实现民族文化、地方文化和世界文化的融会贯通，从而使创新产品获得普遍地文化认同。二是要提高自主创新品牌的产品品质，从而提高品牌的价值。用一流的质量增强消费者的消费信心，形成消费者的品牌偏好，是创造和提升自主品牌价值，获得产品认同的关键。因此，提高自主创新品牌的产品质量，不但能够使产品保值、增值，更会通过良好的信誉使产品获得持续的竞争优势。三是提升自主创新品牌的个性价值，获得稳定的价值回报。自主品牌的个性创新使自主品牌具有独特的魅力、鲜明的个性，并以此来有效地吸引目标消费者，从而提升品牌的价值。而具有特殊文化内涵并寄托了一定文化情感的创新品牌，则可以通过其悠久的历史文化内涵来获得某些固定群体的青睐，获得较高的品牌回报。

## 国家能源集团企业文化建设的"大渡河经验"

2018年8月5日，中国企业联合会在成都召开2018全国企业文化（国家能源集团大渡河公司）现场会，授予国家能源集团大渡河流域水电开发有限公司（以下简称"大渡河公司"）"全国企业文化建设最佳实践企业"称号。

大渡河公司是国家能源集团所属最大的水电企业，主要负责大渡河流域、西藏帕隆藏布流域水电开发与运营，拥有大渡河干流、支流以及西藏帕隆藏布流域水电资源3000万kW，投产水电装机1168万kW，是我国最重要的水电基地之一。国家能源集团在重组改革中坚定文化自信，坚持文化强企，深入推进企业文化管理重构，以创新管理和文化建设铸就兴企之魂、强企之基，积极践行奉献清洁能源、建设美丽中国的企业使命，努力成为保障能源供应、维护国家能源安全的稳定器和压舱石。大渡河公司认真落实集团公司战略，高度重视企业文化对企业发展的引领带动作用，持续深入开展企业文化建设，充分发挥文化引领支撑作用，使企业文化在公司建设运营的各个时期都发挥了不可替代的重要作用。特别是近年来，大渡河公司注重传承并弘扬大渡河精神，吸收"蜀"文化开放包容、勇敢坚韧的优秀基因，大力贯彻落实新发展理念，在实践中培育出顺势而为、敢于突破、勇争一流的创新文化，并有效推动创新文化融入智慧企业建设，推动了传统电力企业管理方式的革命性变革，为企业加快转型升级、提质增效提供了坚强的思想保证和强大的精神动力，为能源企业的转型发展开创了一种新的管理模式,也为企业文化更好落地落实推动发展提供了新的经验做法。大渡河公司采取的举措有以下几个方面。

一是坚持企业发展与员工幸福相协调,坚持统筹规划与分步实施相结合,坚持质量第一与效益优先相统一,将创新文化融入执企理念、行为观念、制度建设、平台建设、资源配置、品牌形象当中,构建了创新文化建设的有效模式。

二是着力打造创新组织体系和项目研发平台,构建了本部青年创新工作站、基层青年创新工作室的创新体系,实行人员流动进站、课题滚动开发、成果联动孵化,鼓励员工围绕生产实际,开展科技创新、技术革新、发明创造;充分利用内外部创新资源,与清华大学、华为公司等知名高校和企业合作,打造了开放式、协同式创新平台。

三是以创新文化引领管理变革,以管理变革保证智慧企业建设,推动管理模式由层级制向中心制转变、生产管理由人工化向智能化转变、指挥决策由经验化向数据化转变、风险防控由被动式向预判式转变、员工队伍由生产型向创新型转变,提升了企业治理效能和经营效益,使创新文化真正为企业发展贡献了独特价值。

正是这样的企业文化构建,赋予了这一水电企业越发蓬勃的生命力。近年来,大渡河创新成果大量涌现,累计获得知识产权授权165项,其中发明专项26项、实用新型专利120项、外观设计专利1项、软件著作权18项,获得全国企业管理创新成果一等奖等20余项省部级奖项,4项成果获国家科技进步奖提名。

大渡河公司的文化建设的启示在于:第一,企业要做大,可以靠行政、投资、资本的力量,但是要做久,就要靠稳定的企业文化;第二,做企业文化是有作为的企业家的自觉和担当,在当前我国大力深化改革开放、推动创造创新的形势下，广大企业家开展文化建设责无旁贷；第三，企业文化体现为价值观，是企业发展的氛围、土壤和风气，企业文化建设要为改革创新营造有利的氛围和土壤。

资料来源：国家能源集团大渡河公司成为"全国企业文化建设最佳实践企业". [EB/OL]. [2018-08-07]. http://124.193.200.164:8088/gywh/201808/t20180807_196499.html.

### 4.4.3 创新文化与中国传统文化的融合

文化系统有简单和复杂之分。简单的文化系统在层次特征上表现为强制性和集中性；在结构特征上表现为封闭性和静态性；在运行特征上表现为简单性和僵硬性。复杂的文化系统，在层次特征上表现为自由性和竞争性；在结构特征上表现为开放性和动态性；在运行特征上表现为复杂性和适应性。技术创新文化属于复杂文化系统，具有复杂性特征。相比之下，民族传统文化是在相对固定的区域和人群中产生的，属于简单文化系统，主要体现本民族的文化传统和特征。在我国真正建立起技术创新文化只进行文化吸收、引进、塑造是不够的，还必须实现技术创新文化与传统文化的融合。

首先，应当以开放的心态，将中国文化置于世界文化的大系统中，通过文化的交流、吸纳和选择，消除传统文化中的惰性保守因素。抓住信息社会给我们带来的机遇，广泛学习和吸取世界各民族的精华，培养起兼收并蓄的文化品格。

其次，要挖掘中国传统文化的优秀成果价值，以中国传统文化的合理因素去完善技术创新文化，使传统文化的合理成分服务于人类的共生、进步和繁荣的技术创新实践。既反映民族精神，又能够将这种精神的精华赋予时代特征，在民族自觉、民族独立的基础上,将中华民族勤劳勇敢、自强不息、团结统一、爱好和平等优秀传统发扬光大,树立民族自尊心,增强民族自豪感,形成中国特色的技术创新实践。如中国传统文化中"仁"和"善"的文化精神,使人们在彼此合作中能够互相体谅,这有利于共识的产生,使人们能够在和谐的环境中开展技术创新实践。具体到技术创新实践中,这种文化精神不但有助于人们进行合作创新,达成创新共识,减少由于创新主体间的差异而造成的创新延误,而且有助于创新主体更多地考虑到顾客的需求以及避免技术创新负价值的产生。

## 4.5 变革时代的创新与创新管理

改革开放40多年来,随着体制机制创新、市场化进程的快速推进以及国家创新系统的不断完善,中国不但创造了世界经济增长的奇迹,而且科技创新实力也不断增强,正在逐渐超越"模仿和追赶",稳步迈向"跟跑、并跑和领跑并存"的新阶段。与中国经济和创新崛起相伴的,是全球创新格局的重大变迁,以中国为代表的新兴经济体正在冲击和重构由欧美国家主导的全球创新格局。2019年7月24日世界知识产权组织发布的《2019全球创新指数报告》显示,在创新指数排行榜上,中国从2018年的第17位升至2019年的第14位⊖,排名连续4年上升,成为排行榜前20名中唯一的发展中经济体;同时,中国在中等收入经济体中连续7年在创新质量上居首,中国有18个集群进入科技集群百强⊜。

---

⊖ 根据《2019全球创新指数报告》,创新指数位列前十名的经济体分别是瑞士、瑞典、美国、荷兰、英国、芬兰、丹麦、新加坡、德国和以色列。

⊜ http://www.sohu.com/a/330013047_538698

但是，2018年年初以来的中美贸易摩擦让我们清醒地认识到，中美贸易摩擦的实质是以国家综合创新能力为代表的多维度综合较量：反映了中国创新崛起对以美国为主导的全球创新体系带来的冲击和美国对华战略认知的实质性转型；同时也暴露出中国在建设世界科技创新强国之路上还面临着诸如基础性创新不足、关键核心技术受制于人、创新人才培养体系不完善等多重挑战。

2018年4月10日，习近平总书记在博鳌亚洲论坛开幕式上作题为《开放共创繁荣　创新引领未来》的主旨演讲，强调"过去40年中国经济发展是在开放条件下取得的，未来中国经济实现高质量发展也必须在更加开放条件下进行"，并重申"变革创新是推动人类社会向前发展的根本动力"。2018年11月5日，习近平总书记在首届中国国际进口博览会开幕式主旨演讲中再提"创新引领"这一重大战略导向，强调面对世界经济格局的深刻变化，各国要坚持开放融通，包容互惠，坚持创新引领，加快新旧动能转换，"共同建设一个更加美好的世界"。在这样的变革时代大背景下，更需要创新范式的转变以及对创新的管理。本书从国家创新体系建设、整合式创新及绿色创新三个方面进行阐述。

### 4.5.1　国家创新体系建设与国企创新发展的互动

回顾改革开放和国有企业改革的40余年，可以看到，我国和平发展与创新崛起的背后是中国企业尤其是国有企业的转型和快速崛起。国有企业尤其是中央企业，是我国国防安全、能源安全、电信安全、粮食安全的重要保障，是党和国家事业发展的重要物质基础和政治基础，且正发展成为我国科技创新，尤其是重大关键技术攻关的中坚力量，在建设创新型国家中的排头兵作用日益凸显。国有企业的改革发展也是加快我国市场化进程、提高资源配置效率的重要推动力量，国企发展在诸多区域和产业领域产生了显著的集聚和协同作用，有效促进了产业、区域和国家的经济发展。这些发展成就的取得和经验的积累，为我国国有企业迎接对外开放新阶段的全面竞争打下了坚实的基础。

随着对外开放进入新阶段，面对全球创新格局的变迁、中美关系实质性转型和经济新常态给我国和我国企业发展带来的重大挑战，我国亟须建设符合国情和创新发展战略的新型国家创新生态系统。

## 国家创新体系

国家创新系统理论是在创新系统论的基础上演化发展而来的，旨在理解和推动国家创新发展的典型理论。经济合作与发展组织（OECD）于1997年提出了迄今已被广为接受的国家创新系统的定义，即"国家创新系统是由公共部门和私营部门的各种机构组成的网络，这些机构的活动和相互作用决定了一个国家扩散知识和技术的能力，并影响国家的创新表现"。美国学者纳尔逊（Nelson）在研究了17个国家的技术创新案例后，指出了基于"技术国家主义"的制度和政策支持的企业是提升一个国家技术创新和竞争力的核心要素。英国学者弗里曼（Freeman）根据日本的产业发展经验提出了国家创新体系的理念，强调了政府对技术创新的有效干预是提升一个国家创新能力的重要因素。丹麦学者伦德瓦尔（Lundvall）提出了面向学习型经济的互动式国家创新体系。而埃茨科维茨（Etzkowitz）则进一步提出了著名的"三螺旋"理论，强调"政产学"结合是国家创新体系建设的关键。

我国国家创新体系建设的正式探索始于2006年，国家创新系统的完善伴随着国家科技体制改革和国家对外开放的进程。我国政府在《国家中长期科学和技术发展规划纲要（2006—2020）》

中正式提出建设中国特色国家创新体系的战略。2012年，中共中央、国务院下发《关于深化科技体制改革加快国家创新体系建设的意见》，对深化科技体制改革、加快建设国家创新体系提出了具体的指导意见。2016年，国务院印发《"十三五"国家科技创新规划》，进一步提出建设高效协同的国家创新体系的目标。2017年党的十九大再次强调国家创新体系建设对建设创新型国家意义重大，提出要加强国家创新体系建设，强化战略科技力量，具体内容是"深化科技体制改革，建立以企业为主体、市场为导向、产学研深度融合的技术创新体系，加强对中小企业创新的支持，促进科技成果转化。倡导创新文化，强化知识产权创造、保护、运用。培养造就一大批具有国际水平的战略科技人才、科技领军人才、青年科技人才和高水平创新团队。"为进一步打通科技创新到经济发展的通道，中共中央、国务院于2017年9月15日发布《国务院关于印发国家技术转移体系建设方案的通知》，指出"国家技术转移体系是促进科技成果持续产生，推动科技成果扩散、流动、共享、应用并实现经济与社会价值的生态系统"，并确立"2020年基本建成适应新形势的国家技术转移体系，2025年全面建成结构合理、功能完善、体制健全、运行高效的国家技术转移体系"的中长期战略目标。

改革开放的40多年，是以中国国有经济为代表的中国经济和企业快速发展和崛起的40多年，也是干中学的40多年；进入对外开放新阶段，面对更加激烈的国内外竞争和新一轮科技革命、产业革命的冲击与挑战，必须调整发展战略，从摸着石头过河，迈向基于国家中长期发展战略和顶层设计的整合模式，加速国有企业创新发展。国有企业既是中国特色社会主义经济的核心组成部分和创新引领发展战略的坚定执行者，也是开放创新时代中国企业"走出去"的排头兵和"一带一路"建设的主力军。建设新型国家创新生态系统,完善现代国有经济体系,推动国有企业和民营企业协同融合发展,整合国内外发展资源,贯彻落实创新引领发展的战略导向,从而全面提升国有企业整合创新能力和全球竞争力,不但有助于加快解决中国特色社会主义新时代社会主要矛盾,实现从高速度增长向高质量增长转型,也对促进区域和全球开放融通、包容互惠,实现互利共赢具有重大战略意义。

对此,在加速国企创新发展的具体路径方面,首要选择是通过国家战略和制度创新引领重大攻关,鼓励国有企业开展基于科学的创新转型,在重要领域坚持高密度研发,从而实现自主可控,借助产学研用融合促进集群协同,运用"互联网+新技术应用"加速生态转型,并兼顾开放与整合,增强全球创新影响力。

**1. 战略与制度创新引领重大攻关**

建设新型国家创新生态系统,加速推进国有企业创新发展,战略与制度创新引领重大攻关、推动高附加制造产业集群崛起是首选路径。核心技术是国之重器,国之重器是大国崛起和民族复兴的脊梁,但是重大关键技术的突破非一朝一夕之功,须举国上下齐心协力,方能突破。改革开放以来国有企业和中国经济的快速崛起,起步于从计划经济向中国特色市场经济的国家战略与社会治理模式的转型创新,而战略与制度创新更是引领重大核心技术攻关、打造创新文化和生态的根本保障。中国航天、大型客机、中国高铁、港珠澳大桥等国之重器的打造和世界级工程技术的突破,均离不开中国特色的优势——集中力量办大事。

2018年4月26日上午,习近平总书记在湖北武汉视察烽火科技集团时进一步指出,现在核心技术、关键技术、国之重器必须立足于自己。过去我们勒紧裤腰带,咬紧牙关,还创造了两弹一星,因为我们发挥了另外一个优势,制度优势——集中力量办大事。社会主义一方有难八方支援,下一步科技的攻关要摒弃幻想,靠我们自己。这为我国继续通过战略和制度创新引领重大攻关之路奠定了基调。

### 2. 基于科学的创新转型

随着生命科学、新材料、量子通信和相关产业的崛起,科学对创新的杠杆效应日益显著。基于科学的创新是实现基础性、重大性和颠覆性创新的重要内容,也是新技术持续产生、扩散应用的知识源泉。改革开放以来,我国在工程技术的创新方面取得了长足的进展,甚至在跨海大桥、深海钻探、高铁等领域成功超越了发达国家,但是在诸如生命科学、化学等基于科学的创新和相关产业领域,一直处于落后和跟随地位。基于科学的创新,是实现产业升级和驱动企业、经济持续转型的重要引擎,也是我国国有经济提升科技创新效率,迈向世界级创新领军者的必由之路。

开展基于科学的创新转型,是贯彻创新驱动发展战略,加快国企尤其是大型央企转型的有益探索,将有助于国有企业全面提升主营业务的产业地位和国际竞争力,成就"行业领先、受人尊敬"的创新型公司,更有效地承担企业发展和创新型国家建设的双重使命。

### 3. 高密度研发驱动自主可控

企业核心能力的构建离不开自主创新,自主创新更离不开高密度的研发和高水平的创新人才。2018 年 5 月 28 日习近平总书记在中国科学院第十九次院士大会、中国工程院第十四次院士大会上指出:"实践反复告诉我们,关键核心技术是要不来、买不来、讨不来的。只有把关键核心技术掌握在自己手中,才能从根本上保障国家经济安全、国防安全和其他安全。"[一]国有企业作为

---

[一] 习近平. 在中国科学院第十九次院士大会、中国工程院第十四次院士大会上的讲话 [N]. 人民日报, 2018 – 05 – 29.

国民经济和国家安全的重要支柱，承担着关键核心技术上突破国际封锁和实现自主可控、可靠的重要责任。能否坚定自主研发、自主制造之路，决定着国有企业在国民经济中的实际影响力，也决定着中国企业在对外开放新阶段能否取得持续的国际竞争优势。

2018年10月22日习近平总书记在视察格力电器时称赞道"在贯彻落实党中央关于自主创新决策部署方面，做到了'真学、真懂、真信、真用'"，并强调"实体经济是一国经济的立身之本、财富之源。先进制造业是实体经济的一个关键因素，经济发展任何时候都不能脱实向虚。中华民族奋斗的基点是自力更生，攀登世界科技高峰的必由之路是自主创新，所有企业都要朝这个方向努力奋斗"。这也为国有企业坚持走高密度研发驱动自主可控的自主创新之路指明了新方向。

**4. 产学研用融合**

产学研协同创新是充分调动国家创新生态体系内部各个创新主体积极性、高效利用国内外创新资源以最大化创新效率的必由之路。国有企业和事业单位拥有丰富的科研人才，积累了丰富的创新资源，也拥有大规模的创新平台，但是在科技成果产业化应用、科研与市场结合方面还存在明显短板，科技进步对经济发展的实际贡献率仍然滞后于发达国家，产学研协同效率亟须提高。以科技型企业为主体的产学研合作，一般具有规模偏小的特点，合作层次有待提高，且缺乏与从事基础科学研究的高校和科研院所开展深层次、高效的产学研合作平台和机制。国有企业在产学研用融合提升方面的探索，将会大大促进新型国家创新生态建设，进而加速国有企业集群式创新的崛起。

### 5. "互联网＋新技术应用" 加速生态转型

互联网是催生一系列新业态、新模式和新经济增长点的重要动力，也是推动数字化、网络化和智能化制造，加速"中国制造2025"战略目标实现的重要载体。"互联网＋"的战略不仅仅是新兴产业和新创企业获取持续竞争优势的重要战略，更是传统企业尤其是国有经济从粗放型发展向高质量发展的重要路径。而人工智能、大数据、纳米科技、边缘计算、生物科技等新兴技术的快速发展，在挑战传统业务模式和市场格局的同时，为国有经济转型提供了新的技术机遇。"互联网＋新技术应用"，是工业互联网发展的重要依托，将充分释放国有企业的规模优势，将资源优势、人力资本存量优势转化为网络协同优势和生态扩张优势，加速国有大中型企业的平台化、生态化转型，进而整合行业、区域创新资源，赋能产业升级和区域经济高质量发展。

### 6. 开发与整合并进

中国经济和中国企业的持续发展，必然要抓住全球化的机遇，既要通过开放，推动中国产品、技术和服务走出去，更要进一步整合全球创新资源为我所用，实现全球范围内的创新资源配置，构筑跨区域和跨国协同的优势，加快推动中国品牌和中国管理思想走出去。国有企业作为"一带一路"和对外开放的排头兵与主力军，通过开放与整合并进升级全球创新影响力，既有助于培育企业冠军产品、寻求新的增长点，提升中国企业的国际竞争力和影响力，也能有效配合"一带一路"建设等国家战略，推动多边合作，建设人类命运共同体，实现中外合作共赢。从对外开放，走向全球整合，不仅是资源、产品和技术的整合，更是品牌和标准制定话语权的整合，也是进一步推动中国企业管理模式、管理经验和管理思想走出去，成就世界级创新领军企业的内在要求。

以开放和并购进入新区域和新业务领域,获取新市场和新技术,以自身科研能力和管理变革整合全球资源,形成从研发到产业化的"双轮驱动"模式,增强科技创新整合能力和全球影响力,是中国国有企业国际化创新发展的重要路径。

展望未来,针对国有企业创新发展,需要扎根中国社会治理的基本制度逻辑,在创新治理中坚持社会政治使命优先,以强国使命和国家战略引领,整合国企创新发展的经济逻辑和技术逻辑,加快推进国有企业混合所有制改革,将现代企业管理制度与中国优秀传统文化和管理哲学相融合,赋能国有企业可持续创新。具体实践中,需要将新技术应用与商业模式创新相结合,充分平衡渐进性创新和颠覆式创新,兼顾基础研究和应用研究,坚持产学研用一体化的创新之路,通过提升国有企业的创新效率来提升生产效率,与民营企业相辅相成、高度协作,实现双轮驱动经济社会可持续和高质量发展的目标。

加速国有企业创新发展,实现科技创新强国,战略转型是关键。科技创新战略必须从跟随到引领,立足战略转型,立足技术创新链的完整和核心能力的提升、立足核心技术的充分占有和产业链关键环节的掌控,从引进集成上升到自主原创,从简单开放走向基于自主的整合。㊀

### 4.5.2 整合式创新

**1. 整合式创新的概念**

现代管理思想大师加里·哈默尔(Gary Hamel)在《管理大未来》一书中提出了创新的四层次模型——包括技术创新、

---

㊀ 陈劲,尹西明. 建设新型国家创新生态系统加速国企创新发展 [J]. 科学学与科学技术管理,2018,39(11).

营运创新、战略与商业模式创新以及管理创新,强调战略设计对于创新而言具有重要的引领与驱动价值。中国学者陈劲则基于东方哲学和中国传统文化的优势,首次提出一种全新的创新范式——整合式创新(Holistic Innovation,HI),即战略视野驱动下的全面创新和协同创新。基于整合式创新的创新管理范式,则是整合式创新管理(Holistic Innovation Management,HIM)。整合式创新的四个核心要素是"战略""全面""开放"和"协同",即战略视野驱动下的全面创新、开放式创新、协同创新,四者互相联系、缺一不可,有机统一于整合式创新的整体范式中。

(1)战略

"战略"(Strategy)一词源远流长,在西方普遍认为起源于古希腊的"Strategos"一词,意指军事将领指挥军队作战的谋略,后来被用于企业管理。在中国,春秋战国时期的《孙子兵法》被认为是中国最早的对战略进行全局谋划的著作,其中"战"指战争,"略"指谋略。虽然现在"战略"一词从军事术语引申至经济、政治领域,但是其含义始终包含"统领性、全局性、整体性"的思想。在企业技术创新管理中,战略视野要求企业领导者不能将技术创新视为单一的活动,而应将之内嵌于企业发展的总体目标和企业管理的全过程,根据全球经济社会和科技的大趋势,借助跨文化的战略思维,确定企业和生态系统的发展方向,从而实现"战略引领未来"。产业和国家也需要根据所处的国内外环境和创新体系现状制定全局性战略,使各要素相互连接,构建竞争优势。

以中国高铁企业为例。中国南车集团公司(以下简称"中国南车")自2000年成立以来,在"引进国外先进技术,联合设计生产,打造中国品牌"的高铁发展战略的驱动下,客观分析自身面临的内外部机遇和挑战，制定并实施了"归核—强核—造核—扩核"⊖的集团战略路径，通过整合内外部资源、在集团宏观层面进行战略协调，实现了全球竞争优势的提升。

（2）全面

"全面"在这里是指全面创新（Total Innovation Management，TIM），即"与生产过程相关的各种生产要素的重新组合"，包括全要素调动、全员参与和全时空贯彻三个方面。全面创新最早由中国创新管理领域的学者许庆瑞院士于2002年正式提出。他在著作《全面创新管理：理论与实践》一书中指出，"全面创新管理应该以培养核心能力、提高持续竞争力为导向，以价值创造增加为目标，以各种创新要素的有机组合与协同创新为手段，通过有效的创新管理机制、方法和工具，力求做到人人创新、事事创新、时时创新、处处创新"。全面创新具有三个重要特征——全要素创新、全员创新和全时空创新。其中，全要素创新是指创新需要系统观和全面观，需要调动技术和非技术的各种要素，进一步激发和保障所有员工的创新活力；全员创新是指创新不再只是企业研发人员和技术人员的专属权利，而应是全体人员的共同行为；全时空创新是指企业在信息网络技术平台上实现创新时空观的全面扩展，做到24/7创新（即每周7天、每天24小时都在创新）⊜。

（3）开放

"开放"在这里是指开放式创新（Open Innovation，OI）。开放式创新由亨利·切萨布鲁夫（Henry Chesbrough）教授于2003

---

⊖ 战略路径的表述引自笔者对中国南车的访谈资料。归核是指企业整合自身优势资源并进行重组；强核是指引进国外技术，实现做强；造核是指培育企业的核心竞争力；扩核是指利用优势资源，向相关产业与国际等进行业务延伸。

⊜ 许庆瑞. 全面创新管理：理论与实践［M］. 北京：科学出版社，2007.

年正式提出,是指"企业利用外部资源进行创新,提升企业技术创新能力"[一]。开放式创新聚焦企业内外部知识的交互,强调企业要突破原有的封闭式创新,通过获取市场信息资源和技术资源实现"从外部获取知识(内向开放)"和"从内部输出知识(外向开放)"的有机结合,弥补企业内部创新资源的不足,进而提高企业的创新绩效。在开放式创新环境下,企业与环境之间的边界变得模糊,越来越多的企业通过跨界合作构建开放式创新生态系统,赢得持续竞争优势。

(4)协同

"协同"在这里是指协同创新(Collaborative Innovation,CI),由陈劲于2012年在《协同创新的理论基础与内涵》一文中正式提出,是指"以知识增值为核心,企业、政府、知识生产机构(大学、研究机构)、中介机构和用户等为了实现重大科技创新而开展的大跨度整合的创新组织模式"。协同创新具有两个特点:第一,强调科技创新的整体性,即创新生态系统是各要素的有机集合而非简单相加,其存在方式、目标和功能都表现出统一的整体性;第二,动态性,即创新生态系统是不断动态变化的。在科技经济全球化的环境下,以开放、合作、共享为特征的协同创新被实践证明是有效提高创新效率的重要途径。充分调动企业、大学和科研机构等各类创新主体的积极性,跨学科、跨部门、跨行业地组织实施深度合作和开放创新,对于加快不同领域、不同行业以及创新链各环节之间的技术融合与扩散尤为重要。

整合式创新是战略驱动、纵向整合、上下互动和动态发展的新范式。在开放式创新环境下,技术创新管理不再是单一技术要

---

[一] Christensen C M, Baumann H, Ruggles R, et al. Disruptive innovation for social change [J]. Harvard Business Review, 2006, 84 (12): 94–101.

素的组合、管理和协同,身处开放式创新生态系统的企业、大学和科研机构以及个体,都需要以战略性、全局性和整体性的视野看待创新,实现战略、科技、人文与市场等的互融,极大地调动全民的创新创业活力。

整合式创新作为战略视野驱动下的全面创新和协同创新的新范式,强调战略引领和全面协同的高效有机统一、纵向整合、动态发展,是对局部的、横向的和静态的创新范式的质的超越。前文提到的中国南车、海尔、华为和中集集团等领先企业,无一不是在整体性战略视野的驱动下制定、构建和完善了企业自身的创新体系,在整合内外部资源的同时实现了战略、技术、市场和文化等多维度的融合,实现了全要素、全员和全时空参与创新,并通过内外协同、上下协调的组织创新打造可持续竞争优势,是全面创新管理的升级。

### 2. 整合式创新的概念框架

在开放式创新生态系统的时代背景下,整合式创新是整体管理变革下的创新,是东、西方哲学思想引领下基于自然科学和社会科学跨界融合的"三位一体"。整合式创新思想蕴含的全局观、统筹观以及和平观,符合东、西方哲学的核心价值追求,有助于在跨文化的国内外竞争过程中实现工程、技术、科学与人文、艺术以及市场的互融,并突破传统的企业边界,促进企业与外部需求端和供给端甚至国内外的政策端等各创新利益相关主体联合构建合纵连横的创新生态系统,在动态协同中开发市场机会和科技潜力,创新企业产品与技术,通过跨界创新与竞合推动产业变革与区域协同发展,实现"创新为了和平[一]、为了全球可持续发展、

---

[一] 陈劲,黄江. 创新、和平与发展:和平创新的研究初探 [J]. 学习与探索, 2017 (12).

为了人的幸福与价值实现"的终极目标。对于企业而言,企业应从大处着眼、立足高远,通过前瞻性的战略设计引领自身及所处生态系统的发展演变方向,在战略执行中行动迅速,打通横向资源整合和纵向能力整合的脉络,依托协同创新思维,实现总体思想下的技术集成和产品创新,形成"竞-合"双赢局面。对于国家而言,在重大科技创新领域,不仅仅需要单纯的技术创新,更需要从国家中长期发展战略入手,实现科技战略、教育战略、产业战略与金融战略、人才战略、外交战略的有机整合,通过战略视野驱动各要素的横向整合和纵向提升,为建设科技创新强国提供源源不断的动力,为全球的经济与社会可持续发展做出重大的引领性贡献。整合式创新的框架如图4-19所示。

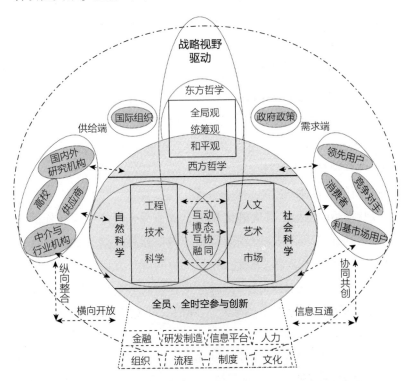

图4-19 整合式创新框架:战略视野驱动下的新兴创新范式

从东方文化和中国特色的企业实践中,可以看到,在知识经济和大数据时代,企业发展资源的方式经历了五个阶段——数据感知、数据互联、信息集成、知识聚合和智慧洞察。企业发展资源实现创新的五阶段模型也是未来建设智慧企业和智慧城市(群)的重要思路。而在最高阶的智慧洞察阶段,企业领导者要充分调动和利用系统科学观,超越知识本身,在制定创新战略时兼顾企业的组织架构设计、资源开发利用和创新文化营造。对于国家而言,整合式创新蕴涵着有中国特色的和平观、举国体制下的战略执行优势和系统驱动的中国式创新经验与智慧[一],同时顺应了中国的创新战略需求,即不能仅依靠工业化、信息化、城镇化和农业现代化的"四化"实现社会经济的创新发展,需要放眼全球、着眼全局,同时兼顾消除贫困、保护环境、促进健康、建设国防和推进国际事务等方面,通过各方面的有机整合,实现富民强军,推动全球和平发展。

### 3. 整合式创新的内涵

作为战略视野驱动下的全新创新范式,整合式创新的关键内涵包括三个方面。

第一,整合式创新是战略创新、协同创新、全面创新和开放式创新的综合体。世界一流企业创新之路的共同特征是,在开放式创新的环境下通过统筹全局的战略设计创新,调动全要素参与,实现各个部门主体与利益相关者的协同创新。在整合式创新范式下,企业的创新之路包括战略引领、组织设计、资源配置和文化营造四个方面,具体可细化为"战略引领看未来""组织设计重知识""资源配置优质化"和"文化宽严为基础"。只有将

---

[一] 陈劲,吕文晶. 系统驱动的中国式创新 [J]. 清华管理评论,2017 (S1):23-26.

战略、组织、资源与文化进行有机整合、着眼长远、实现动态创新，企业才能构建稳定、柔性和可持续的核心竞争力。

第二，整合式创新在战略引领的哲学全局视野下，将自然科学的聚合思维与社会科学的发散思维进行了有机整合，既体现了东方文化的价值，也结合了中国特色的创新实践经验，顺应了中国创新的战略需求。

具体而言，整合式创新基于系统科学的系统观和全局洞察，通过顶层的目标确定和战略设计，超越知识管理，突破传统企业的组织边界，同时着眼于与企业创新发展密切相关的外部资源供给端（如高校、研究机构、供应商、技术与金融服务机构等）、创新政策与制度支持端（政府、国内外公共组织和行业协会等）以及创新成果的需求端（消费者、领先用户、竞争对手和利基市场用户等），借助东方文化孕育的综合集成、全域谋划和多总部协同等智慧，助力企业调动创新所需的技术要素（研发、制造、人力和资本等）和非技术要素（组织、流程、制度和文化等），构建和强化企业的核心技术和研发能力，打造开放式创新生态系统环境下企业动态、可持续的核心竞争力。

第三，整合式创新是一种总体创新、大创新（Big Innovation）的创新思维范式，其精髓在于整体观、系统观和着眼于重大创新。整合式创新突破了传统的研发管理、制造管理、营销管理和战略管理相互独立的原子论思维范式，通过战略引领和战略设计，对企业管理的多个方面进行有机整合，为企业和国家实现重大领域、重大技术的突破和创新提供支撑，是量子理论时代具有量子管理学思想的创新观。

综上，整合式创新是战略视野驱动下的全面创新、开放式创新和协同创新，是四者的综合体，体现了东方文化的综合总体的思维价值和举国体制兼顾群众路线的中国特色。整合式创新是顺应人类文明进化、全球和平和可持续发展时代背景，满足企业技术创新管理需求和支撑科技创新强国战略实施的原创性理论范式，也是进一步优化和促进中国企业构建全球创新领导力、助力国家科技创新能力提升、实现全球和平与可持续发展的政策设计和实战思维。整合式创新范式强调了战略驱动、顶层设计、中长期发展导向等在创新过程中的重要意义，强调了全局观、统筹观以及和平观对于创新范式的重要性，强调了东方文化与中国情境的作用。这一创新范式的提出，对于理解中国重要科技领域和典型企业的创新实践，帮助企业管理者落实基于战略创新的技术创新能力提升策略、实现企业创新绩效最大化具有重要的实践价值。

在企业创新能力建设方面，整合式创新为企业提供了将战略管理、组织设计、文化建设与产业趋势相结合的系统观和整体观，实现了自然科学的工程思维与社会科学的发散思维的融合，有助于企业抓住产业变革和技术革新的"机会之窗"，是助力企业塑造可持续创新能力和核心竞争力的全新范式，值得企业管理者进行实践探索以及学者持续深入地跟踪研究。⊖

### 4.5.3 绿色创新管理

在传统的技术可行性与经济效益导向的创新模式之外，创新的环境影响开始受到关注，生态创新、环境创新等新兴创新范式纷纷涌现，成为驱动社会迈向可持续发展的重要因素。

#### 1. 环境与生态创新的相关内涵

面向环境与生态创新，这里从四个相关的概念入手讨论创新

---

⊖ 陈劲，尹西明，梅亮. 整合式创新：基于东方智慧的新兴创新范式[J]. 技术经济，2017，36（12）.

及其管理在社会层面对于环境的重大意义,核心概念包括可持续创新(Sustainable Innovation)、生态创新(Ecological Innovation)、环境创新(Environmental Innovation)、绿色创新(Green Innovation)。

可持续创新最早出现在1980年国际自然保护联盟全球自然保护策略报告中,认为其是通过将保护与发展相结合,以确保全球所有人的生存福祉。可持续性同时强调现代人的发展需要不应当以牺牲后代人的利益为代价,可持续创新需要通过创新的手段实现社会可持续发展与人类需求的满足。与之相近,生态创新最早出现在1996年学者Fussler和James的研究之中,其认为研究与实践应当重视那些为顾客与业务创造价值的新产品和新工艺,这些新产品和新工艺同时能够显著降低本身对于环境的影响。著名学者Kemp和Pearson进一步认为,生态创新是那些与产品、生产工艺、服务、管理手段、商业模式相关的生产、吸收、开发行为,这些创新行为在其整个生命周期之中能够显著降低对于环境的危害与污染,减少资源使用的负外部性。与生态创新相近,Oltra和Jean最早提出环境创新的概念,认为环境创新包含新的与改进的工艺流程、创新实践活动、创新系统以及产品,它们最终有利于环境并对环境可持续产生价值。最后与之相关的是绿色创新,Driessen和Hillebrand认为,绿色创新的本质不在于面向可持续发展的创新活动降低环境压力,而在于创新活动本身对于环境创造的积极意义与价值,比如由技术创新所产生的能源节省、污染保护、废弃物循环利用、绿色产品设计,抑或公司环境管理改进等。

### 2. 环境与生态创新的过程管理

环境与生态创新企业在实施产品与工艺创新以提升竞争优势的同时,应关注创新活动对环境的影响。从创新的过程角度来看，环境与生态创新是企业创新过程观的重要转变。比如，传统的煤炭生产企业会关注煤炭开采、洗选、加工等生产过程是否存在有毒有害物质、大气污染、环境法律问题等。而在环境与生态创新的理念下，环境创新嵌入于创新价值链的全过程，延伸了生产者等其他行为主体的环境责任，强调在"矿权获取、地勘基建、开采洗选、加工转化"到"配送、运输、营销服务"的整个价值链中，实施环境要素的全程监控与管理。

### 3. 环境与生态创新的核心维度

经济与管理学家强调创新的复杂性与多维度属性，环境与生态创新是在原有的产品和流程等维度的基础之上，进一步延伸了创新活动与创新行为的内在维度。

（1）设计维度

环境与生态创新的设计维度决定了创新活动整个生命周期对于环境的影响，其包含组件增量、子系统变革及系统变革三个方面。

组件增量即对创新产品开发过程中通过增加部分产品功能与产品组件提升产品创新本身的环境质量，从而最大限度地降低产品、流程、系统创新所产生的负向环境影响。譬如嵌入废气排放过滤装置，实现氮氧化合物、一氧化碳、碳氢化合物的排放控制与减排。子系统变革同样通过设计改进实现环境影响的减弱效应，并提升人员对于生态环境与能源的高效利用。系统变革是对生产与流程体系的重新设计，以使生产与流程的全过程满足生态友好的发展需要，强调能源利用、节能减排、绿色友好、可持续发展等系统变革背后的环境与生态创新设计理念。

（2）用户维度

用户维度包含用户开发与用户接受两个方面。其中，用户开发强调用户在产品定义、设计改进、研究与开发中的重要作用。

企业应当重视从创意产生到产品商业化全流程各个阶段中用户的重要作用，尤其是领先用户的重要价值，并有效地与用户开展产品开发各个阶段的协同合作，用户在此既是产品的开发者，也是产品的使用者。然而，这种用户参与开发的模式虽然有利于产品功效的改进，但无法更好地满足企业突破式创新的需要，因为用户会受到现有产品使用的思维限制，并对复杂的产品与工艺缺少知识储备，也对突破式的创新有所排斥。由此，企业利用用户实现创新产生到新产品商业化的过程中需要平衡探索与利用的关系，有效激发用户作为创新源对于创新的重要价值，并通过用户对于环境与生态议题的反馈，实现环保条件下的创新管理。用户接受关注创新应用对于用户行为、用户实践行为等方面的变革影响。通常，快速与规模化的用户使用是创新成功的重要标志，且用户对于创新的接受程度很大程度上受到社会价值观与社会规范的影响。

（3）产品服务维度

产品服务维度包含产品与服务所嵌入的流程与关系的价值链变革，主要聚焦于产品与服务的价值网络，价值网络能否创造一个绿色环保的正向资源循环，并同时实现企业及其利益攸关者的可持续发展是环保条件下创新管理的核心。例如，有资质的环保企业通过绿色产品与服务的价值宣传获得利基市场的垄断优势，从而实现企业环境与生态创新向持续竞争优势的转换。

（4）治理维度

环境与生态创新的治理维度涉及所有制度层面和组织层面的环境创新解决方案，以实现企业层面竞争优势提升与社会层面环境正向效益反馈的双重目标。其中，环境法律、环境规范、环境评估标准等行政干预手段以及环保补贴，环保创新优惠等激励手段有利于实现企业以及全社会对于绿色环保条件下创新活动的重新审视与战略重视。基于环境与生态创新的核心维度，Carillo - Hermosilla 构建了创新活动环境与生态属性绩效的评价体系，如图 4-20 所示。

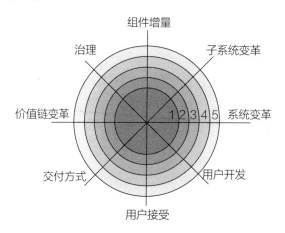

图 4-20　环境与生态创新评价仪盘表

## 鄂尔多斯煤制油分公司的样板工程

鄂尔多斯煤制油分公司打造了一项"资源节约、环境友好"的样板工程。该公司地处内蒙古鄂尔多斯市伊金霍洛旗乌兰木伦镇的国家能源集团煤炭主采区，充分依托当地丰富的煤炭、电力等资源优势，运行了世界首套百万吨级煤直接液化工业示范装置，采用具有完全自主知识产权的煤直接液化工艺，致力于建设成世界一流的清洁能源企业。

煤直接液化以煤炭为原料，采用国家"863"纳米级催化剂，在供氢溶剂的作用下，通过高温、高压液化反应及提质加工过程，生产优质清洁油品。煤直接液化油品具有"一大三高四低"（大比重、高热值、高热容、高热安定性、低硫、低氮、低芳烃、低凝点）的重要特性，具有良好的清净性能，其优异的品质恰恰符合航空航天及军用油品的指标要求,在航空航天及军事领域具有很好的应用前景。近年,面对成品油市场低迷和消费税上涨等不利因素,鄂尔多斯煤制油分公司以中央企业提质增效工作的深入开展为契机,全员秉持二次创业的发展理念,迎难而上,高度重视并扎实开展了一系列行之有效的降本增效工作,为实现产业的可持续健康发展打下基础。2009—2018年,煤直接液化技术不断完善,攻克了一个又一个世界性难题,形成了具有单系列处理能力强、工艺成熟可靠、易于操作控制、蒸馏油收率高等特点的煤直接液化技术,奠定了中国在世界煤直接液化领域的国际领先地位,带动了相关地区和产业快速发展,打造了现代煤制油化工行业的人才培养基地,为产业的升级示范和发展提供了宝贵经验,大幅提升了国家能源集团品牌的知名度和美誉度。

资料来源:http//www.cgcpa.org.cn/bhyw/hydt/2018 - 09 - 30/8595.html

### 4.5.4 迎接创新实践的挑战

与企业其他管理活动一样,创新管理也面临着诸多传统的和新的管理难题,尤其是关系到企业发展模式、战略决策、组织架构和创新途径选择等策略性问题。接下来将就其中几个关键和典型热点问题做深入探讨,希望帮助国有企业领导干部在做出影响全局的创新管理决策时,拥有一个科学、客观的思考基础,以便更好地践行勇于创新。

#### 1. 创新管理面临的重大挑战及其应对策略

企业管理者尤其是企业的创新领导者经常会面临一些战略性的决策困境。这些挑战体现在企业的增长模式问题、当前发展和未来发展投入的平衡问题、开发性与探索性工作的二元协调问题、技术产品创新与商业模式创新的选择问题,以及创新与创业的融合问题等。国有企业的创新领导者有责任对这些问题进行清晰的理解和认识,形成具有前瞻性的洞察,并做出明确的判断和决策,为企业创新事业的顺利发展提供重要的策略保障。

(1) 渐进性增长模式与风险性增长模式的选择

渐进性增长是靠内部持续提升企业生产力来应对不断变化的外部市场,是一种革新性活动。它及时满足不断变化的客户需求,并保持健康的现金流,包括通过成本缩减努力构筑自己的生存底线。这种增长模式具有风险相对较低、增长稳定的优点,但是附加值低,易被竞争对手超越。风险性增长战略是靠内部在新产品、服务开发方面进行创新投资,开拓新的业务,投资开发外部技术和新兴市场,通过根本性创新和改变游戏规则为企业创造新的市场,使企业成为市场的领导者,实现快速成长和高投资回报,是一种革命性行动。

理想的状态是同时保持这两种增长模式,但在实践中这却是一个不小的挑战。首先,这两种增长模式需要不同的管理平台和管理技能,在策略、流程和具体手段上都有很大不同。渐进性增长模式需要相对明确的市场需求和技术路线,重点是通过相对严谨、细致的运营确保较高的执行效率;风险性增长模式则要面对十分不确定的市场和技术方案,需要通过不断试错和快速迭代逐渐逼近市场。其次,两种增长模式对资源的需求不同。渐进性增长模式更多是强调内部资源的优化利用,而风险性增长模式则需要不断吸取外部的互补性资源。尤其重要的是,这两种增长模式对管理者的要求也不一样。渐进性增长模式需要熟悉市场和技术的经验丰富的运营专家,而风险性增长模式更加强调创新性和开拓性,需要勇于探索和敢于冒险的人,对管理者要求更高,管理者的压力也更大。因此,对于处在同一企业环境下的同一批管理者来说,同时执行这两种增长模式是一个很大的挑战。一种策略是，根据技术周期规律交替进行两种增长模式。如著名的杜邦公司在其 100 多年的发展历史中之所以能够实现持续成长，就是因为经历过几次成功的重大转型，包括从最早的生产炸药转向化学材料，后来进一步发展成材料帝国，不断拓展新的发展空间，保持企业的有机成长。另一种策略是在企业内推行渐进性增长模式的同时划出独立空间或在企业外另行开发风险性增长机会，等相对成熟时并入企业的高效运行平台，丰富企业的竞争组合。这也是当前比较典型的模式，如通过新兴风险技术获取、外部颠覆性机会孵化、风险投资等手段来推进企业风险性增长模式。谷歌公司就在其网络搜索主业之外培育了包括自动驾驶、智能家居、高速网络等多种新的战略性业务，为了更好地发展这些未来的战略性机会，它进一步将这些业务从谷歌原来的业务体系内独立出来，与网络搜索（即当前的谷歌）业务并行，组成了目前的 Alphabet 公司。

(2) 当前效益追求与长期战略投入的平衡

在渐进性增长和风险性增长两种模式的选择过程中，还涉及另一个重要问题——投资组合，即企业对短期、中期和长期战略的投入配置策略。短期战略更多的是针对渐进性增长机会，而中长期投入大部分是针对高风险项目。我们应该同时关注当前业务增长和新业务开发，一方面增强和拓展当前的业务，另一方面打造未来的商业机会，为未来的可持续成长打下基础。同时拓展当前核心业务和抓住未来新的增长点的可持续发展战略，可以帮助企业合理分配有限资源、保持合适的风险水平、提升战略质量，让管理者能够有足够的耐心投入长期发展计划中。虽然未来不可预测，但是至少可以通过组合来管理未来，而不是靠简单的赌徒心理。但实践中，这同样是一个困难的决策过程。在市场形势大好时，企业是否愿意拿出足够的利润投入一些高风险项目，为企业布局未来的增长点,其结果可能是无比丰硕,也可能是颗粒无收或收益不明显。对于有一定任期的企业决策者来说,做出这个决定尤其困难。很多是在股票价格和季度收益的压力下被迫采取短期思维。战略性投入与当前发展投入的平衡,还体现在如何确保战略性投入能够不断反哺当前的业务成长,不断为企业发展提供养料和动力,即需要提升战略性项目的成熟速度和成功率。

(3) 开发性与探索性工作的二元协调

企业的创新链条上既需要"天马行空"的未来机会探索,也需要脚踏实地的技术、产品开发。这代表两种不同模式的创新工作,即探索性工作和开发性工作,它们在目标、知识基础、结构、文化和绩效影响等方面有各自鲜明的特征。探索性工作包括对新知识、新机会的探索,为企业未来发展奠定基础和补充养料。它一般面对的是未知的市场和技术领域,目标用户不明确、需求不明确、产品概念不清楚,技术路线也是未知的,它是突破性创新的重要来源。开展探索性工作,除了需要内部的知识技术基础以外,更需要外部知识、信息等资源的融入。探索性工作带有试错和快速迭代特性,强调创造性和独特性,存在高风险但也会有高回报。而开发性工作则是针对相对明确的市场和当前用户需求,以及清晰的产品概念和性能配置,通过规划好的技术路线和现有内外部资源优化利用,快速将产品和服务推向市场,创造价值。它强调的是质量、效率和效益,更多的是渐进性创新和提升。显然,很难靠一套流程和标准监督实施探索和开发两种工作方式,两者对人才、环境、资源的要求是不同的,甚至是相互冲突的,而同时它们又都是企业必需的——通过探索性工作发现未来的机会和储备必要的知识、技能,通过开发性工作将这些机会变成现实,为企业带来效益,反过来也支持进一步的探索性工作。其中的挑战就在于,如何在一个企业组织体系内兼顾这两种不同的创新工作形式。对此,一种做法是采取半结构化组织方式;另一种典型做法是采取二元制组织方式,即在企业主流组织中建立适应开发性需要的环境以及平台和体系,同时成立相对独立的探索性开发团队和空间(如创新小组、创新实验室、创新事业部和内部企业等),确保在组织结构和文化上保持独立性,满足探索性工作的需要。

(4) 技术或产品创新,还是商业模式创新

技术或产品创新曾经是企业创新的基本内容,而现在随着互联网技术的高速发展,基于互联网的商业模式创新成为很多企业的创新抓手。到底是通过技术创新、产品创新、服务创新获取企业的快速成长,还是通过商业模式创新快速致富,成为很多企业纠结的问题。其实,这是对两种创新模式的误解。一些企业最初聚焦技术创新和产品创新,是因为市场竞争的激烈程度不够,商业模式创新动力不足,加上技术等条件不够。互联网技术给人们的生活方式和企业的运营模式带来了巨大冲击,包括市场渠道的颠覆——企业可与用户直接交易,企业边界被打破,市场力量倒向客户,竞争态势也随之改变,竞争步伐和强度加大。这一方面造成企业的竞争压力急剧变大,另一方面却让企业的商业模式变革变得容易。于是,商业模式创新成为企业在原有产品创新之外获得竞争优势的又一重要手段。

商业模式创新与产品创新、技术创新、组织创新和流程创新等创新活动的本质区别就在于,它具有整体性。商业模式创新也常常体现为服务创新,表现为服务内容及方式、组织形态等多方面的创新变化。它同时涉及模式多个要素的变化,需要企业进行较大幅度的战略调整,是一种集成创新。商业模式创新往往同时伴随产品、工艺或组织结构与运作流程的创新,反之,则未必足以构成商业模式创新。商业模式创新更注重从市场和客户的角度

出发,从根本上思考、设计企业的行为,视角更为外向和开放,更注重涉及企业经济方面的因素。商业模式创新的出发点是如何从根本上为客户创造和增加价值,因此,其逻辑思考的起点是客户需求,即根据客户需求来考虑如何满足它。所以,企业价值主张的改变,常常是商业模式创新的起点,这一点明显不同于技术创新。技术创新通常具有内向性,技术创新常常是从企业擅长的技术特性与功能出发,看它能用来干什么,从一种技术可能有的多种用途中去挖掘它的潜在商业模式。在一定程度上,商业模式创新不一定要求必须有技术创新同时发生,在重大技术创新没有发生的情况下,商业模式创新同样可以产生。但是,商业模式创新和技术创新并不是完全独立的。技术与产品创新相对周期较长,风险较高,但它能为客户创造更大价值,而商业模式创新更多的是提升价值传递和获取的效率。如果没有足够的技术创新做支撑,商业模式的优势也会逐渐失去后劲,丧失竞争力。如果我们仔细审查包括阿里巴巴、优步等公司的商业模式,会发现其背后是强大的先进技术在支撑。如阿里巴巴通过大数据技术为商户提供商业情报信息,优步通过算法和定位技术监控交通状况和提升约车拼车体验等。因此,当下有越来越多的企业同时进行技术创新和商业模式创新,通过二者的有机协同来取得更大的成功和竞争优势。可以说,没有商业模式设计的技术创新是不完整的,技术创新加上商业模式创新将更有竞争力。

## 2. 国有企业领导干部的个人挑战及应对技巧

在推动企业创新过程中,除了存在上面提到的企业层面的挑战以外,企业领导人员还会遇到各种各样的个人挑战和困境。首先,创新本身的高度不确定性、高风险和复杂性等特征决定了创新是一个富有挑战性的工作,因此国有企业领导干部在践行勇于创新时,会面对创新活动本身的高失败率,承受迟迟看不到投资回报的压力,面对创新人才不足或创意匮乏的问题,也可能陷入大量低质量创意的漩涡,耗费太多的资源却还是不足以开发出一些高潜力的创意。经验不足的创新领导者还可能过高估计创新,认为创新就是一切,或毫无章法地什么创新都做,为创新而创新,无法做出正确选择,忽略了企业的日常运营规律,而人为加大了创新风险,让自己处于不利境地。其次,面对企业传统的观念和标准、复杂审批流程、有限资源等各种约束,如何协调各部门跨职能协作以及组织内外资源来推动创新工作开展,也是一个挑战。最后,创新本身是一项对智力水平要求较高的活动,创新管理的要求更高,需要高素质复合型人才。这要求创新管理者除了要有深厚的专业知识和产业经验外,还要深刻理解创新规律,并具有足够多的技巧推动创新,要具备丰富的企业运作经验和高水平的管理、沟通能力,能够协调各种关系和应对各种复杂情况,且能够在没有明确规范的情况下独立做出决策。此外,从企业创新活动来看,创新会遇到各种各样的困境和陷阱。利用百度搜索"创新大敌"可以看到近200万条相关信息,包括腐败、垄断、浮躁、迷恋、可靠性、思维定式、以自我为中心、官僚主义、自信心不够等。

### 践行勇于创新过程中一些典型的错误

创新领导者应尽可能避免犯一些典型错误,包括但不限于以下几个方面:

①为创新而创新,缺乏清晰的战略考虑;

②陷入大量创新项目而无战略性计划;

③拒绝分享信息,缺乏洞察力,不听建议,不放权;

④因创新而自负,追求形式,忽略价值创造才是创新的目的;

⑤避重就轻,总想抄近路,忘记创新总是有挑战的;

⑥总是盯着别人的成功,没有集中精力和资源关注自己所拥有的资源;

⑦迁怒于难以避免的失败,缺乏持久激情和耐心。

面对上述的挑战,国有企业领导干部应理解企业创新规律、学习相关最佳实践,通过积极沟通和协调各方资源,逐步理顺各方关系,提升整体创新机制、文化和环境,让企业的创新和自己的工作实践进入良性循环,以更好、更有效地履行自己的创新管理职责。

(1) 推动创新成为企业的战略选择和文化主体

创新成为内生动力的企业会追求产品的差异化和高附加值,通过商业模式创新赢得竞争优势和开拓新的增长空间,形成以科技创新为核心的全面创新,推动产业结构升级,产品组合得到优化,企业增长质量得到改善,技术研发与产品创新能力大大提升,企业逐渐实现可持续有机成长和新的不断跨越等。而要使创新成为企业发展的主要驱动力,企业需要精心制定创新战略,规划清晰的创新路线图,不断探索和沟通创新愿景,树立积极的创新价值观和宏伟远大的目标,并建立科学的创新流程和可靠的支持系统,尤其是形成大胆开放、支持创新、鼓励冒险、容忍失败的创新文化。领导者应该明确地支持创新,对员工在探索和创新中出现的失误应予以理解、信任和支持并共同找出问题的症结。更重要的是,领导者应勇于承担责任。另外,就是对创新行为给予必要的认可和奖励,并鼓励创新者参与管理和决策制定,为他们拓展更好的发展空间;给予员工一定的工作自由度和自主性,增加其对工作的兴趣,提升创造力,必要的信任和责任感更容易激发员工的创造力。总之,当创新成为企业成长的主要驱动力和战略主体,并建立一套稳定的创新机制和创新平台,包括创新战略和创新计划、预算方案和创新管理措施等的制订,全企业上下形成良好的创新氛围,创新将成为一个可重复的过程,企业的创造力将逐步得到释放。

推动创新战略的建设尤其是创新文化的形成不是一蹴而就的。除了要基于创新战略的一般开发流程,更要基于企业所处产业、市场和竞争环境,确定创新在企业战略中的角色,明确能够带来可持续竞争优势的创新类型,以及期望创新所能带来的价值,此时,企业领导者要确保足够宽的视野和让更多人参与进来。如果将创新范围定义得太窄,业务管理者可能会说与他们的业务没有关系。但如果创新能够不断发现新的价值源,并用大家都熟悉且认可的词汇来描述,那么管理者们就会主动参与进来,一起审视他们当前流程中新的价值源,组织力量去探索和开发这些机会,并确保有结果产出。当然,推动创新成为企业战略只是第一步,后面的挑战是创新活动与企业战略是否一致,这也是后续在管理层沟通和创新度量方面要注意的。

### 大渡河公司多举措统一思想凝聚共识,推动理念转型

国家能源集团大渡河公司在进行智慧企业建设之初,遇到的最大问题是思想认识不统一。在2014年之前,电力企业不愁销售,一些基层管理者并未意识到行业拐点的出现,"皇帝的女儿不愁嫁"的思想还未转变。

大渡河公司一把手将深化全员对智慧化的认识视为首要任务,亲自抓顶层设计、抓思想统一、抓推动落实,亲自带公司领导班子到华为公司、浙江大学等先进企业和高校调研学习;先后选派10批次干部职工赴华为、腾讯等信息技术领先企业学习,以开阔员工视野;建立内部宣讲体系,从上到下全面宣讲,为每位职工发放一本《用数据说话》,并邀请该书作者到公司讲课,

同时公司领导及知名专家广泛讲解大数据、云计算、物联网和"互联网+"等先进技术及理念,增强员工参与智慧企业建设的工作热情;成立智慧企业研究发展中心,聘请国内知名专家学者组成智慧企业顾问团队,大力培育企业创新文化、营造创新环境;积极打造创新工作平台,成立了 15 个创新工作室,并设立多项员工创新激励机制,充分激发员工创新创造活力,引导青年职工创新出好课题、上好项目,孵化好成果,夯实公司创新文化根基。这些举措的实施,使智慧企业的理念真正深入人心,得到各级干部职工的支持,为后续智慧企业建设打下了良好的思想基础。2015 年,大渡河公司开始在企业内设立试点,让先进部门交流经验,在选人用人时向具有创新精神的员工倾斜,逐步引导员工释放创新活力。2016 年,大渡河公司开始尝试由引导员工创新到增加适当压力,全面激发创新动力。2017 年开始,大渡河公司从领导班子到基层员工,都在主动地思考创新。目前大渡河公司成立了研发中心、青年创新工作站、创新工作室,为有创新热情的员工提供平台。让员工接受认可创新文化的过程,也是大渡河公司决策层重视顶层设计、积极开展管理机制改革的过程。

资料来源:李淑玲. 探路智慧企业——大渡河公司用科技破解行业困境 [J]. 国资报告, 2018 (2).

(2) 不断挖掘企业的创新需求与张力

创新的动力来自创新需求,适当的创新张力会激发企业上下积极投入创新中来。现实中人们更愿意停留在舒适区,可这正是创新的天敌。对此,国有企业领导干部需要有意识地深挖企业的创新需求,让企业的创新压力和张力得以显现,带领员工尤其是中高层管理者走出舒适区,刺激他们寻求创新方案的激情和斗志。实践证明,创造性张力常常能够刺激创意产生。需要注意的是,这种张力不是压力,也不要让人感到压抑,否则会产生相反的效果。关键是给人造成一种由差距带来的不舒适感，让人产生改变这种不足或缩小差距的冲动，从而产生创造的能量。一旦经过努力找到创新方案，问题得到解决，他们的张力和能量得到释放，就会产生由创新带来的成就感和自豪感。

那么，企业的创新需求来自哪里？如何让企业的创新张力显现？一般来说，企业的创新需求主要来自三个方面——市场竞争的压力、客户需求的拉力和技术发展的推力。很多企业的创新活动是因为面临激烈的市场竞争。这种企业一旦意识到存在被竞争对手超越的风险，便会被迫启动一些创新项目和制胜策略。这种创新行动虽然具有被动性，但只要将竞争压力和潜在风险明确出来，仍然能够发动企业的"创新机器"。而有些企业会积极探索市场需求的变化，以客户为中心，洞察客户需求演变和挖掘未被满足的潜在需求，让管理层和开发团队及时看到新的商业机会，促使他们启动新的产品开发项目。这种创新活动更加主动，重点在于及时发现新的客户需求并将之转化为可以预期的商业机会。这需要培养以用户为中心的市场研究和用户研究能力。一些具有较强研发能力或对技术发展比较敏感的企业，会及时研究和发现技术发展带来的新的机会和被颠覆的风险，通过不同技术获取策略和转化机制，形成新的突破性创新产品和为未来长远发展布局。这种创新活动更加超前，需要领导者具有前瞻性预见能力，并与技术研发专家积极合作。总之，企业领导者应深刻理解创新需求的来源机制，根据企业的实际情况选择其中的一种或综合几种途径持续挖掘创新机会和增长源泉，激励更多人投身到这种富有挑战但更有意义的创造性工作中来。为了保证这些创新需求和机会最终都符合企业创新战略方向或被企业创新战略明确定义下来，领导者更应该从企业创新战略的角度和更高层面激发全企业对创新的追求和期望，让企业的创新活动更加持久和系统协调。

创新战略设定了创新愿景和目标，指出创新方向和创新路线图，解决为什么创新的问题。一旦设定企业的战略使命和对未来的期望，同时又清楚地评估和了解企业的真实现状，就可以清晰地看到差距，创新张力就会出现，创新行动就会产生。

(3) 建立共同创新语言，及时沟通创新进展

实践证明，很多时候创新障碍源于人与人之间的沟通不畅和信任不足。在企业范围达成对创新活动的统一理解，包括制定一套客观清晰的创新度量标准，并保持积极有效的沟通，将有助于消除误解，确保创新项目顺利推进。因此，领导者应该思考如何创建一种共同语言并将它运用于整个企业中，创建一套被大家认可的创新原则。这种共同语言的构思出发点是：将它作为一种对创新的沟通和协作平台，其基础则是大量创新理论研究和创新实践总结。为了让创新语言更有实践价值，这种共同语言不能只是通过口头传播，必须由企业高管、经理和相关的专家召开研讨会和战略商讨会进行审核，最终以文案的方式形成决议。这种方式可以确保企业内部正确理解创新内容并达成共识，在将创新原则运用于实践时不会出现偏差。

关于企业中创新的共同语言建设，其中关键一点就是建立和推行一套创新度量标准，评估创新项目和创新过程中的各个方面，尤其是创新的过程产出和进展情况，而且要尽早实现。要明确的是，创新评价标准和企业传统的常规评价标准有很大的不同，采取以经济效益产出为中心的传统方式衡量创新工作成果显然是行不通的。创新领导者要能够及时识别和发现创新进展，以创造性方式积极展示创新成果，让大家被吸引和激励，让创新工作获得各方的认可和支持，聚集更多的资源推动创新进程。创新的本质在于价值创造，不单是最终的经济效益。很多人认为创新单位是一个成本中心，而不是利润中心，领导者应着力纠正这种

观点，但要尽可能地以大家认可和易接受的语言清晰定义创新及其进展和成果标准，让大家更易达成一致，同时确保创新努力与企业及业务单元的商业目标保持一致。另外，一旦出现积极的创新成果或进步，应及时奖励和表扬团队及关键成员，通过表扬和奖励彰显对创新的衡量标准和原则。

有了共同的创新语言和衡量标准，创新领导者应该积极地、大声地为创新活动呐喊助威，并与关键利益相关方进行沟通。在沟通关于创新进展和成果时，要注意以下几个方面：明确创新项目的战略性目标，表明它是与企业和业务单元的优先目标一致的；明确目标对象及其关注的要点，规划好沟通的要点内容和希望传达的信息；要采取一定策略，如从创新组合的角度汇报创新进展，而不是只让大家看到个别项目的失败或不成熟；选择合适的沟通方式、时间和渠道，尽可能保持沟通渠道的稳定性和有效性。[一]

---

[一] 陈劲，宋保华. 首席创新官手册：如何成为卓越的创新领导者 [M]. 北京：机械工业出版社，2017.

# 附 录

【案例】

## 国家能源集团践行勇于创新——智慧化转型实践

### 一、国家能源集团的创新实践

国家能源集团的全称是国家能源投资集团有限责任公司,由中国国电集团公司和神华集团有限责任公司两家世界500强企业合并重组而成,于2017年11月28日正式挂牌成立,是中央直管国有重要骨干企业、国有资本投资公司改革试点企业,2019年世界500强排名第107位。国家能源集团目前拥有煤炭、火电、新能源、水电、运输、化工、科技环保、金融等8个产业板块,是全球最大的煤炭生产公司、火力发电公司、风力发电公司和煤制油煤化工公司。集团资产规模超过1.8万亿元,职工总数35万人。拥有煤炭产能6.8亿t,电力总装机2.48亿kW,其中火力发电总装机1.87亿kW,均占全国的15%左右;是全球唯一一家同时掌握百万吨级煤直接液化和煤间接液化两种煤制油技术的公司;自营铁路2155kW,港口设计吞吐能力2.7亿t,自有船舶62艘。

为深入贯彻习近平新时代中国特色社会主义思想和党的十九大精神,牢固树立"创新、协调、绿色、开放、共享"五大发展理念,认真落实"四个革命、一个合作"能源安全新战略,加快清洁低碳转型,创建世界一流企业,推动实现高质量发展,作为拥有"煤电路港航油化"一体化产业价值链、为国民经济发展供应清洁高效能源的中央直管骨干企业,国家能源集团确立了"一个目标、三型五化、七个一流"[一]的企业总体发展战略,始终把创新作为引领发展的第一动力,大力实施创新驱动发展战略,深入开展科技创新和管理创新,破除制约高质量发展的障碍,着力构筑未来竞争的新动能、新优势。

(一)科技创新体系不断健全

国家能源集团建成国家重点实验室3个、国家级研发平台9个,牵头成立了"中国氢能源及燃料电池产业创新战略联盟"及"煤炭清洁高效利用和应对气候变化""智能发电""新能源与环保"三个协同创新中心。加强与国内外著名高校、领先企业的协同创新,与华为及多所高校签订战略合作协议。编制《科技项目管理办法》,激励关键技术和"卡脖子"技术的成果转化。

(二)重大关键技术攻关取得突破

国家能源集团是"科技创新2030——煤炭清洁高效利用"重大项目的牵头单位,目前,实施方案已上报国务院,第一批先导项目已经启动。截至2019年底,累计获得国家科技进步一等奖3项、二等奖33项,国家技术发明二等奖1项、中国专利金奖5项、中国专利银奖1项,授权专利10291项,其中发明专利2564项。煤炭清洁高效生产、火电超低排放、低风速风电开发、煤制油化工、重载铁路运输、水电智慧企业建设等重大关键技术保持国际领先,有力地驱动了核心产业的快速发展。

---

[一] 一个目标,是指建设具有全球竞争力的世界一流能源集团;三型五化,是指打造创新型、引领型、价值型企业,推进清洁化、一体化、精细化、智慧化、国际化发展;七个一流,是指实现安全一流、质量一流、效益一流、技术一流、人才一流、品牌一流和党建一流。其中,一个目标是战略统领,三型企业是战略取向,五化发展是实施路径,七个一流是重点要求。

(三) 智慧企业建设全面开展

国家能源集团积极推动信息技术与能源工业深度融合,大力建设智能矿山、智能电站、智能运输、智能化工、智能调度。煤炭产业,建成世界首套8.8m超大采高智能工作面、国内首个数字化示范矿井。在火电产业方面,初步形成了东胜、宿迁、北京燃气等一批智慧企业建设成果。水电产业,大渡河公司建设流域梯级电站群智慧化管控平台,实现了流域风险识别自动化、决策管理智能化。在新能源产业方面,龙源电力搭建了国内首个风电运营商"大数据"平台。在运输产业方面,全球首次实现基于LTE技术的重载铁路应用业务。集团高度重视网络安全防护,2019年首次参加公安部组织的"2019护网行动",获得了优异成绩。

下面以集团所属大渡河公司为例,阐述国家能源集团如何将智慧化作为建设具有全球竞争力的世界一流能源集团的实施路径之一,在生产智能化和管理智慧化两个层面谋篇布局,以信息技术的发展融合为驱动力,加快数字化开发、网络化协同、智能化应用,建设智慧企业,重构核心竞争力,实现数据驱动管理、人机交互协同,持续提升全要素生产率。

## 二、大渡河公司的智慧企业建设

大渡河公司是集水电开发建设与运营管理于一体的大型流域水电开发公司,是集团内部智慧企业的先行者和探索者,在业界率先提出并推进智慧企业建设,通过多年的探索实践,将云计算、大数据分析、人工智能等技术与水电生产建设、经营管理等环节深度融合,通过智慧工程、智慧大坝、智慧调度、智慧检修、智慧安全等工程建设,已建设流域梯级电站群智慧化管控平台,实现企业"风险识别自动化、决策管理智能化、纠偏升级自主化"的柔性组织形态和智慧企业管理模式,着力发挥了创新发展的国家队、排头兵、主力军、先行者作用,在推动传统水电产业智慧化转型中走在了前列,有力推动了企业新旧动能转化,取得了良好的示范效应。

打造智慧企业,是大渡河公司的主动选择。时间的车轮倒回到2014年。彼时,中国发电市场出现拐点,由供不应求转向供大于求,行业产能过剩加剧,全面进入了降电价、降利用小时、低电量增长率、低负荷率的"双降双低"通道。这意味着过去那种拼资源、比规模的时代已经结束。作为业内的"金字招牌",虽然大渡河公司仍有竞争优势,但当时刚刚上任的新一届领导班子意识到,如果不变革传统电力发展方式、不进行产业升级,一旦错过改革的窗口期,势必会被前进的时代抛下。从企业内部需求来看,大渡河公司的大部分基层企业地处西南山区,地理位置偏远,大批一线职工长期远离家人,远离城市。随着经济社会的快速发展,职工个性化、多元化需求日益增多,仅靠过去传统思想政治工作和行政管理手段难以长期留住人才。如果不能改变传统的电力生产运营模式,实行更加人性化、柔性化的管理,将职工从艰苦、繁重、重复的作业环境中解放出来,企业长远发展必将受到制约。因此,彻底变革传统的电力生产管理模式,进行刀刃向内的自我革新成为必然选择。

如果进行改革,那么该如何进行改革?改革的方向在哪里?大渡河公司的决策层从党的十八大报告中找到了答案:"科技创新是提高社会生产力和综合国力的战略支撑,必须摆在国家发展全局的核心位置。"这为大渡河公司明确了用创新驱动为传统行业注入科技活力的大方向。

从外部技术条件来看,云计算、大数据、物联网等新技术迅猛发展,为企业创新管理模式提供了强有力的技术支撑。而在企业内部,也积累了一批水电工程建设、生产运营管理和信息化建设等方面的专业人才,为大渡河公司的技术革新提供了必需的人才积累。结合企业内外所处环境和对产业发展方向的预判,经过多次论证,大渡河公司提出了智慧企业的产业升级路径——乘着国家创新驱动发展的时代东风,整合各部门间分散、碎片化的数据资源,充分挖掘数据价值,变革传统的生产管理模式,探寻出更宽更广的发展之路。在智慧企业建设过程中,大渡河公司坚持统筹规划、分步实施,注重将智慧企业建设植入治企理念、重塑行为观念、贯穿制度建设,不断优化平台环境、引导资源配置、塑造品牌形象,有力推动了智慧企业的有效实施与落地。

(一) 科技创新

大渡河公司按照集团公司相关管理制度,把对科技创新的重视,转化成发展战略和治企理念,公司建立了务实有效的创新导向机制,形成了推崇创新、宽容失败的创新容错机制,构建了多领域互动、多要素联动的创新管理生态系统,在公司内部形成了创新的浓厚氛围。

①为营造创新氛围,大渡河公司每年召开科技创新大会,举办20余次专题讲座,召开智慧企业沙龙40余期。成立了智慧企业宣讲团队,采取会议集中宣讲、视频远程宣讲、下基层面对面宣讲等方式,与职工讲解智慧企业建设的重要意义。

②为向公司职工发挥创新创效能力提供良好的工作平台,强化创新成果孵化,大渡河公司在公司层面成立青年创新工作站,在基层单位设立16家青年创新工作室,鼓励青年职工围绕生产实际,开展小开发、小改造、小应用。三年多来,基层青年创新工作室共有540名青年参与,立项126个课题,结题39项,孵化重大成果3项。其中11项课题成功升级,进入公司青年创新工作站,纳入公司层面重点孵化,目前2项成果完成商业转换,投入生产实践运用,最大限度地发动了基层青年才俊参与企业创新管

理，提升了职工专业素养和科技创新能力。截至2018年底，大渡河公司已形成电力生产智能产品研发、工业大数据分析运用、低碳减排服务以及智慧企业研究咨询等不同的产业平台，成功孵化了智能巡检机器人、智能安全帽等一系列创新产品，投入实际运用。以一线职工为主力的水情测报、设备检修、库坝监测等关键技术，已成为大渡河公司新的核心技术，具备对外输出条件，成为未来新的利润增长点。

③为了解前沿科学技术、拓展创新思维，有效发挥在优势领域的带动作用，大渡河公司广泛开展了校企合作、企企合作、政企合作：先后选派10余批次、百余名干部职工前往国内科技型企业以及"双一流"高等院校参观学习，联合清华大学、浙江大学等高校专家队伍，围绕工程建设、发电调度等重点领域与重大技术难题开展项目攻关；与华为、阿里巴巴等行业优秀企业开展战略合作，推动信息化升级、自动化改造；深化政企合作，与国家信息中心、成都市政府开展技术交流，重点推进在电能替代、节能减排以及安全监测等领域的合作。通过与高校、企业和政府开展战略合作与技术交流，大渡河公司全面汇集了涵盖信息化、智能化、数据处理、软件开发等多个领域的顶级技术资源，确保将业内最前沿的研究成果运用到企业科技建设中去。

④为了积极做好创新成果推广、提升社会效应、扩大品牌影响力，大渡河公司连续举办了全国智慧企业创新发展峰会、论坛，发起成立了中国智慧企业联盟，成立了中国工业数据平台，参加了第二十一届国际科技产业博览会、中央企业"双创"成就展，集中展示智慧企业建设一系列创新成果，进一步提升了企业的科技引领效应。

(二) 管理创新

在管理创新方面，大渡河公司利用大数据推进企业管理，全面铺开智慧企业基础建设，运用先进的传感技术、在线监测技术来感知大数据、采集大数据，运用物联网、移动互联技术来传输、存储大数据，运用云计算、人工智能技术来分析、运用大数据，以大数据驱动企业决策与变革，推进企业管理升级。

1）在建立数据"大感知"网络方面，运用红外热成像、超高频局部放电监控等最新技术，实时监控水轮机、发电机定转子等多部位共计128项常见故障监测指标，采集7000余个状态监测量，及时掌握设备健康和运行状况。

2）在拓展数据"大传输"通道方面，全面构建了由局域网、广域网、卫星网、移动网组成的四大数据传输通道，确保前端采集的数据资源与后台反馈的信息指令及时传输交换。

3）在构建数据"大存储"平台方面，建立了企业级大数据中心，集中整合全流域网络信息资源，推进基层专业数据信息统一存储，提升了数据运用效率。大渡河公司将数据存储平台划分为设备域、安全域、物资域等11大主题域，横向拓展至生产、工程、合同、财务、人资等各大业务领域，纵向覆盖工程规划、设计、施工、运行以及检修改造等各环节信息，实现水电工程建设及生产数据的全过程可追溯。

4）在增强数据"大计算"能力方面，建立了云计算中心，运用了基于OpenStack架构的云计算技术、流式数据处理架构、数据批处理计算架构以及Spark内存计算架构等，通过资源集中化整合，将企业各类大数据集中迁移上云，实现统一计算、统一处理。

5）在提升数据"大分析"水平方面，研发了梯级水电站间实时智能一键调技术，根据上下游多个电站的水头水位、发电耗水、市场电价以及机组工况等要素，自动计算各个电站、各台机组、在各个时点的最优负荷分配方式，实现了经济效益最大化。

## (三) 改革创新

智慧企业建设不是单一的某个业务或产业的信息化、智能化，而是一个复杂的系统工程，还涉及体系变革和管理变革。做好顶层设计，并按照总体规划分步推进至关重要。大渡河公司在顶层设计过程中邀请了中国工程院潘云鹤院士和清华大学、浙江大学、华为等高校、企业的专家院士等顶级专家进行总体规划的审核把关，实施过程中按照项目成熟一个、推广一个，分步实施。大渡河公司以全生命周期管理、全方位风险预判、全要素智能调控为目标，将信息技术、工业技术、管理技术深度融合，目标是实现以数据驱动的自动感知、自动预判和自主决策的管理模式。

资料来源：
① 李淑玲. 探路智慧企业——大渡河公司用科技破解行业困境 [J]. 国资报告，2018（2）.
② 国资委研究中心. 中央企业高质量发展报告分报告七：践行能源安全新战略 推动高质量发展 [EB/OL]. [2019-11-26]. http://www.sasac.gov.cn/n2588025/n2588119/c12844855/content.html.
③ 国家能源集团大渡河水电公司：开展智慧企业建设 推进高质量发展 [EB/OL]. [2018-09-26]. https://www.sohu.com/a/256282320_100095947.
④ 陈舒睿. 科技创领新发展——大渡河公司科技工作年末盘点 [J]. 四川水力发电，2019，38（1）.